哲匠录

朱启钤 辑
梁启雄 刘敦桢 刘儒林 校补
张鹏飞 点校

北京出版集团
北京出版社

导读

——《哲匠录》的洞察与回响

徐怡涛

朱启钤先生立志弘扬中国传统营造技艺，他不但是营造学社的创始人和主要赞助人，还亲自参与了具体的学术研究活动，连载于《营造学社汇刊》的《哲匠录》（《营造学社汇刊》第三卷第一期至第六卷第三期，朱启钤辑本，梁启雄、刘敦桢校补）即是其为中国古建筑研究做出的重要贡献。《哲匠录》综合正史、方志、笔记等历史文献中的相关史料，按照时代顺序，梳理出中国自唐虞夏周至明清历代在建筑、水利、桥梁、叠山、军事、造像等工程方面的重要人物，这些人物身份各异，角色不同，涵盖了设计、施工和管理各个环节，主要包括了重大工程的发动者——帝王、工程的组织管理者——官吏和工程的实践者——工匠。

作为二十世纪三十年代初的研究成果，《哲匠录》关注到营造活动中的不同角色，而非仅仅局限于某一方面的人物，这种全面反映营造活动的学术眼光，超越了传统史学的局限，体现了朱启钤所提倡的，欲研究中国传统营造，“非依科学之眼光，做有系统之研究”（《中国营造学社缘起》）的理念，是中国建筑史学术思想上的重要成就。

《哲匠录》以中国传统史学的人物传记体例，钩沉史料，记载了哲匠的生平和其营造事迹。由于古代建筑保存不易，所以，《哲匠录》中的人物事迹能与现存建筑相印证的，主要为北京在明清时期所建造的一系列官式建筑，特别是明代北京紫禁城的营造活动和建筑遗存，其记载见物见人，尤具历史研究价值。

《哲匠录》明代营造类中与建筑直接相关的正传四十四人，因其中一人又各附子、孙一人，所以共计四十六人。四十六人中，明确记载参与了南京或北京宫廷营造者，共计十六人，其中有四人明确参与了洪武时期南京宫廷的营造活动。

由于《哲匠录》采用了中国传统的传记体例，考证了人物的籍贯、时代、主要生平事迹，且基本按时间顺序排列人物次序，所以如果连缀这些人物，则明代宫廷营造的历史梗概亦可得以呈现。

在明代官式建筑形制的渊源问题上，历来有观点认为，明初，中国的官式建筑经历了一次由北方系统转变为南方系统的巨大变革。其成因是，明洪武朝在南京建都，主要选用南方工匠负责官廷营造，由此形成了基于南方匠作传统的营造体系。永乐迁都后，这一体系被移植到北京，形成了永乐官式，并统率了其后明清两代的北方官式建筑。此说认为，基于北宋官式建筑系统的元代官式建筑，因明初的这场转变而中断，没能在明代官式建筑中得以继承（傅熹年：《中国古代建筑概说》）。这一观点的主要依据，源于明初的主要宫廷营造者具有南方地域背景，以及永乐在北京的宫廷营造刻意“翻版”南京的相关历史记载。

关于明初官廷营造者的地域背景，最初的研究即源自朱启钤《哲匠录》，其所记载的参与了明初南、北两京宫廷营造的官员和匠师，南方人明显占据了主流：参与洪武朝宫廷营造的四人均为南方籍贯；参与永乐朝北京宫廷营造的七人中，南方籍贯者亦占据了五人。《哲匠录》所记录的明初宫廷营造哲匠的地域信息，显然有助于明代官式建筑南源说的形成。

而笔者曾对元至明初官式建筑的斗栱形制进行了考古类型学区系研究，所得结论认为，明永乐官式建筑与元代官式建筑之间，存在着密切的渊源关系，并指出，这种关系可能源于明洪武朝官式对元官式的继承（徐怡涛：《从斗栱形制探析十三至十五世纪中国北方官式建筑与江浙营造的渊源关系》）。

如果以《哲匠录》检验上述观点则可见，在洪武朝所录四人中，除二人为董役官员并不负责具体营缮技艺外，负责营缮技艺的二人——陆贤、陆祥——恰为元代官匠之后。《哲匠录》收录康熙版《无锡县志》的记载：陆氏兄弟祖先陆宪任“诸路工匠都总管”、陆庄任“保定路诸匠提举”，陆氏祖先的这些官职，无疑可代表其营造技艺源自基于北方系统的元代官式建筑体系。所以，虽然陆氏兄弟的籍贯为无锡，表面上看是南方人，但其营造技艺渊源，显然不能认为与北方元代官式系统无关。而明洪武朝选择有元代官匠背景的陆氏兄弟负责洪武朝的宫廷营造，是否说明，洪武朝对元代官式建筑体系的有意继承？

当这一史料与从建筑考古学研究所得结论互证时，更显著加强了元、明官式建筑之间存在继承关系的可能性。

《哲匠录》对陆氏兄弟的记载，收录了其技术背景的重要历史信息，让我们可以从文献的角度，重新审视明初官式建筑与元官式建筑的传承关系，尤其是在与建筑形制研究形成互证后，其文献辑录的价值更加得以彰显。

在朱启钤《哲匠录》编修之际，尚未有元、明官式建筑地域渊源之讨论，但朱启钤等先生遵循中国历史人物传记的体例，比较全面地采录史料信息，无疑为日后的研究奠定了基础，所以，无论上述正反两方的观点，均可在《哲匠录》中找到依据，这亦提示我们，中国史籍的传记体例，在当代建筑史学的史料编辑中，仍应加以继承和关注。

关于明永乐北京宫殿的营建主持者，历来有不同认识，比较流行的说法是蒯祥建造了北京故宫，亦有学者指出蔡信的作用应大于蒯祥，还有观点认为阮安是北京故宫的主要建造者。以上观点虽然迥异，但皆可从《哲匠录》的记载中寻见端倪。

以上三人在《哲匠录》中的顺序依次为：阮安、蒯祥、蔡信。《哲匠录》依据《明史》等文献记载，表述阮安的业绩为："奉命营建北京城池、九门、两宫、三殿、五府、六部、诸司公宇……工曹诸属，一受成说而已"；《哲匠录》引用康熙版《吴县县志》，称蒯祥"永乐十五年建北京宫殿"。《哲匠录》同时收录了光绪版《苏州府志》引《皇明纪略》的记载："永乐间，召建大内，凡殿阁楼台以至回廊曲宇，随手图之，无不中上意者。"而在蔡信条内，《哲匠录》引用光绪版《武进阳湖县志》表述其业绩为："永乐间营建北京，凡天下绝艺皆征至京，悉遵信绳墨。"

根据《哲匠录》所收录的这些历史记载，可以得出以上三人都是北京永乐宫殿的主要建造者的结论，但若将这些史料联系起来，则明显存在可疑之处，如，蒯祥那些中上意的殿阁图画是否受蔡信的绳墨约束？而蔡信之绳墨又是否受命于阮安之成说？

由于《哲匠录》并未对这些史料的可疑之处加以考辨即行采信，而后人亦未做辨析，仅从《哲匠录》

中取其所见所需，导致今日之异见纷呈。《哲匠录》中类似的矛盾史料并置而未加辨析的典型实例还有清康熙重建太和殿的问题（《哲匠录》中“梁九”条描述梁九在康熙年间主持重建太和殿，制作模型，按模型施工，无爽。“雷发达”条则又描述说，康熙重建太和殿上梁时，榫卯不合无法安梁，雷发达现场改作得以落成，因而受康熙赏识升为工部营造所掌班）。

本文无意详细考证三人中谁才是永乐北京宫殿最重要的营建者，但需要指出的是，永乐建设北京宫殿时，无论年龄长幼还是官职高低，蔡信都先于蒯祥，而《哲匠录》在此处未严格按照时代排列，颠倒了蒯祥与蔡信的先后顺序，这应是后世对蒯祥的重视远高于蔡信的一个重要原因。

至于阮安，其原为交趾战俘，净身入宫为太监，关于其技艺，《哲匠录》记录了三条文献。《水东日记》卷十一：“善谋画，尤长于工作之事。”《明纪事本末补编》卷五：“善画，尤长于工作之事。”《明史》卷三〇四《宦官列传·金英传》：“目量意营，悉中规制工部奉行而已。”需要注意的是，《水东日记》卷十一的“善谋画”与《明纪事本末补编》卷五的“善画”，含义全然不同，按《明史》的记载，阮安“目量意营”，未见其有绘画建筑图形之举，属于“谋画”的范畴，《明纪事本末补编》的“善画”应为“善谋画”之讹误，而此误对理解阮安的工作至关重要。如果阮安只是谋划，则不涉及建筑的具体营造，又由于中国传统建筑自有其规制传统，永乐宫殿又依据明南京宫殿建造，所以阮安对于永乐北京宫殿的贡献，不能简单类比为今日具有原创性的建筑规划设计，或可视其为皇帝意旨与工部之间的一个有其一定主观积极性的中转层次，但绝不足以夸大为设计者。同理，由于中国传统建筑的继承性，无论蒯祥还是蔡信，都不能简单视为北京宫殿的设计建造者，如果一定要在永乐朝选择一人作为故宫的设计者，则非永乐皇帝莫属。

此外，《哲匠录》记载了嘉靖朝哲匠"郭文英"，但仅引用乾隆版《韩城县志》的记述，未运用《明实录》等文献，从而没有发现郭文英营造明故宫奉先殿等重要建筑的事迹，这一缺失导致后辈学者亦忽视了郭文英的贡献，如苏州大学研究明代工匠的硕士论文中记载郭文英的事迹为"不明"，其说显然承袭自《哲匠录》。对郭文英的忽视，进而造成了对嘉靖朝相关建筑遗存的忽视，如根据清初文献，奉先殿被定为清顺治康熙时期重建，而未认识到今故宫奉先殿重建于明嘉靖时期，前殿仍存明构。

综上，《哲匠录》存在史料收录不全、未做考辨、未做勘校之缺失；在时代相近的哲匠之间，存在某些前后顺序的偏差。以上不足之处对后世研究产生了一定的负面影响，但这些负面影响，恰从反面证明了后世研究存在对《哲匠录》的依赖。

朱启钤等先生在八十余年前所辑录的《哲匠录》，开创了系统梳理中国古代建筑人物传记之先河，树立了文献史料按时序整理之垂范，对建筑史学研究产生了深远影响。但受时代和研究阶段所限，《哲匠录》既对后代研究产生了积极影响，同时也存在一定的负面作用。而后辈学者，只有继承先辈研究之志，采其有效之法，补其不善之缺，方可更进一步，以尽营造学社诸位先生欲以营造而发扬国粹，见物、见史、见人之愿。

叙例

朱启钤

本编所录诸匠，肇自唐虞，迄于近代，不论其人为圣为凡，为创为述，上而王侯将相，降而梓匠轮舆，凡于工艺上曾著一事，传一艺，显一技，立一言若，以其于人类文化有所贡献，悉数裒聚，而以“哲”字嘉其称，题曰“哲匠录”，实本表彰前贤策励后生之旨也。

群书所载，凡与本编有关涉者，浏览所及，多至千数百言之传记，少至只词片语，靡不甄录。甄录之准则，以兹编以刊载古今工艺颛家为主旨，故姓名爵里及生存年代而外，间采其言论行事有关工艺者，余如德业功勋、琐闻轶事，或择尤酌举，或概从阙略。惟以“无征不信”，故凡所引据，附录原文，且俾阅者有所依据而正其疵误。

本编分十四类——营造、叠山、锻冶、陶瓷、髹饰、雕塑、仪象、攻具、机巧、攻玉石、攻木、刻竹、细书画异画、女红——每类之中又分子目。其奄有众长者则连类互见。

本编次比，断代相承，又以其人之生存年代为先后。间有时代全同，难以区分者，则视其所作艺事之先后为准。

凡无类可归，无时代可考，事近夸诞，语涉不经者，均暂入附录。

书画篆刻，作者如林；和墨斫琴，别有纪述；其余类此，卓尔不群。今略依李氏《艺术家征略》旧例，暂不著录。

余蓄意搜集哲匠事实亦既有年，秉烛读书，随付札扑。友朋同好辄复各举所知，奔走相告。所采既多，容有偶忘来历，久不董理，虑将坠佚。爰属梁君述任分别部居，发凡起例，一一为之疏通证明，咸如其朔，俾厘然可观焉。

古今载籍，浩如烟海，涉猎所届，奚及万一。挂漏之讥，固所难免。顾念作始本难，而兹业又复伟大，原非竭一二人之驽钝所能集事。同人不揣绵薄，创此“椎轮”，冀以嘤鸣之诚，幸获丽泽之益，而俾“大辂”之成。博洽君子，或饷以资料，裨补其阙漏；或锡以鸿文，纠绳其谬讹；惠而教之，则幸甚矣。

目　录

第一　营造

第二 叠山

第三 攻守具

第四 造像

第一

营造

⊙唐虞 ⊙夏 ⊙周—春秋 ⊙秦 ⊙汉 ⊙晋 ⊙宋 ⊙梁 ⊙陈 ⊙北魏 ⊙北齐

⊙北周 ⊙隋 ⊙唐 ⊙五代 ⊙宋 ⊙辽 ⊙金 ⊙元 ⊙明 ⊙清

唐虞

垂 亦作倕

垂，尧舜时共工。创制规、矩、准、绳、钟、弓、矢、耒耨、耜、铫等器物。

《书·舜典》帝曰："俞。咨，垂，汝共工。"又《顾命》：垂之竹矢。传垂，舜共工。

《世本·作篇》：倕作规、矩、准、绳秦嘉谟辑，以下略称秦辑，引《玉篇·夫部》。又垂作钟秦辑引《风俗通义》。又垂作耒耨秦辑引《齐民要术》。又垂作耜秦辑引《广韵六·止》。又垂作铫秦辑引《诗释文》。

《荀子·解蔽》：倕作弓。注倕，舜之共工。

《尸子》：古者倕为规、矩、绳、准，使天下效焉。

《楚辞·怀沙》：巧倕不斫。注倕，尧巧工也。

《吕氏春秋·重己》：倕，至巧也。人不爱倕之指，而爱己之指。注倕，尧之巧工也。

《山海经·十八·海内经》：不距之山，巧倕葬其西。注倕，尧之巧工也郝懿行笺疏。郭知为尧臣者，以《虞书》云：咨，倕，女共工。垂、倕盖一人也。又倕是始作下民百巧。案：《山海经》旧题"禹伯益作"，实战国好奇之士杂录奇书而成。然以去古未远，所载事迹尚有可靠。

《礼记·明堂位》：垂之和钟。注垂，尧之共工。

《淮南子·本经训》：周鼎著倕，使衔其指，以明大巧之不可为也。注倕，尧之巧工。又《说山训》：人不爱倕之手，而爱己之指。

《潜夫论·赞学篇》：巧倕之为规、矩、准、绳，以遗后工。

《路史》：帝尧命垂为工，作和钟，利器用。又帝舜以垂为宗工，辨材楛，利器用。注宗工，司空之职，使之代禹。垂有创物之巧举，极其精，故竹矢尤为后世宝。

鲧 亦作鲧，或作骸，又作鲧

鲧，尧舜工官，封于崇，故号崇伯，禹父。其世系以年代湮远，传说纷歧，姑作存疑。首筑城郭以为守，始布土均定九州。洪水滔天，鲧奉命治水，九年而水不息。帝令祝融杀鲧于羽郊，而举其子禹以竟其业。

《书·尧典》：鲧哉。传鲧，崇伯之名。马注鲧，臣名，禹父。《舜典》：殛鲧于羽山。

《世本·帝系篇》：颛顼生鲧秦辑引《山海经·海内经》注，鲧生高密，是为禹也秦辑引《玉篇·骨部》，又鲧娶有辛氏女，谓之女志，是生高密秦辑引《史记·夏本纪》索隐。又《作篇》：鲧作城秦辑引《礼记·祭法》正义。

《国语·周语》：其在有虞，有崇伯鲧，播其淫心，称遂共工之过。尧用殛之于羽山。注鲧，禹父。崇鲧，国伯爵也，尧时在位。而言有虞者，鲧之诛，舜之为也。

《山海经·海内经》：黄帝生骆明，骆明生白马，白马是为鲧。又禹鲧是始布土，均定九州。又洪水滔天，鲧窃帝之息壤，以堙洪水，不待帝命。帝令祝融杀鲧于羽郊。

《淮南子·原道训》：夏鲧作三仞之城。

《史记·夏本纪》：禹之父曰鲧，鲧之父曰帝颛顼，颛顼之父曰昌意，昌意之父曰黄帝。禹者，黄帝之玄孙，而帝颛顼之孙也。禹之曾大父昌意及父鲧，皆不得在帝位，为人臣。当帝尧之时，鸿水滔天，浩浩怀山襄陵，下民其忧。尧求能治水者，群臣四岳皆曰鲧可。尧曰："鲧为人负命毁族，不可。"四岳曰："等之未有贤于鲧者，愿帝试之。"于是尧听四岳，用鲧治水，九年而水不息，功用不成。于是帝尧乃求人更，得舜。舜登用，摄行天子之政，巡狩行视鲧之治水无状，乃殛鲧于羽山以死。天下皆以舜之诛为是。于是舜举鲧子禹，而使续鲧之业。索隐皇甫谧云：鲧，帝颛顼之子，字熙。又《连山易》云，鲧封于崇，故《国语》谓之崇伯。

《汉书·律历志》：颛顼五代而生鲧。

《列子·杨朱篇》：鲧治水土，绩用不就，殛诸羽山。注禹父名，本又作骸。

夏

禹

禹，鲧子，名文命，字高密，西羌西夷人。尧命以为司空，继其父治水。禹沐淫雨，栉疾风，决河浚川，凿龙门，辟伊阙，随山刊木，奠高山大川，而洪水平，九州定。尧美其绩，乃赐姓姒氏，封为夏伯。尧崩，舜复命居故官。勤俭谦恭，创制宫室、祭器等物。舜老，禹受舜禅，有天下，在位十年，号曰夏后氏。

《书·舜典》：伯禹作司空。帝曰："俞。咨！禹，汝平水土。"

《夏书》：禹别九州，随山浚川，任土作贡。

《论语·泰伯》："禹，吾无间然矣！菲饮食，而致孝乎鬼神，恶衣服，而致美乎黻冕，卑宫室，而尽力乎沟洫。"

《孟子·滕文公上》：禹疏九河，沦济漯，而注诸海；决汝汉，排淮泗，而注之江。

《庄子·天下篇》：昔禹之湮洪水，决江河，而通四夷九州也，名山三百，支川三千，小者无数。禹亲自操橐耜，而九杂天下之川。腓无胈，胫无毛，沐甚雨，栉疾风，置万国。

《韩非子·十过》：禹作为祭器，墨漆其外，而朱画其内。

《吕氏春秋·爱类篇》：龙门未开，河出孟门，东大溢，是谓洪水。禹凿龙门乃南。又《谨听篇》：昔者禹一沐而三捉发，一食而三起，以礼有道之士，通乎己之不足。通乎己之不足，则不与物争矣。

《山海经·十八·海内经》：鲧复生禹，帝乃命禹卒布土，以定九州。

《世本·帝系篇》：鲧生高密，是为禹也。又夏禹名曰文命，黄帝之玄孙，帝颛顼之孙也。继帝舜即天子位，号曰夏后氏秦辑引《史记·夏本纪》索隐。又《作篇》：尧使禹作宫室秦辑引《尔雅》释文。

贾谊《新书·修政语上》：禹尝昼不暇食，夜不暇寝矣，方是时也，忧务故也。

《淮南子·修务训》：禹沐浴淫雨，栉扶风，决江疏河，凿龙门，辟伊阙，修彭蠡之防，乘四载，随山刊木，平治水土，定千八百国。又曰：禹之为水，以身解于阳盱之河。又《要略》：禹之时，天下大水，禹身执虆垂，以为民先，剔河而道九岐，凿江而通九路，辟五湖而定东海。

奚仲［补遗］

奚仲，任姓，故亦称任奚，黄帝之后，为夏车正，尝作车，封于薛。

《世本·作篇》：奚仲作车。

《春秋左氏传》：定公元年，“薛宰曰：薛之皇祖奚仲居薛，以为夏车正，奚仲迁于邳。”

《管子·形势》：奚仲之巧，非斫削也。

《荀子·解蔽》：奚仲作车。注奚仲，夏禹时车正。

《吕氏春秋·君守》：奚仲作车。注奚仲，黄帝之后，任姓也。传曰：“为夏车正，封于薛。”

《淮南子·俶真训》：然而奚仲不能为逢蒙，造父不能为伯乐。又，《修务训》：奚仲为车。又，夫无规矩，虽奚仲不能以定方圆；无准绳，虽鲁般不能以定曲直。

《潜夫论·志氏姓》：夏之兴，有任奚为夏车正，以封于薛，后迁于邳。其嗣仲虺居薛，为汤左相。

《元和郡县图志》卷九：奚公山在县（案县谓滕县）东南六十六里，奚仲初造车于此。

周—春秋

轮扁

轮扁，齐桓公时斫轮之匠。晋司马彪《庄子注》云：斫轮人名“扁”。然则“轮”乃《考工记》“轮人”之轮，以其职业称之，非扁之姓也。

《庄子·天道篇》：桓公读书于堂上，轮扁斫轮于堂下。

释椎凿而上，问桓公曰：“敢问公之所读者何言邪？”公曰：“圣人之言也。”曰：“圣人在乎？”公曰：“已死矣。”曰：“然则君之所读者，古人糟魄已夫。”桓公曰：“寡人读书，轮人安得议乎？有说则可，无说则死。”轮扁曰：“臣也以臣之事观之，斫轮徐则甘而不固，疾则苦而不入，不徐不疾，得之于手而应于心。口不能言，有数存焉于其间。臣不能以喻臣之子，臣之子亦不能受之于臣。是以行年七十而老斫轮。古之人与其不可传也。死矣。然则君之所读者，古人之糟魄已夫。”

工师翰

翰，齐桓公时工师，尝为桓公新路寝，嘉木以为桯，文碣以荐址，画藻以奠井，坚垩以厚墉，陶甓以饰黝，越五月而路寝成。

宋濂《燕书》：齐路寝坏，桓公欲新之，召工师翰具材。工师翰伐巨木于营丘山中，若枢，若黏，若冕旎，若豫章，无疵取，而泛之河，蔽流而下。工师翰麾众徒操剞劂斫之，运绳尺剫之，阁阁然，橐橐然，声达乎临淄之郊。越五月，路寝成。桓公环视之，东阿之楹有用樗者。桓公让工师翰曰：“樗，散木也，肤理不密，沉液弗固，嗅之腥，爪之不知所穷，为柣为枨且不可，况为负任器邪？”工师翰对曰：“臣之作斯寝也，嘉木以为桯，文碣以荐址，画藻以奠井，坚垩以厚墉，陶甓以饰黝。臣窃以为尽善矣。虽东阿之楹缺，以一槫足之，不虞君之见让也。”桓公曰：“寝之巩者，在宊㢠，承宊者在桴，借桴惟楹耳，一楹蠹则寝隳，奈何不让？”工师翰曰：“臣闻国犹寝也，一楹蠹则无寝。若众壬进，尚可有国乎？”桓公曰：“不可也。”工师翰曰：“君既知不可，何为察其小而遗其大也？”桓公曰：“不知也。”工师翰曰：“臣请为君言之。擅执国柄者，有雍巫焉；成内食之奸者，有夷鼓初焉；长君之欲者，有寺人貂焉；外恶诸侯而凶德弗革者，有开方焉。是四人者，皆蠹矣，路寝能独存邪？”桓公悟，曰：“敬诺。”于是解四子政，而召管仲任之，齐国大治。

奚斯 孔疏据《左传》谓奚斯，公子鱼之字

奚斯，名鱼，鲁公子，尝作新庙于鲁。《诗毛传》云：“新庙，闵公庙。”闵公薨，僖公以庶兄后闵公，为之立庙，使奚斯教令工匠，监护其事，属付功役，课其章程，而为之主帅。唯《郑笺》则曰：“修旧曰新，新者，姜嫄庙也。”似不确。

《毛诗注疏》卷二十九《鲁颂·閟宫篇》：徂来之松，新甫之柏。是断是度，是寻是尺。松桷有舄，路寝孔硕。新庙奕奕，奚斯所作。《毛传》：新庙，闵公庙也。有大夫公子奚斯者，作是庙也。《郑笺》：修旧曰新，新者，姜嫄庙也。僖公承衰乱之政，修周公伯禽之教，故治正寝，上新姜嫄之庙。姜嫄之庙，庙之先也。奚斯作者，教护

属功，课章程也。至文公之时，太室屋坏。《孔疏正义》曰：闵二年，庆父出奔莒。《左传》曰：以赂求共仲于莒，莒人归之。及密使公子鱼请，不许，哭而往。共仲曰："奚斯之声也。"乃缢。是奚斯为公子也。如传文，盖名鱼，而字奚斯。又解，奚斯所作之意，正谓为之主帅，主帅教令工匠，监护其事，属付功役，课其章程而已，非亲执斧斤而为之也。

匠庆

匠庆，鲁大匠。鲁成公妾、襄公母定姒薨。季文子以襄公幼弱，乃敢蔑视之而卑其母，且以定姒非嫡夫人，不欲成其为小君之丧，故不殡于庙，又不为备棺椁。匠庆谓季文子曰："子为正卿而以非礼待小君，若慢其母，是不终事君之道也，君长，谁受其咎与？"初，季文子为已树六槚于蒲圃东门之外，匠庆乃请之以为定姒作椁，文子为正论所责，不敢止，遂得成礼。

《春秋左氏传》：襄公四年，秋，定姒薨，不殡于庙，无榇不虞。匠庆谓季文子曰："子为正卿而小君之丧不成，不终君也，君长，谁受其咎？"初，季孙为已树六槚于蒲圃东门之外。匠庆请木，季孙曰："略。"匠庆用蒲圃之槚，季孙不御。君子曰："《志》所谓多行无礼必自及也，其是之谓乎！"

蒍艾猎

蒍艾猎，蒍贾子，春秋时楚令尹，筑沂城。使封人——其时主筑城者——计画其事，以授司徒。《左传》杜注谓：艾猎，孙叔敖也。惟《世本》则谓：艾猎为叔敖之兄。孔疏力辨《世本》之非。而雷学淇《世本考证》则云：盖蒍贾生艾猎、叔敖，猎之后为蒍氏，有蒍子冯等；敖之后别为孙氏。二说孰确待考。

《春秋左氏传》：宣公十一年，令尹蒍艾猎城沂，使封人虑事，以授司徒。量功命日，分财用，平板干，称畚筑，程土物，议远迩，略基址，具糇粮，度有司。事三旬而成，不愆于素。

王尔

王尔，春秋时巧匠。

《韩非子·奸劫弑臣第十四》：无规矩之法、绳墨之端，虽王尔不能以成方圆。

《淮南子·本经训》：王尔无所错其剞劂削锯。注王尔，古之巧匠也。

《文选·西京赋》：命般、尔之巧匠。注般，鲁般，一云公输之子，鲁哀公时巧人。尔，王尔。皆古之巧者也。

梓庆

梓庆，春秋时鲁大匠，名庆，梓其官名也。或曰以官为氏，尝削木为鐻——乐器。鐻成，见者惊服其神巧。清俞樾曰：左襄四年传匠庆，即此人。待考。

《庄子·达生篇》：梓庆削木为鐻，鐻成，见者惊犹鬼神。

召公［补遗］

召公，姓姬氏，名奭，周成王时为三公，封于北燕。尝为申伯筑新城及寝庙古宗庙制，前曰庙，后曰寝于谢。

《诗·大雅·崧高》：亹亹申伯，王缵之事，于邑于谢，南国是式。王命召伯，定申伯之宅，登是南邦，世执其功。王命申伯，式是南邦，因是谢人，以作尔庸。王命召伯，彻申伯土田，王命傅御，迁其私人。申伯之功，召伯是营，有俶其城，寝庙既成。《传》：俶，作也。《笺》：申伯居谢之事，召公营其位，而作城郭及寝庙，定其人神所处。

皇国父［补遗］

皇国父，春秋时人，仕宋平公为太宰，尝为平公筑台。

《春秋左氏传》：襄公十七年，宋皇国父为太宰，为平公筑台，妨于农功。子罕请俟农功之毕，公弗许。筑者讴曰："泽门之皙，实兴我役。邑中之黔，实慰我心。"子罕闻之，亲执扑，以行筑者，而抶其不勉者，曰："吾侪小人皆有阖庐以辟燥湿寒暑，今君为一台而不速成，何以为役？"讴者乃止。或问其故，子罕曰："宋国区区，而有诅有祝，祸之本也。"

敬君 ［补遗］

敬君，战国时齐人，为齐王图九重之台。

《艺文类聚》卷三十二引《说苑》：齐王起九重之台，募国中能画者，赐之钱。有敬君居常饥寒，其妻妙色。敬君工画台，贪赐画台。去家日久，思忆其妻，像向之而笑。傍人见以白王，王召问之，对曰："有妻如此，去家日久，心常念之，窃画其像，以慰离心。不悟上闻。"

案：上为《说苑》佚文，详见清卢文弨《群书拾补·子部·说苑逸篇》。

龙贾 ［补遗］

龙贾，战国时人。魏惠王十二年，贾帅师筑长城于西边。

《竹书纪年》：显王十年，龙贾帅师筑长城于西边。

《水经注》：惠成王十二年，龙贾帅师筑长城于西边。

秦

蒙恬 [补遗]

蒙恬，秦将。始皇二十六年，将三十万众筑长城，西起临洮今甘肃岷县治**，东至辽东，延袤万余里。**

《史记》卷八十八本传：蒙恬者，其先齐人也。恬大父蒙骜，自齐事秦昭王，官至上卿……骜卒。骜子曰武，武子曰恬……始皇二十六年，蒙恬因家世得为秦将，攻齐，大破之，拜为内史。秦已并天下，乃使蒙恬将三十万众，北逐戎狄，收河南，筑长城，因地形，用制险塞，起临洮，至辽东，延袤万余里。

《淮南子·人间训》：秦皇挟录图，见其传曰，亡秦者，胡也。因发卒五十万，使蒙公、杨翁子将筑修城。

《水经注·河水三》：始皇令太子扶苏与蒙恬筑长城，起自临洮，至于碣石。

汉

胡宽

胡宽，汉高祖时匠人。高祖既定都长安，太上皇徙居长安深宫，常思念故乡，凄怆不乐。于是高祖诏胡宽建筑城市街里以象丰，故号新丰。移诸丰民以实之，男女老幼各知其室，放犬羊鸡豕于通途亦识其家。移者皆悦其似而德之，故竞加赏赠，致累百金。

《西京杂记》卷二：太上皇徙长安，居深宫，凄怆不乐。高祖窃因左右问其故，以平生所好，皆屠贩少年，酤酒卖饼，斗鸡蹴踘，以此为欢，今皆无此，故以不乐。高祖乃作新丰，移诸故人实之，太上皇乃悦。故新丰多无赖，无衣冠子弟故也。高祖少时，常祭枌榆之社，及移新丰，亦还立焉。高祖既作新丰，并移旧社，衢巷栋宇，物色惟旧，士女老幼，相携路首，各知其室。放犬羊鸡鸭于道途，亦竞识其家。其匠人胡宽所营也。移者皆悦其似而德之，故竞加赏赠，月余致累百金。

公玉带

公玉带，汉济南人。武帝欲治明堂于奉高今山东泰安旁，未晓其制度。带乃进黄帝时明堂图。于是上令作明堂于汶上，如带图。

《汉书》卷二十五下《郊祀志》：初，天子封泰山。泰山东北址古时有明堂处，处险不敞。上欲治明堂奉高旁，未晓其制度。济南人公玉带上黄帝时明堂图。明堂中有一殿，四面无壁，以茅盖，通水，水圜宫垣，为复道，上有楼，从西南入，名曰昆仑，天子从之入，以拜祀上帝焉。于是上令奉高作明堂汶上，如带图。

丁缓 李菊

丁缓、李菊皆汉成帝时匠人，为赵飞燕女弟造昭阳殿。

《西京杂记》卷一：赵飞燕女弟居昭阳殿，中庭彤朱，而殿上丹漆，砌皆铜沓、黄金涂、白玉阶，壁带往往为黄金釭，含蓝田璧，明珠、翠羽饰之。上设九金龙，皆衔九子金铃。五色流苏，带以绿文紫绶，金银花镊。每好风日，幡旄光影，照耀一殿，铃镊之声，惊动左右。中设木画屏风，文如蜘蛛丝缕。玉几、玉床、白象牙簟、绿熊席。席毛长二尺余，人眠而拥毛自蔽，望之不能见，坐则没膝其中。杂熏诸香，一坐此席，余香百日不歇。有四玉镇，皆达照无瑕缺。窗扉多是绿琉璃，亦皆达照，毛发不得藏焉。椽桷皆刻作龙蛇，萦绕其间，鳞甲分明，见者莫不兢慄。匠人丁缓、李菊，巧为天下第一。缔构既成，向其姊子樊延年说之，而外稀知，莫能传者。

仇延 附杜林等数十人

仇延，王莽时都匠，及杜林等数十人将作，坏彻上林苑中建章等十馆，取其材瓦以起九庙——（一）黄帝太初祖庙（二）帝虞始祖昭庙（三）陈胡王统祖穆庙（四）齐敬王世祖昭庙（五）济北愍王王祖穆庙（六）济南伯王尊祢昭庙（七）元城孺王尊祢穆庙（八）阳平顷王戚祢昭庙（九）新都显王戚祢穆庙。殿皆重屋。太初祖庙东西南北各四十丈，高十七丈，余庙半之。为铜欂栌——柱上横方木承栋者，饰以金银雕文，穷极百工之巧，递高增下。

《汉书·王莽传》：地皇元年，营长安城南，提封百顷。九月甲申，莽立载行视，亲举筑三下。司徒王寻、大司空王邑持节，及侍中常侍执法杜林等数十人将作。崔发、张邯说莽曰："德盛者文缛，宜崇其制度，宣视海内，且令万世之后无以复加也。"莽乃博征天下工匠诸图画，以望法度算，及吏民以义入钱谷助作者，骆驿道路。坏彻城西苑中建章、承光、包阳、大台、储元宫及平乐、当路、阳禄馆，凡十余所，取其材瓦，以起九庙。是月，大雨六十余日，令民入米六百斛为郎，其郎吏增秩赐爵至附城。九庙：一曰黄帝太初祖庙，二曰帝虞始祖昭庙，三曰陈胡王统祖穆庙，四曰齐敬王世祖昭庙，五曰济北愍王王祖穆庙，凡五庙不堕云；六曰济南伯王尊祢昭庙，七曰元城孺王尊祢穆庙，八曰阳平顷王戚祢昭庙，九曰新都显王戚祢穆庙。殿皆重屋。太初祖庙东西南北各四十丈，高十七丈，余庙半之。为铜欂栌，饰以金银雕文，穷极百工之巧，带高增下，功费数百巨万，卒徒死者万数……三年正月，九庙盖构成，纳神主。莽谒见，大驾乘六马，以五采毛为龙文衣，著角，长三尺。华盖车，元戎十乘在前。因赐治庙者司徒、大司空钱各千万，侍中、中常侍以下皆封，封都匠仇延为邯淡里附城。

魏霸

魏霸，字乔卿，东汉和帝时将作大匠，典作顺陵。

《后汉书》本传：魏霸，字乔卿，济阴句阳人。永元十六年，征拜将作大匠。明年，和帝崩，典作顺陵。时盛冬地冻，中使督促，数罚县吏以厉霸，霸抚循而已，初不切责，而反劳之曰："令诸卿被辱，大匠过也。"吏皆怀恩，力作倍功。

宋典

宋典，东汉末桓、灵帝时钩盾令，尝缮修南宫玉堂。

《后汉书·张让传》：使钩盾令宋典缮修南宫玉堂。

陈球

陈球，字伯真，东汉灵帝时将作大匠，作桓帝陵园。

《后汉书》本传：陈球，字伯真，下邳淮浦人……征拜将作大匠，作桓帝陵园，所省巨万以上。

曹操

曹操，字孟德，东汉献帝时为大将军，进位丞相，封魏王。子丕篡汉，追尊为武帝。为人多机智，才力绝人，及造作宫室，缮治器械，无不为之法则，皆尽其意。

《魏志·武帝本纪》注引夏侯湛《魏书》：太祖才力绝人，及造作宫室，缮治器械，无不为之法则，皆尽其意。

章文 文或作交，误［补遗］

章文，汉豫章汉郡名，在今江西北境人。高帝五年，灌婴讨定南方，文以南昌当诸道之冲，进计于婴，筑豫章城。婴因从之，遂命文董营建之役，鸠工庀材，规画咸宜。

《南昌耆旧记》（见《（乾隆）南昌县志》卷三十六《人物志·卓行》）：汉章文，豫章人。高帝五年，灌婴定吴、豫章五十二县。文以南昌当诸道之冲，进计于婴，筑郡城。婴然之，使文董其役，劳来版筑，经画居多，郡民德焉。及卒，祀之于江滨，历代不废。宋大观二年，赐额霈泽庙，今城北章江庙是也。

阳城延[补遗]

阳城延，汉少府。董建长乐、未央宫及筑长安城。

《汉书》卷十六《高惠高后文功臣表》：梧齐侯阳城延，以军匠从起郏。入汉，后为少府，作长乐、未央宫，筑长安城，先就，功侯，五百户。

李翕《集古录》翕作会，误[补遗]

李翕，字伯都，东汉汉阳阿阳阿或伪作河，东汉县名，晋废。在今甘肃静宁县南人。尝令渑池今河南渑池县，修崤嵚《公羊传》："蹇叔送其子而戒之曰：尔即死必于嵚岩。"《左传》孔疏曰：嵚岩是山之貌之道。桓帝时为武都东汉郡名，在今甘肃南境太守。郡之西狭阁，道通梁、益二州，缘壁立之山，临不测之溪，危难险峻，数有颠覆陨坠之虞。翕乃镌烧大石，改高即平，正曲广阨，遂成坚固广大之夷涂。民可夜涉，咸歌德惠，乃为摩崖刊颂即《西狭颂》于天升山鱼窍峡在今甘肃成县境中。灵帝建宁间，析里俗名白崖，即今陕西略阳县宜口之析里编两岸夹峙，百仞屹立，江水从中流出，水溢，则上下不通，民皆病涉。翕乃凿石架木，建郙阁在略阳县西二十里，阁旧首尾连接栈道，后栈道他徙，阁亦随之而废，现崖际有凿石孔数十，即其遗迹也以济行人而去沉没之患，亦于桥旁摩崖为颂即《郙阁颂》以纪其功。

《西狭颂》：汉武都太守汉阳阿阳李君，讳翕，字伯都。天资明敏，敦诗悦礼，膺禄美厚。继世郎吏，幼而宿卫，弱冠典城，有阿郑之化，是以三剖符守，致黄龙、嘉禾、木连、甘露之瑞。动顺经古，先之以博爱，陈之以德义，示之以好恶。不肃而成，不严而治。朝中惟静，威仪抑抑。督邮部职，不出府门，政约令行，强不暴寡，知不诈愚。属县趋教，无对会之事。徼外来庭，面缚二千余人。年谷屡登，仓庾惟亿，百姓有蓄，粟麦五钱。郡西狭中道，危难阻峻，缘崖俾阁，两山壁立，隆崇造云，下有不测之溪，阨笮促迫，财容车骑。进不能济，息不得驻，数有颠覆贾坠之害。过者创楚，惴惴其栗。君践其险，若涉渊冰，叹曰："《诗》所谓'如集于木，如临于谷'，斯其殆哉。"困其事则为设备，今不图之，为患无已。敕衡官有秩李瑾、掾仇审，因常繇道徒，锲烧破析，刻刍確嵬，减高就埤，平夷正曲，柙致土石。坚固广大，可以夜涉。四方无雍，行人欢悀。民歌德惠，穆如清风。乃刊斯石，曰：赫赫明后，柔嘉惟则。克长克君，牧守三国。三国清平，咏歌懿德。瑞降丰稔，民以货殖。威恩并隆，远人宾服。锲山浚渎，路以安直。继禹之迹，亦世赖福。

析里桥《郙阁颂》：惟斯析里，处汉之右。溪源漂疾，横柱于道。涉秋霖漉，盆溢滔涌。涛波滂沛，激扬绝道。汉水逆让，稽滞商旅。路当二州，经用衿沮。沮县士民，或给州府。休谒往还，恒失日晷。行理咨嗟，郡县所苦。斯溪既然，郙阁尤甚。缘崖凿石，处隐定柱。临深长渊，三百余丈。接木相连，号为万柱。过者栗栗，载乘为下。常车迎布，岁数千两。遭遇隤纳，人物俱隋。沉没洪渊，酷烈为祸。自古迄今，莫不创楚。于是太守汉阳阿阳李君，讳翕，字伯都，以建宁三年二月辛巳到官，思惟惠利，有以绥济。闻此为难，其日久矣。嘉念高帝之开石门，元功不朽。乃俾衡官掾下辨仇审，改解危殆，即便求隐。析里大桥，于今乃造。校致攻坚，结构工巧。虽昔鲁斑，亦莫拟象。又醳散关之嶃漯，从朝阳之平燥，减西□之高阁，就安宁之石道，禹导江河，以靖四海。经记厥续，艾康万里。臣□□□，勒石示后。乃作颂曰：上帝绥□，降兹惠君。克明俊德，允武允文。躬俭尚约，化流若神。爱氓如子，遐迩平均。精通皓穹，三纳苻银。所历垂勋，香风有邻。仍致瑞应，丰稔年登。属□以乐，行人夷欣。慕君靡已，乃咏新诗。曰：析里□兮，川兑之间。高山崔嵬兮，水流荡荡。地既堉确兮，与寇为邻。西陇鼎峙兮，东以析分。或失绪业兮，至于困贫。危危累卵兮，圣朝闵怜。析□巘兮，乃命是君。扶危救倾兮，全育孑遗。劬劳日稷兮，惟惠勤勤。黄邵朱龚兮，盖不□□。□□充赢兮，百姓欢欣。佥曰太平兮，文翁复存。

宋曾巩《汉武都太守汉阳阿阳李翕西狭颂》：武都太守、汉阳阿阳李翕，字伯都，以郡之西狭阁，道通梁、益，缘壁立之山，临不测之溪，危难阻峻，数有颠覆贾坠之害。乃与功曹吏李旻定策，敕衡官掾仇审治东坂，有秩李瑾治西坂，镌烧大石，改高即平，正曲广陀。既成，人得夷途，可以夜涉。乃相与作颂刻石。其颂有二，其所识一也。其一立于建宁四年六月十三日壬寅，其一是年六月三十日立也。又称翕尝令渑池，治崤嵚之道，有黄龙、白鹿之瑞。其后治武都，又有嘉禾、甘露、木连理之祥。皆图画其像，刻石在侧。盖嘉祐之间，晁仲约质夫为兴州，还京师，得郙阁颂以遗余，称析里桥郙阁，汉武都太守阿阳李翕字伯都之所建，以去沉没之患。而翕字残缺不可辨，得欧阳永叔《集古录目跋尾》，以为李会，余亦意其然。及熙宁十年，马城中玉为转运判官于江西，出成州所得此颂以视余，始知其为李翕也。永叔于学博矣，其于正文字尤审。然一西狭郙阁之道，有益于人而史不传，则颂之作其可备史之阙软。

萧何 ［补遗］ 新宁刘敦桢士能校补

萧何，沛丰人。楚汉之际，仕汉高祖为丞相，留守关中，营宗庙、社稷。又疏龙首山，制未央前殿及东阙、北阙、武库、太仓、天禄、麒麟、石渠等阁，以壮丽称。

《史记》卷五十三《萧相国世家》：萧相国何者，沛丰人也……沛公为汉王，以何为丞相……汉二年，汉王与诸侯击楚，何守关中，侍太子治栎阳，为法令约束，立宗庙、社稷、宫室、县邑。（并见《汉书》卷三十九本传）

前书卷八《高祖本纪》：八年……萧丞相营作未央宫，立东阙、北阙、前殿、武库、太仓。高祖还，见宫阙壮甚，怒，谓萧何曰："天下匈匈，苦战数岁，成败未可知，是何治宫室过度也？"萧何曰："天下方未定，故可因遂就宫室。且夫天子以四海为家，非壮丽无以重威，且无令后世有以加也。"高祖乃说。

《汉书》卷一下《高帝纪》：五年……后九月，徙诸侯子关中。治长乐宫。八年……二月，至长安，萧何治未央宫，立东阙、北阙、前殿、武库、太仓。上见其壮丽，甚怒，谓何曰："天下匈匈，劳苦数岁，成败未可知，是何治宫室过度也？"何曰："天下方未定，故可因以就宫室。且夫天子以四海为家，非令壮丽亡以重威，且亡令后世有以加也。"上说，自栎阳徙都长安。

《三辅黄图》卷二：汉宫，未央宫。《汉书》曰：高祖七年，萧何造未央宫，立东阙、北阙、前殿、武库、太仓……未央宫周回二十八里，前殿东西五十丈，深十五丈，高三十五丈。营未央宫，因龙首山以制前殿。

前书卷六：石渠阁，萧何造。其下砻石为渠以导水，若今御沟，因为阁名。所藏入关所得秦之图籍……天禄阁，藏典籍之所。《汉宫殿疏》云：天禄、麒麟阁，萧何造，以藏秘书处贤才也……麒麟阁，《庙记》云：麒麟阁，萧何造……武库，在未央宫，萧何造，以藏兵器。太仓，萧何造，在长安城外东南，百二十楹。

《西京杂记》第一：汉高帝七年，萧相国营未央宫，因龙首山制前殿，建北阙。未央宫周回二十二里九十五步五尺，街道周回七十里，台殿四十三，其三十二在外，其十一在后宫；池十三，山六，池一，山一，亦在后宫。门闼凡九十五。

《古今图书集成·职方典》第五百十卷《西安府部汇考二十·古迹考一》：未央殿虽南向，而尚书奏事谒见，皆诣北阙，公车司马亦在焉。是则以北阙为正门，而又有东门、东阙，至于西南两面无门阙矣。盖萧何初立宫以压胜之术，理宜然乎。长乐宫，本秦兴乐宫也，在旧长安城东。高皇帝始居栎阳。七年，长乐宫成，徙居之。周回二十里，前殿东西四十九丈七尺，两疏中三十五丈，深十二丈……未央宫在旧长安城西南隅。汉高祖七年，萧何造未央宫，立东阙、北阙、前殿、武库、太仓。周回二十八里，前殿东西五十丈，深十五丈，高三十五丈……《关中记》：未央宫周旋三十三里，街道十七里，宫殿及台皆疏龙首山上以作之，殿基出长安城上，宫东有鸳鸯殿。

马宪 [补遗] 新宁刘敦桢士能校补

马宪，魏郡清渊人。顺帝阳嘉中，为中谒者，监营洛阳阳渠石桥，尽要妙之巧。

《水经注》卷十六《谷水》：又东过河南县北，东南入于洛。注：谷水又东屈，南径建春门石桥下……桥首建两石柱，桥之右柱铭云：阳嘉四年乙酉壬申，诏书以城下漕渠，东通河济，南引江淮，方贡委输，所由而至，使中谒者魏郡清渊马宪监作石桥梁柱，敦敕工匠尽要妙之巧，攒立重石，累高周距，桥工路博，流通万里云云。

《洛阳伽蓝记》卷二：谷水周围绕城，至建春门外，东入阳渠石桥。桥有四柱，在道南。铭曰：汉阳嘉四年，将作大匠马宪造……

晋

陈勰

陈勰，晋太康间都水使者。宣帝庙及太庙殿坏，更营新庙，远致名材，杂以铜柱，陈勰为匠，作者六万人，越十九月乃成。

《晋书·五行志》：太康五年五月，宣帝庙地陷，梁折。八年正月，太庙殿又陷，改作庙，筑基及泉。其年九月，遂更营新庙，远致名材，杂以铜柱。陈勰为匠，作者六万人，至十年四月乃成。十一月庚寅，梁又折……明年，帝崩，而王室遂乱。

《晋赞》曰：陈勰以工巧见知。

张华

张华，字茂先，晋武帝时范阳方城人也。尝画建章千门万户图。

《晋书》本传：武帝尝问汉宫室制度及建章千门万户，华画地成图，左右属目。帝甚异之，时人比之子产。

王彬

王彬，字世儒，晋元帝时大匠，营创新宫。

《晋书·王廙传》：弟彬，字世儒。改筑新宫，彬为大匠，以营创勋劳，赐爵关内侯，迁尚书右仆射，卒官，年五十九。赠特进、卫将军，加散骑常侍，谥曰肃。

高堂隆

高堂隆，晋人，刻邺宫屋材。

王隐《晋书》：高堂隆，刻邺宫屋材，云，后若干年，当有天子居此宫。惠帝止邺宫，治屋者土剥更泥一作渥，始见刻字，计年正合二字一作在今时。清毕沅、汤球辑引《艺文类聚》及《太平御览》。

任汪　张渐

任汪，晋石勒时少府。张渐，都水使者，监营邺宫。

《晋书·载记》：石勒令少府任汪、都水使者张渐等监营邺宫。

郦辅

郦辅，晋乐陵人，为石勒材官将军，曾营襄国宫殿台榭。

《后赵录》：郦辅，乐陵人也。好学，多才艺，巧思机智，妙于当时。襄国宫殿台榭，皆辅所营也清汤球《十六国春秋·后赵录》辑引《太平御览》。

毛安之

毛安之，晋孝武帝时大匠，曾营筑太极殿。

徐广《晋纪》：孝武宁康二年，尚书令王彪之等启改作新宫。太元三年二月，内外军六千人始营筑，至七月而成。太极殿高八丈，长二十七丈，广十丈。尚书谢万监视，赐爵关内侯。大匠毛安之关中侯清黄奭辑《子史钩沉》引《世说·方正篇》注，但毛安之作王安之。

任射

任射，晋吕光时人。有奇巧，大殿倾，运巧致思，土木俱正。

《凉州记》：吕光时有任射者，自匿为王欣家奴。发觉，应死。射有奇巧，王尔、鲁般之俦也，故赦之。凉风门及大殿岁久倾败，射运巧致思，土木俱正清张澍辑引《太平御览》。

叱干阿利

叱干阿利，晋赫连勃勃将作大匠，蒸土筑城，造五兵，铸铜鼓。

《晋书·赫连勃勃载记》：改元为凤翔，以叱干阿利领将作大匠，发岭北夷夏十万人，于朔方水北黑水之南营起都城。勃勃自言："朕方统一天下，君临万邦，可以统万为名。"阿利性尤工巧，然残忍刻暴，乃蒸土筑城，锥入一寸，即杀作者而并筑之。勃勃以为忠，故委以营缮之任。又造五兵之器，精锐尤甚。既成，呈之，工匠必有死者。射甲不入，则斩弓人；如其入也，便斩铠匠。又造百炼刚刀，为龙雀大环，号曰"大夏龙雀"，铭其背曰：古之利器，吴楚湛卢。大夏龙雀，名冠神都。可以怀远，可以柔逋。如风靡草，威服九区。世甚珍之。复铸铜为大鼓、飞廉、翁仲、铜驼、龙兽之属，皆以黄金饰之，列于宫殿之前。凡杀工匠数千，以是器物莫不精丽。

《水经注》：叱干阿利改筑大城，名曰统万城。蒸土加功，雉堞虽久，崇墉若新。

桓温［补遗］ 新宁刘敦桢士能校补

桓温，字元子，谯国龙亢人。明帝时为安西将军，灭西蜀李氏。寻北征苻健、姚襄，进南郡公、大司马，假节钺。尝营建康，因江左地促，故为纡余委曲，若不可测。迨镇南州，街衢平直，一反其制。其治江陵，层城丹阁，尤为壮观。

《晋书》卷九十八本传：桓温，字元子，宣城太守彝之子也……选尚南康长公主，拜驸马都尉，袭爵万宁男，除琅邪太守，累迁徐州刺史……都督荆梁四州诸军事、安西将军……永和二年，率众西伐……势降……还江陵，进位征西大将军……升平中，改封南郡公……又加侍中、大司马、都督中外诸军事，假黄钺……太和四年，又上疏，悉众北伐……又以温领平北将军。

《世说新语》卷上之上《言语第二》：宣武移镇南州，制街衢平直。人谓王东亭曰："丞相初营建康，无所因承，而制置纡曲，方此为劣。"东亭曰："此丞相乃所以为巧。江左地促，不如中国，若使阡陌条畅，则一览而尽，故纡余委曲，若不可测。"又桓征西治江陵城甚丽，会宾僚，出江津望之，云："若能目此城者，有赏。"顾长康时为客在坐，目曰："遥望层城，丹楼如霞。"桓即赏以二婢。

谢万［补遗］　新宁刘敦桢士能校补

谢万，字万石，孝武时尚书。时营太极殿，万与大匠毛安之共董其役。工成，进爵关内侯。

《晋书》卷七十九《谢安传》: 万字万石，才器俊秀……弱冠，辟司徒掾，迁右西属，不就。简文帝作相，闻其名，召为抚军从事中郎……再迁豫州刺史、领淮南太守，监司豫冀并四州军事……卒，时年四十二。

《世说新语》卷中之上《方正第五》引徐广《晋纪》：孝武宁康二年，尚书令王彪之等启改作新宫。太元三年二月，内外军六千人始营筑，至七月而成。太极殿高八丈，长二十七丈，广十丈。尚书谢万监视，赐爵关内侯。大匠毛安之关中侯。

昙翼［补遗］ 新宁刘敦桢士能校补

释昙翼，俗姓姚，幼事道安为师，以律行著称。冉闵之乱，随安南适襄阳，主荆州长沙寺。尝伐木君山，营门庑廊院约万间。又构大殿十三间，通梁五十余尺，栾栌重叠，为一时京冠云。

《高僧传初集》卷五《晋荆州长沙寺释昙翼》: 释昙翼，姓姚，羌人也。或云冀州人。年十六出家，事安公为师，少以律行见称……翼尝随安在檀溪寺。晋长沙太守滕含之，于江陵舍宅为寺，告安求一僧为总领。安谓翼曰："荆楚士庶，始欲师宗，成其化者，非尔而谁。"翼遂杖锡南征，缔构寺宇，即长沙寺是也。后互贼越逸，侵掠汉南，江陵阖境避难上明。翼又于彼立寺。群寇既荡，复还江陵，修复长沙寺……后入巴陵君山伐木，《山海经》所谓洞庭山也……年八十二而终。

《法苑珠林》卷五十二《伽蓝篇》三十六《感应缘·总述中边化迹降灵记》：昔苻坚伐晋，荆州北岸并没属秦，时桓冲为荆牧，邀翼法师渡江，造东寺安长沙寺僧，西寺安四层寺僧。苻坚殁后，北岸诸地还属晋家。长沙、四层诸僧，各还本寺。西东二寺因旧广立，自晋宋齐梁陈氏，僧徒常数百人。陈末隋初，有名者三千五百人，净人数千。大殿一十三间，惟两行柱通梁长五十五尺，栾栌重叠，国中京冠。即弥天释道安使弟子翼法师之所造也。自晋至唐，曾无亏损。殿前四铁镬各受十余斛，以种莲华……寺房五重，并皆七架。别院大小，今有十所，般舟、方等二院，庄严最胜。夏别常有千人，四周廊庑，咸一万间。寺开三门两重，七间两厦，殿宇横设，并不重安，约准地数，取其久故，所以殿宇至今三百年余，无有损败。东川大寺，唯此为高。映耀川原，实称壮观也。

宋

谢庄

谢庄，字希逸，宋文帝时陈郡阳夏人，尝制木方，图山川土地于其上，各有分理，离之则州别郡殊，合之则宇内为一。

《宋书》本传：谢庄，字希逸，陈郡阳夏人。太常弘微子也。年七岁，能属文，通《论语》。及长，韶令美容仪，太祖见而异之……制本案《南史》作木方丈图，山川土地，各有分理，离之则州别郡殊，合之则宇内为一。

梁

康绚

康绚，字长明，梁高祖时华山蓝田人。高祖欲堰淮水，以灌寿阳，假绚节都督淮上诸军事，并护堰作役人。淮水漂疾，堰屡决溃，乃冶铁器——釜、鬵、鍤、锄——数千万斤沉于堰所。又伐树为干，填以巨石，加土其上。

《梁书》本传：魏降人王足陈计，求堰淮水，以灌寿阳。高祖以为然，使水工陈承伯、材官将军祖暅视地形，咸谓淮内沙土漂轻，不坚实，其功不可就。高祖弗纳，发徐、扬人，率二十户取五丁，以筑之。假绚节都督淮上诸军事，并护堰作，役人及战士，有众二十万。于钟离南起浮山，北抵巉石，依岸以筑土，合脊于中流。十四年，堰将合，淮水漂疾，辄复决溃。众患之，或谓江淮多有蛟，能乘风雨，决坏崖岸，其性恶铁。因是引东西二冶铁器，大则釜、鬵，小则鍤、锄，数千万斤沉于堰所，犹不能合。乃伐树为井干，填以巨石，加土其上。

陈

沈众　蔡俦

沈众、蔡俦，皆陈高祖永定间人。太极殿被火焚，诏中书令沈众兼起部尚书、少府卿蔡俦兼将作大匠，重建之。成，帝于殿东堂宴群臣，设金石之乐。

《陈书·高祖本纪》：永定二年秋七月，起太极殿。初，侯景之平也，火焚太极殿，承圣中议欲营之，独阙一柱，至是有樟木大十八围，长四丈五尺，流泊陶家后渚，监军邹子度以闻。诏中书令沈众兼起部尚书、少府卿蔡俦兼将作大匠，起太极殿。冬十月甲寅，成。十二月丙寅，帝于太极殿东堂宴群臣，设金石之乐。

北魏

郭善明

郭善明，北魏高宗时巧人。北京即平城，故城在今山西大同县宫殿，多其制作。

《魏书·术艺传》：高宗时，郭善明甚机巧，北京宫殿，多其制作。

李冲

李冲，字思顺，北魏高祖将作大匠。机敏有巧思，营北京明堂、圜丘、太庙。高祖迁都洛阳，冲奉敕营洛都初基，及安处郊兆，新起堂寝等。

《魏书》本传：冲机敏有巧思，北京明堂、圜丘、太庙及洛都初基，安处郊兆，新起堂寝，皆资于冲。勤志强力，孜孜无怠，旦理文簿，兼营匠制，几案盈积，剞劂在手，终不劳厌也。又，诏曰：昔轩皇诞御，垂栋宇之构，爰历三代，兴宫观之式。然茅茨土阶，昭德于上代，层台广厦，崇威于中叶。良由文质异宜，华朴殊礼故也。是以周成继业，营明堂于东都，汉祖聿兴，建未央于咸镐。盖所以尊严皇威，崇重帝德，岂好奢恶俭，苟弊民力者哉？

我皇运统天，协纂乾历，锐意四方，未遑建制，宫室之度，颇为未允。太祖初基，虽粗有经式，自兹厥后，复多营改。至于三元庆飨，万国充庭，观光之使，具瞻有阙。朕以寡德，猥承洪绪，运属休期，事钟昌运，宜遵远度，式兹宫宇，指训规模，事昭于平日。明堂、太庙已成于昔年。又因往岁之丰资，借民情之安逸，将以今春营改正殿，违犯时令，行之惕然。但朔土多寒，事殊南夏，自非裁度当春，兴役徂暑，则广制崇基，莫由克就。成功立事，非委贤莫可；改制规模，非任能莫济。尚书冲，器怀渊博，经度明远，可领将作大匠。司空、长乐公亮穆亮可与大匠共监兴缮。其去故崇新之宜，修复太极之制，朕当别加指授。

穆亮

穆亮，字幼辅，北魏高祖时司空。太和十七年，高祖迁都洛阳，穆亮营造新都宫室。

《洛阳伽蓝记》叙：魏太和十七年，高祖迁都洛阳，诏司空公穆亮营造宫室。

《魏书》本传：亮，代人，穆崇之子，字幼辅。官至骠骑大将军、尚书令、司空公，谥曰匡。

蒋少游　董尔《北史》作董爵

蒋少游，北魏高祖时都水使者兼将作大匠。高祖将于平城营太庙、太极殿。少游诣洛，量准魏晋基址。又尝修改华林殿沼及金墉门楼。

董尔，高祖时将作大匠，与蒋少游、王遇等参建太庙。又与李冲、穆亮同经营洛都。

《魏书·术艺传》：蒋少游，乐安博昌人也。于平城将营太庙、太极殿，遣少游乘传诣洛，量准魏晋基址。后为散骑侍郎，副李彪使江南。高祖修船乘，以其多有思力，除都水使者，迁前将军兼将作大匠，仍领水池湖泛戏舟楫之具。及华林殿沼修旧增新，改作金墉门楼，皆所措意，号为妍美。虽有文藻，而不得伸其才用，恒以剞劂绳尺，碎剧忽忽，徒倚园湖城殿之侧，识者为之叹慨。而乃坦尔为己任，不告疲耻。又兼太常少卿，都水如故。景明二年卒，赠龙骧将军、青州刺史，谥曰质。有文集十卷余。少游又为太极立模范，与董尔、王遇等参建之，皆未成而卒。

王遇

王遇，字庆时，北魏世宗时将作大匠，监作北都即平城方山灵泉、道俗居宇、文明太后陵庙，及洛京东郊马射坛殿；又修广文昭太后墓园、太极殿及东西两堂，内外诸门。

《魏书》本传：遇，字庆时，世宗初，兼将作大匠，性巧，强于部分。北都方山灵泉、道俗居宇及文明太后陵庙，洛京东郊马射坛殿，修广文昭太后墓园、太极殿及东西两堂、内外诸门，制度皆遇监作。虽年在耆老，朝夕不倦。

郭安兴

郭安兴，北魏宣武帝、孝明帝时殿中将军，与柳俭、关文备同时，并机巧。洛中制永宁寺九层佛图，安兴为匠。

《魏书·术艺传》：世宗、肃宗时，豫州人柳俭、殿中将军关文备、郭安兴并机巧。洛中制永宁寺九层佛图，安兴为匠也。

王椿

王椿，字元寿，北魏宣武帝、孝明帝间人。有巧思，凡所营制园宅等可为后世法。正光中，元叉将营明堂、辟雍，欲征为将作大匠，椿固辞不就。

《北史·王叡传》：叡子袭，袭弟椿，字元寿。正始中，拜太原太守，坐事免。椿园宅华广，声伎自适。或有劝椿仕者，椿笑而不答。雅有巧思，凡所营制，可为后法。由是正光中，元叉将营明堂、辟雍，欲征为将作大匠。椿闻而固辞。

祖莹　长孙稚　元孚

祖莹，字元珍，北魏孝武帝时太常卿，尝与长孙稚、元孚更造太常乐库。既就，命曰大成乐。

长孙稚，字承业，孝武帝时录尚书事。

元孚，孝武帝时侍中。

《魏书》本传：庄帝末，尔朱兆入洛，军人焚烧乐署，钟石管弦，略无存者，敕莹与录尚书事长孙稚、侍中元孚典造金石雅乐，三载乃就。

高隆之

高隆之，字延兴，东魏孝静帝时尚书右仆射。天平元年，迁都于邺。其明年，隆之领营构大将，以十万夫彻洛阳宫殿，运其材入邺，而与参军辛术、镇南将军李业兴共营构新宫，且定其制阊阖门初成，隆之乘马远望，谓匠人曰："西南独高一寸。"量之果然，其明敏如此。增筑南城，周二十五里。又以漳水近帝城，时虞泛溢，故起长堤以防之。而凿渠引水，周流城郭。更制水碾硙，并有利于时。

《北史》本传：高隆之，字延兴，洛阳人也。领营构大将，以十万夫彻洛阳宫殿，运于邺，构营之制，皆委隆之。增筑南城，周二十五里。以漳水近帝城，起长堤以防泛溢。又凿渠引漳水，周流城郭，造水碾硙，并有利于时。隆之性好小巧，至于公家羽仪、百戏服制，时有改易。

李业兴

李业兴，东魏孝静帝时镇南将军，与辛术、高隆之等共营邺都及缮治三署乐器、衣服、百戏之属。

《魏书》本传：李业兴，上党长子人也……迁邺之始，起部郎中辛术奏曰："今皇居徙御，百度创始，营构一兴，必宜中制，上则宪章前代，下则模写洛京。今邺都虽旧，基址毁灭，又图记参差，事宜审定。臣虽曰职司，学不稽古。通直散骑常侍李业兴，硕学通儒，博闻多识，万门千户，所宜访询，今求就之披图案记，考定是非，参古杂今，折中为制。召画工并所须调度，具造新图，申奏取定，庶经始之日，执事无疑。"诏从之。天平二年，除镇南将军。寻为侍读。于时尚书右仆射、营构大将高隆之被诏缮治三署乐器、衣服及百戏之属，乃奏请业兴共参其事。

辛术

辛术，字怀哲，东魏孝静帝时起部郎中，与高隆之等共典营构邺都宫室。

《北史·辛雄传》：术，字怀哲。少明敏，有识度。解褐司空胄曹参军，与仆射高隆之共典营构邺都宫室。

术有思理，百宫克济。

安难 [补遗]

安难，北魏世祖时辽东胡人。有巧思，勇而多智。阳平王杜超攻宋，难参征南军事，以功表为清河太守。后诸将频征和龙，皆以难为长史，凿山堙谷，省力兼功，迁给事中。从驾南征，造浮桥于河，以功赐爵清河子，卒。

《魏书》卷三十《安同传》：难，有巧思。阳平王杜超督诸将击刘义隆，难参征南军事，以功表为清河太守。世祖时诸将频征和龙，皆以难为长史，凿山堙谷，省力兼功，迁给事中。从驾南征，造浮桥于河，以功赐爵清河子，卒。

冯亮 [补遗]

冯亮，字灵通，北魏南阳今河南省南阳县人。博览群书，笃好佛理，性既雅爱山水，复巧思绝人，而工营构。世宗欲召为羽林监，领中书舍人。固辞不拜。乃隐居崧高即嵩山，结架岩林以自适。世宗乃给其工力，诏造闲居佛寺，林泉既奇，营制复美，曲尽山居之妙。

《魏书》卷九十《逸士》本传：冯亮，字灵通，南阳人。萧衍平北将军蔡道恭之甥也。少博览诸书，又笃好佛理。

随道恭至义阳，会中山王英平义阳而获焉。英素闻其名，以礼待接。亮性清净，至洛，隐居崧高。感英之德，以时展勤。及英亡，亮奔赴，尽其哀恸。世宗尝召以为羽林监，领中书舍人，将令侍讲十地诸经。固辞不拜。又欲使衣帻入见，亮苦求以幅巾就朝，遂不强逼。还山数年，与僧徒礼诵为业，蔬食饮水，有终焉之志。会逆人王敞事发，连山中沙门，而亮被执赴尚书省，十余日，诏特免雪。亮不敢还山，遂寓居景明寺，敕给衣食及其从者数人。后思其旧居，复还山室。亮既雅爱山水，又兼巧思，结架岩林，甚得栖游之适，颇以此闻。世宗给其工力，令与沙门统僧暹、河南尹甄琛等周视崧高形胜之处，遂造闲居佛寺，林泉既奇，营制又美，曲尽山居之妙。

贾三德 [补遗] 新宁刘敦桢士能校补

贾三德，魏正始末为左校令，治斜谷道。道自晋室南播，废弃近二百年。三德平夷正曲，减高就卑，情解意会，巧思机发，所构阁广四丈，道广六丈，自回万至谷口长三百余里，连辀并辔，民咸称便。

《魏书》卷八《世宗纪》：正始四年九月甲子，开斜谷旧道。

《陕西通志》卷九十魏王远《石门铭序》：此门盖汉永平中所穿，经数百载，世代绵回，戎夷递作，乍开乍闭，通塞不恒。自晋氏南迁，斯路废矣。其崖岸崩沦，涧阁湮圮，南北各数十里，车马不通者久之，攀萝扪葛，然后可至。皇魏正始元年，汉中献地，褒斜始开，至于门北一里，西上凿山为道，峭阻盘迂，九折无以加，径途窒碍，行者苦之。梁秦初附，实仗才贤，朝难其人，裒简良牧。三年，诏假节龙骧将军、梁秦二州刺史泰山羊公建屿嶓嵱，抚境绥遐，盖有叔子之风焉。以天险难升，转输艱阻，表求自回万以东，开创道路，释负担之劳，就方轨之逸。诏遣左校令贾三德领徒万人，将帅百人，共成其事。三德巧思机发，情解意会，虽元凯之梁河，德衡之损蹑，未足以偶其奇。起正始四年十一月十日，讫永平二年正月毕工。阁广四丈，路广六丈，皆填溪栈壑，砰险梁危。自回万至谷口三百余里，连辀并辔而进，往哲所不工，前贤所辍思，莫不疏而通焉。王生履之，可无临深之叹；葛氏若存，幸息木牛之劳。于是蓄产炉铁之利，纨锦罽毲之饶，充牣川内，四民富贵，百姓息肩。壮矣！自非思埒班尔，筹等张蔡，忠公忘私，何能成其事哉？

綦母怀文［补遗］ 新宁刘敦桢士能校补

綦母怀文，不知何许人。性机巧。元魏末董修洛阳永宁寺。凡营缮宫室，造作器械，莫不关预。后仕北齐，创宿铁刀，互见攻守具类。

《高僧传二集》卷三十三《魏洛京永宁寺天竺僧勒那漫提传》：信州刺史綦母怀文，巧思多知，天情博艺。

每国家营宫室、器械，无所不关，利益公私，一时之最。又敕令修理永宁寺。

北齐

李崇祖

李崇祖，字子述，业兴子。北齐文宣帝营构三台，材瓦工程，皆其所算。

《北史·儒林传》：李崇祖，字子述。文襄集朝士，命卢景裕讲《易》。崇祖时年十一，论难往复，景裕惮之。业兴助成其子，至于忿阋。文襄色甚不平。姚文安难服虔《左传解》七十七条，名曰《驳妄》。崇祖申明服氏，名曰《释谬》。齐文宣营构三台，材瓦工程，皆崇祖所算也。封屯留县侯。

冯子琮

冯子琮，性聪敏，涉猎书传。北齐武成帝禅位后主，诏子琮为少帝监造大明宫于晋阳。

《北齐书》本传：世祖在晋阳，既居旧殿，少帝未有别所。诏子琮监造大明宫。宫成，世祖亲自巡幸，怪其不甚宏丽。子琮对曰："至尊幼年，纂承大业，欲令敦行节俭，以示万邦，兼此北连天阙，不宜过复崇峻。"世祖称善。

崔士顺 [补遗]　新宁刘敦桢士能校补

崔士顺，博陵人。武成帝时，为黄门侍郎、太府卿，营仙都苑，封土象五岳，分流为四渎四海，汇为大池，建楼观堂殿其中。其北岳飞鸾殿、北海密作堂，奇巧机妙，见者惊为自古罕有云。

《北史》卷三十二《崔昂传》：子士顺，位太府卿。

元纳新《河朔访古记》卷中：高齐武成间，增饰华林苑，若神仙所居，改曰仙都苑。苑中封土为岳，皆隔水相望，分流为四渎，因为四海，汇为大池，曰大海。海中置龙舟六艘，其行舟处，可廿五里。又为殿十二间于海中。五岳各有楼观堂殿，四海中亦有宫殿洲浦。其最知名者则北岳之飞鸾殿、北海之密作堂也。飞鸾殿十六间，以青石为基，珉石为础，镌刻莲花，内垂五色珠帘，缘以麒麟锦，楹柱皆金龙盘绕，以七宝饰之，柱上悬镜。又用孔雀、翡翠、山鸡、白鹭毛当镜。作七宝金凤，高一尺七寸，口衔金铃，光彩夺目，人不能久视也。密作堂周回廿四架，以大船浮之，以水为激轮。堂为三层，下层刻木人七，弹筝、琵琶、箜篌、胡鼓、铜钹、拍板、弄盘等，衣以锦绣，进退俯仰，莫不中节。中层刻木僧七人，一僧置香奁，立东南角；一僧置香炉，立东北角；五僧左转行道，至香奁所，以手拈香，至香炉所，其僧授香炉于行道僧，僧以香置炉中，遂至佛前作礼，礼毕整衣而行，周而复始，与人无异。上层作佛堂，旁列菩萨、卫士，帐上作飞仙。右转又刻紫云，左转往来交错，终日不绝，皆黄门侍郎博陵崔士顺所制。奇巧机妙，自古罕有。其苑中楼观、山池、台殿，自周平齐之后，皆废毁矣。今其基址，询之故老犹能记其万一。余以记载可考者，录叙如右（并见顾炎武《历代宅京记》卷十二）。

北周

窦炽

窦炽，字光成，北周宣帝时扶风平陵人。宣帝营建东京即洛阳，以炽为京洛营作大监，宫苑制度，取决于彼。

《周书》本传：窦炽，字光成，扶风平陵人也。宣帝营建东京，以炽为京洛营作大监，宫苑制度，皆取决焉。

樊叔略

樊叔略，陈留人。有巧思。北周宣帝时，为营构东都洛阳监。宫室制度，皆叔略所定。

《北史·循吏传》：樊叔略，陈留人也。宣帝营建东都，以叔略有巧思，拜营构监。宫室制度，皆叔略所定。

隋

宇文恺

宇文恺，字安乐。少有器局，好学深思，而尤多伎艺。隋文帝时，初官营宗庙副监。开皇二年，作新都于龙首山——大兴城——上以恺有巧思，诏领营新都副监。凡所规画，皆出于恺。后决渭水达河，以通运漕。恺复总督其事。十三年，诏营仁寿宫于岐州之北。上复以恺有智思，于是检校将作大匠隋制未除授正官而领其务者为检校官。岁余，拜仁寿宫监，授仪同三司。寻为将作少监。又为文献皇后营山陵。炀帝即位，迁都洛阳，以恺为营东都副监。并营显仁宫，南接皂涧，北跨洛滨，发大江之南、五岭以北奇材黑石，输之洛阳。又求海内嘉木异草、珍禽奇兽，以实园苑。寻迁将作大匠。大业三年，帝北巡，欲夸示突厥，令恺为大帐，其下可坐数千人。又诏发丁男百余万，筑长城，令恺规度其事。其年八月，为帝造观风行殿，上容侍卫者数百人，下施轮轴，倏忽推移。又作行城，周二千步，以板为干，衣之以布，饰以丹青，楼橹悉备。四年，累拜工部尚书。初高祖欲重建古明堂，恺依《月令》文造明堂木样以进，以诸儒异议，久之不决，乃罢之。及大业中，恺又造明堂议及样奏之，帝可其奏。会征高丽，未能果行。八年，征辽军进至辽水，高丽兵阻水拒守，隋兵不得济。帝命恺造浮桥三道于辽水上。以渡辽之功，进位金紫光禄大夫。其年，卒于官，时年五十八。帝甚惜之，谥曰康。撰《东都图记》二十卷、《明堂图议》二卷、《释疑》一卷，见行于世。

《隋书》本传：宇文恺，字安乐，杞国公忻之弟也。在周，以功臣子，年三岁，赐爵双泉伯。七岁，进封安平郡公，邑二千户。恺少有器局，家世武将，诸兄并以弓马自达，恺独好学，博览书记，解属文，多伎艺，号为名父公子。初为千牛，累迁御正中大夫、仪同三司。高祖为丞相，加上开府中大夫。及践阼，诛宇文氏，恺初亦在杀中，以其与周本别，兄忻有功于国，使人驰赦之，仅而得免。后拜营宗庙副监、太子左庶子。庙成，别封甑山县公，邑千户。及迁都，上以恺有巧思，诏领营新都副监。高颎虽总大纲，凡所规画，皆出于恺。后决渭水达河，以通运漕，诏恺总督其事。后拜莱州刺史，甚有能名。兄忻被诛，除名于家，久不得调。会朝廷以鲁班故道久绝不行，令恺修复之。既而上建仁寿宫，访可任者，右仆射杨素言恺有巧思，上然之，于是检校将作大匠。岁余，拜仁寿宫监，授仪同三司。寻为将作少监。文献皇后崩，恺与杨素营山陵事。上善之，复爵安平郡公，邑千户。

炀帝即位，迁洛阳，以恺为营东都副监，寻迁将作大匠。恺揣帝心在宏侈，于是东京制度，穷极壮丽。帝大悦之，进位开府，拜工部尚书。及长城之役，诏恺规度之。时帝北巡，欲夸戎狄，令恺为大帐，其下坐数千人。帝大悦，赐物千段。又造观风行殿，上容侍卫者数百人，离合为之，下施轮轴，推移倏忽，有若神功。戎狄见之，莫不惊骇。帝弥悦焉。前后赏赉，不可胜纪。

自永嘉之乱，明堂废绝，隋有天下，将复古制，议者纷然，皆不能决。恺博考群籍，奏《明堂议表》曰：臣闻在天成象，房心为布政之宫。在地成形，丙午居正阳之位。观云告月，顺生杀之序；五室九宫，统人神之际。金口木舌，发令兆民；玉瓒黄琮，式严宗祀。何尝不矜庄扆宁，尽妙思于规摹，凝晬冕旒，致子来于矩矱。伏惟皇帝陛下，提衡握契，御辩乘乾，减五登三，复上皇之化，流凶去暴，丕下武之绪。用百姓之异心，驱一代以同域，康哉康哉，民无能而名矣。故使天符地宝，吐醴飞甘，造物资生，澄源反朴，九围清谧，四表削平，袭我衣冠，齐其文轨，茫茫上玄，陈珪璧之敬，肃肃清庙，感霜露之诚。正金奏《九韶》《六茎》之乐，定石渠五官、三雍之礼。乃卜瀍西，爰谋洛食，辨方面势，仰禀神谋，敷土浚川，为民立极。兼聿遵先言，表置明堂，爰诏下臣，占星揆日。于是采崧山之秘简，披汶水之灵图，访通议于残亡，购《冬官》于散逸。总集众论，勒成一家。昔张衡浑象，以三分为一度；裴秀舆地，以二寸为千里。臣之此图，用一分为一尺，推而演之，冀轮奂有序。而经构之旨，议者殊途，或以绮井为重屋，或以圆楣为隆栋，各以臆说，事不经见。今录其疑难，为之通释，皆出证据，以相发明。议曰：臣恺谨案，《淮南子》曰："昔者神农之治天下也，甘雨以时，五谷蕃植，春生夏长，秋收冬藏。月省时考，终岁献贡，以时尝谷，祀于明堂。明堂之制，有盖而无四方，风雨不能袭，燥湿不能伤，迁延而入之。"臣恺以为上古朴略，创立典刑。《尚书帝命验》曰：帝者承天立五府，以尊天重象，赤曰文祖，黄曰神斗，白曰显纪，黑曰玄矩，苍曰灵府。注云："唐虞之天府，夏之世室，殷之重屋，周之明堂，皆同矣。"《尸子》曰："有虞氏曰总章。"《周官·考工记》曰："夏后氏世室，堂修二七，博四修一。"注云："修，南北之深也，夏度以步。今堂修十四步，其博益以四分修之一，则明堂博十七步半也。"臣恺按，三王之世，夏最为古，从质尚文，理应渐就宽大，何因夏室乃大殷堂？相形为论，理恐不尔。《记》云："堂修七，博四修一"，若夏度以步，则应修七步。注云："今堂修十四步"，乃是增益《记》文。殷周二堂，独无加字，便是其义，类例不同。山东《礼》本辄加二七之字，何得殷无加寻之文，周阙增筵之义？研核其趣，或是不然。雠校古书，并无"二"字，此乃桑间俗儒信情加减。《黄图议》云："夏后氏益其堂之大一百四十四尺，周人明堂以为两杼间。"马宫之言，止论堂之一面，据此为准，则三代堂基并方，得为上圆之制。诸书所说，并云下方，郑注《周官》，独为此义，非直与古违异，亦乃乖背礼文。寻文求理，深恐未惬。《尸子》曰："殷人阳馆。"《考工记》曰："殷人重屋，堂修七寻，堂崇三尺，四阿重屋。"注云："其修七寻，五丈六尺，放夏周则其博九寻，七丈二尺。”又曰：“周人明堂，度九尺之筵，东西九筵，南北七筵，堂崇一筵。五室，凡二筵。”《礼记·明堂位》曰：“天子之庙，复庙重檐。”郑注云：“复庙，重屋也。”注《玉藻》云：“天子庙及露寝皆如明堂制。”《礼图》云：“于内堂之上，起通天之观，观八十一尺，得宫之数，其声浊，君之象也。”《大戴礼》曰：“明堂者，古有之，凡九室，一室有四户八牖，以茅盖，上圆下方，外水曰璧雍，赤缀户，白缀牖。堂高三尺，东西九仞，南北七筵。其宫方三百步。凡人民疾，六畜疫，五谷灾，生于天道不顺；天道不顺，生于明堂不饰，故有天灾则饰明堂。”《周书·明堂》曰：“堂方百一十二尺，高四尺，阶博六尺三寸，室居内方百尺，室内方六十尺，户高八尺，博四尺。”《作洛》曰：“明堂、太庙、露寝，咸有四阿，重亢重廊。”孔氏注云：“重亢累栋，重廊累屋也。”《礼图》曰：“秦明堂九室十二阶，各有所居。”《吕氏春秋》曰：“有十二堂。”与《月令》同，并不论尺丈。臣恺案，十二阶虽不与礼合，一月一阶，非无理思。《黄图》曰：“堂方百四十四尺，法坤之策也，方象地；屋圆楣径二百一十六尺，法乾之策也，圆象天。太室九宫，法九州。太室方六丈，法阴之变数。十二堂法十二月，三十六户法极阴之变数。七十二牖法五行所行日数。八达象八风，法八卦。通天台径九尺，法乾，以九覆六，高八十一尺，法黄钟九九之数。二十八柱象二十八宿。堂高三尺，土阶三等，法三统。堂四向五色，法四时五行。殿门去殿七十二步，法五行所行。门堂长四丈，取太室三之二。垣高无蔽目之照，牖六尺，其外倍之。殿垣方，在水内，法地阴也。水四周于外，象四海，圆法阳也。水阔二十四丈，象二十四气。水内径三丈，应《觐礼经》。”武帝元封二年，立明堂汶上，无室。其外略依此制。《泰山通议》今亡，不可得而辨也。

元始四年八月，起明堂、辟雍长安城南门，制度如仪。一殿，垣四面，门八观，水外周，堤壤高四尺，和会筑作三旬。五年正月六日辛未，始郊太祖高皇帝以配天。二十二日丁亥，宗祀孝文皇帝于明堂以配上帝，及先贤、百辟、卿士有益者，于是秩而祭之。亲扶三老、五更，袒而割牲，跪而进之。因班时令，宣恩泽，诸侯王、宗室、四夷君长、匈奴、西国侍子，悉奉贡助祭。《礼图》曰：“建武三十年，作明堂。明堂上圆下方，上圆法天，下方法地，十二堂法日辰，九室法九州。室八窗，八九七十二，法一时之王。室有二户，二九十八户，法土王十八日。内堂正坛高三尺，土阶三等。”胡伯始注《汉官》云：“古清庙盖以茅，今盖以瓦，瓦下藉茅，以存古制。”《东京赋》曰：“乃营三宫，布政颁常，复庙重屋，八达九房。造舟清池，惟水泱泱。”薛综注云：复重廇覆，谓屋平覆重栋也。《续汉书·祭祀志》云：“明帝永平二年，祀五帝于明堂。五帝坐各处其方。黄帝在未，皆如南郊之位。光武位在青帝之南，少退西面，各一犊，奏乐如南郊。”臣恺按《诗》云，《我将》祀文王于明堂，“我将我享，维牛维羊”。据此则备太牢之祭。今云一犊，恐与古殊。自晋以前，未有鸱尾，其圆墙璧水，一依本图。《晋起居注》裴頠议曰：“尊祖配天，其义明著，庙宇之制，理据未分。

直可为一殿，以崇严祀，其余杂碎，一皆除之。”臣恺案，天垂象，圣人则之。辟雍之星，既有图状，晋堂方构，不合天文，既阙重楼，又无璧水，空堂乖五室之义，直殿违九阶之文，非古欺天，一何过甚。后魏于北台城南造圆墙，在璧水外，门在水内迥立，不与墙相连。其堂上九室，三三相重，不依古制，室间通巷，违舛处多。其室皆用墼累，极成褊陋。后魏《乐志》曰：“孝昌二年，立明堂，议者或言九室，或言五室，诏断从五室。后元叉执政，复改为九室，遭乱不成。”《宋起居注》曰：“孝武帝大明五年，立明堂，其墙宇规范，拟则太庙，唯十二间，以应期数。依汉《汶上图仪》，设五帝位。太祖文皇帝对飨，鼎俎簠簋，一依庙礼。”梁武即位之后，移宋时太极殿以为明堂，无室，十二间。《礼疑议》云：“祭用纯漆俎瓦樽，文于郊，质于庙。止一献，用清酒。”平陈之后，臣得目观，遂量步数，记其尺丈，犹见基内有焚烧残柱，毁斫之余，入地一丈，俨然如旧。柱下以樟木为跗，长丈余，阔四尺许，两两相并。凡安数重，宫城处所，乃在郭内。虽湫隘卑陋，未合规摹，祖宗之灵，得崇严祀。周齐二代，阙而不修，大飨之典，于焉靡托。

自古明堂图惟有二本，一是宗周，刘熙、阮谌、刘昌宗等作，三图略同。一是后汉建武三十年作，《礼图》有本，不详撰人。臣远寻经传，傍求子史，研究众说，总撰今图。其样以木为之，下为方堂，堂有五室，上为圆观，观有四门。帝可其奏。会辽东之役，事不果行。以渡辽之功，进位金紫光禄大夫。其年卒官，时年五十八。帝甚惜之，谥曰康。撰《东都图记》二十卷、《明堂图议》二卷、《释疑》一卷，见行于世。子儒童，游骑尉。少子温，起部承务郎。

《隋书·炀帝纪》：大业元年春三月丁未，诏尚书令杨素、纳言杨达、将作大匠宇文恺营建东京，徙豫州郭下居人以实之。又于皂涧营显仁宫，采海内奇禽异兽、草木之类，以实园苑。徙天下富商大贾数万家于东京。

《隋书·礼仪志》：高祖平陈，收罗杞梓，郊丘宗社，典礼粗备，唯明堂未立。开皇十三年，诏命议之。礼部尚书牛弘、国子祭酒辛彦之等定议，事在弘传。后检校将作大匠事宇文恺依《月令》文，造明堂木样，重檐复庙，五房四达，丈尺规矩，皆有准凭，以献。高祖异之，命有司于郭内安业里为规兆。方欲崇建，又命详定，诸儒争论，莫之能决。弘等又条经史正文重奏。时非议既多，久而不定，又议罢之。及大业中，恺又造《明堂议》及样奏之。炀帝下其议，但令于霍山采木，而建都兴役，其制遂寝。

何稠

何稠，字桂林，智思精巧，用意微妙，博览图籍，多识旧物。隋高祖时，波斯献金线锦袍，组织殊丽，上命稠效为之。稠锦既成，逾所献者。时中国久绝琉璃之作，稠以绿瓷为之，与真不异。仁寿初，与宇文恺参与文献皇后山陵制度。高祖病笃，亦以后事属之。大业初，炀帝幸扬州，令稠营造舆服羽仪，送至江都。于是稠作黄麾三万六千人仗，及辂辇车舆、皇后卤簿、百官仪服，依期制就，送于江都。而于其式制，则参会古今，多所损益——衮冕画日月星辰，皮弁用漆纱为之。又造戎车万乘，钩陈八百连，及任意车。辽东之役，宇文恺造辽水桥未就，稠完成之。初稠制行殿及六合城。至是帝于辽左与高丽相对，令稠于夜中复施之，比明而毕。高丽望见，谓若神功。积官至右光禄大夫。从幸江都，遇宇文化及作乱，以为工部尚书。化及败，陷于窦建德，建德复以为工部尚书、舒国公。建德败，归于大唐，授将作少匠，卒。

《隋书》本传：何稠，字桂林，国子祭酒妥之兄子也。父通，善斫玉。稠性绝巧有智思，用意精微。年十余岁，遇江陵陷，随妥入长安，仕周御饰下士。及高祖为丞相，召补参军，兼掌细作署。开皇初，授都督，累迁御府监，历太府丞。稠博览古图，多识旧物，波斯尝献金绵锦袍，组织殊丽，上命稠为之。稠锦既成，逾所献者。上甚悦。时中国久绝琉璃之作，匠人无敢厝意。稠以绿瓷为之，与真不异。寻加员外散骑侍郎。

开皇末，桂州俚李光仕聚众为乱，诏稠召募讨之，师次衡岭，遣使者谕其渠帅洞主莫崇解兵降款。桂州长史王文同锁崇以诣稠所。稠诈宣言曰："州县不能绥养，致边民扰叛，非崇之罪也。"乃命释之，引崇共坐，并从者四人，为设酒食而遣之。崇大悦，归洞不设备。稠至五更，掩入其洞，悉发俚兵，以临余贼。象州逆帅杜条辽、罗州逆帅庞靖等相继降款。分遣建州开府梁昵讨叛夷罗寿，罗州刺史冯暄讨贼帅李大檀，并平之，传首军门。

承制署首领为州县官而还，众皆悦服。有钦州刺史甯猛力，帅众迎军。初，猛力倔强山洞，欲图为逆，至是惶惧，请身入朝。稠以其疾笃，因示无猜贰，遂放还州，与之约曰：“八九月间，可诣京师相见。”稠还奏状，上意不怿。其年十月，猛力卒。上谓稠曰：“汝前不将猛力来，今竟死矣。”稠曰：“猛力共臣为约，假令身死，当遣子入侍，越人性直，其子必来。”初，猛力临终，诫其子长真曰：“我与大使为约，不可失信于国士，汝葬我讫，即宜上路。”长真如言入朝。上大悦曰：“何稠著信蛮夷，乃至于此。”以勋授开府。

仁寿初，文献皇后崩，与宇文恺参典山陵制度。稠性少言，善候上旨，由是渐见亲昵。及上疾笃，谓稠曰：“汝既曾葬皇后，今我方死，宜好安置。属此何益，但不能忘怀耳。魂其有知，当相见于地下。”上因揽太子颈谓曰：“何稠用心，我付以后事，动静当共平章。”

大业初，炀帝将幸扬州，谓稠曰：“今天下大定，朕承洪业，服章文物，阙略犹多，卿可讨阅图籍，营造舆服羽仪，送至江都也。”其日，拜太府少卿。稠于是营黄麾三万六千人仗，及车舆辇辂、皇后卤簿、百官仪服，依期而就，送于江都。所役工十万余人，用金银钱物巨亿计。帝使兵部侍郎明雅、选部郎薛迈等勾核之，数年方竟，毫厘无舛。稠参会今古，多所改创，魏晋以来，皮弁有缨而无笄导。稠曰：“此古田猎之服也。今服以入朝，宜变其制。”故弁施象牙簪导，自稠始也。又从省之服，初无佩绶。稠曰：“此乃晦朔小朝之服，安有人臣谒帝，而去印绶兼无佩玉之节乎？”乃加兽头小绶及佩一只。旧制，五辂于辕上起箱，天子与参乘同在箱内。稠曰：“君臣同所，过为相逼。”乃广为盘舆，别构栏楯，侍臣立于其中，于内复起须弥平坐，天子独居其上。自余麾幢文物，增损极多，事见《威仪志》。帝复令稠造戎车万乘，钩陈八百连。帝善之，以稠守太府卿。

后三岁兼领少府监。辽东之役，摄右屯卫将军，领御营弩手三万人。时工部尚书宇文恺造辽水桥不成，师不得济，右屯卫大将军麦铁杖因而遇害。帝遣稠造桥，二日而就。初，稠制行殿及六合城。至是，帝于辽左与贼相对，夜中施之。其城周回八里，城及女垣合高十仞，上布甲士，立仗建旗，四隅置阙，面别一观，观下三门，迟明而毕。高丽望见，谓若神功。是岁，加金紫光禄大夫。明年，摄左屯卫将军，从至辽左。

十二年，加右光禄大夫，从幸江都。遇宇文化及作乱，以为工部尚书。化及败，陷于窦建德，建德复以为工部尚书、舒国公。建德败，归于大唐，授将作少匠，卒。

《迷楼记》：大夫何稠进御童女车。车之制度绝小，只容一人，有机处于其中。以机碍女子手足，纤毫不能动。帝以处女试之，极喜。召何稠语之曰：“卿之巧思，一何神妙如此。”以千金赠之，旌其巧也。何稠出，为人言车之机巧。有识者曰：“此非盛德之器也。”稠又进转关车，用挽之，可以升楼阁如行平地。车中御女，则自摇动。帝尤喜悦，帝语稠曰：“此车何名也？”稠曰：“此任意造成，未有名也，愿帝赐佳名。”帝曰：“卿任其巧意以成车。朕得之，任其意以自乐，可名任意车也。”何稠再拜而去。

刘龙

刘龙，河间人。性强明，有巧思。初仕齐，为齐后主修三爵台。及隋高祖践阼，复仕隋，官将作大匠，与高颎等创造新都于龙首山——大兴城。

《隋书·刘龙传》：开皇时，有刘龙者，河间人也。性强明，有巧思。齐后主知之，令修三爵台，甚称旨，因而历职通显。及高祖践阼，大见亲委，拜右卫将军，兼将作大匠。迁都之始，与高颎参掌制度，代号为能。

黄亘　黄衮

黄亘，隋炀帝时朝散大夫，及其弟散骑侍郎衮，俱巧思绝人。何稠每有制作，亘、衮必先为之立样，当时工人皆称其善，莫能有所损益。

《隋书·黄亘传》：大业时，有黄亘者，不知何许人也，及其弟衮，俱巧思绝人。炀帝每令其兄弟直少府将作。于时改创多务，亘、衮每参典其事。凡有所为，何稠先令亘、衮立样。当时工人皆称其善，莫能有所损益。亘官至朝散大夫，衮官至散骑侍郎。

项升

项升，隋炀帝时浙人。为帝造迷楼——楼阁高下，轩窗掩映，幽房曲室，玉栏朱楯，互相连属，回环四合，曲屋自通。千门万户，上下金碧，金虬伏于栋下，玉兽蹲乎户旁，壁砌生光，琐窗射日。

《迷楼记》：炀帝晚年，尤沉迷女色。他日，顾谓近侍曰："人主享天地之富，亦欲极当年之乐，自快其意。今天下安富，外内无事。此吾得以遂其乐也。今宫殿虽壮丽显敞，苦无曲房小室，幽轩短槛，若得此，则吾期老于其中也。"近侍高昌奏曰："臣有友项升，浙人也。自言能构宫室。"帝翌日召而问之，项升曰："臣先乞奏图本。" 后数日，进图。帝览，大悦，即日诏有司供具材木，凡役夫数万，经岁而成。楼阁高下，轩窗掩映，幽房曲室，玉栏朱楯，互相连属，回环四合，曲屋自通。千门万牖，上下金碧，金虬伏于栋下，玉兽蹲乎户旁，壁砌生光，琐窗射日。工巧之极，自古无有也。费用金玉，帑库为之一虚。人误入者，虽终日不能出。帝幸之，大喜，顾左右曰："使真仙游其中，亦当自迷也，可目之曰'迷楼'。"诏以五品官赐项升，仍给内库帛千匹赏之。诏选后宫良家女数千，以居楼中，每一幸，有经月不出。

李春

李春，隋匠，建真定府赵州洨河上安济桥，制造奇特，唐张嘉贞有铭。

《畿辅通志·山川部》：安济桥在真定府赵州南五里洨河上，一名大石桥，制造奇特。隋匠李春之迹也。唐中书令张嘉贞有铭。

杨俊［补遗］

杨俊，字阿祇，隋文帝第三子也。开皇初，立为秦王。俊仁恕慈爱，崇敬佛道，后渐奢侈违法，盛治宫室，穷极壮丽。俊又多巧思，每亲运斤斧，工巧之器，为嫔妃造作七宝羃䍦。器具精巧，珠玉为饰。又为水殿，香涂粉壁，玉砌金阶，梁柱楣栋之间，周以明镜，间以宝珠，极荣饰之美。

《隋书》卷四十五《文四子传》：秦孝王俊，字阿祇，高祖第三子也。开皇元年立为秦王。二年春，拜上柱国、河南道行台尚书令、洛州刺史，时年十二。加右武卫大将军，领关东兵。三年，迁秦州总管，陇右诸州尽隶焉。俊仁恕慈爱，崇敬佛道，请为沙门，上不许。六年，迁山南道行台尚书令。伐陈之役，以为山南道行军元帅，督三十总管，水陆十余万，屯汉口，为上流节度。陈将周罗睺、荀法尚等，以劲兵数万屯鹦鹉洲，总管崔弘度请击之。俊虑杀伤，不许。罗睺亦相率而降。于是遣使奉章诣阙，垂泣谓使者曰：“谬当推毂，愧无尺寸之功，以此多惭耳。”上闻而善之，授扬州，总管四十四州诸军事，镇广陵。岁余，转并州，总管二十四州诸军事。初，颇有令问，高祖闻而大悦，下书奖励焉。其后俊渐奢侈，违犯制度，出钱求息，民吏苦之。上遣使按其事，与相连坐者百余人。俊犹不悛，于是盛治宫室，穷极侈丽。俊有巧思，每亲运斤斧，工巧之器，饰以珠玉。为妃作七宝羃䍦。又为水殿，香涂粉壁，玉砌金阶，梁柱楣栋之间，周以明镜，间以宝珠，极荣饰之美。每与宾客妓女，弦歌于其上。俊颇好内，妃崔氏性妒，甚不平之，遂于瓜中进毒。俊由是遇疾，征还京师。上以其奢纵，免官，以王就第……

杨素［补遗］ 新宁刘敦桢士能校补

杨素，字处道，弘农华阴人。开皇间，事文帝为信州总管，造大舰五层，高百余尺，左右前后置六拍竿，容战士八百人。后监营仁寿宫，以绮丽见称。献皇后崩，山陵制度，多出于素。炀帝大业初，复与宇文恺、杨达，营建东京。

《隋书》卷四十八本传：杨素，字处道，弘农华阴人也……开皇四年，拜御史大夫……上方图江表，先是，素数进取陈之计，未几，拜信州总管……素居永安，造大舰，名曰五牙，上起楼五层，高百余尺，左右前后置六拍竿，并高五十尺，容战士八百人，旗帜加于上。次曰黄龙，置兵百人……寻令素监营仁寿宫，素遂夷山堙谷，督役严急，作者多死……及宫成，上令高颎前视，奏称颇伤绮丽，大损人丁，高祖不悦。素忧惧，计无所出，即于北门启独孤皇后曰："帝王法有离宫别馆，今天下太平，造此一宫，何足损费！"后以此理谕上，上意乃解。于是赐钱百万，锦绢三千段……及献皇后崩，山陵制度，多出于素。上善之……大业元年，迁尚书令……寻拜太子太师，余官如故……明年拜司徒，改封楚公……其年卒官。

《隋书》卷三《炀帝纪》：大业元年春三月丁未，诏尚书令杨素、纳言杨达、将作大匠宇文恺营建东京。

住力 [补遗] 新宁刘敦桢士能校补

释住力，俗姓褚，河南阳翟人。幼出家，器宇凝峻，声闻缁俗。陈宣帝尝竭泉贝，营建康秦皇寺，敕力董理百工。及陈亡，徙居江都长乐寺。隋开皇末，炀帝开府江都，力建五重塔，以营缮功，简为寺主。嗣伐木豫章，构高阁夹楼，及僧房、廊庑、斋厨、仓库，制置华绝，力异神工。

《高僧传二集》卷三十九《唐扬州长乐寺释住力传》：释住力，姓褚氏，河南阳翟人。避地吴郡之钱塘县……甫及八岁，出家学道，器宇凝峻，虚怀接悟，声第之高，有闻缁俗。陈中宗宣帝于京城之左造秦皇寺，宏壮之极，罄竭泉府，乃敕专监百工，故得揆测指㧑，面势严净。至德二年又敕为寺主。值江表沦亡，僧徒乖散，乃负锡游方，访求胜地。行至江都，乃于长乐寺而止心焉。隋开皇十三年，建塔五层，金盘景辉，峨然挺秀，远近式瞻。至十七年，炀帝晋蕃，又临江海，以力为寺任，缮造之功故也。初，梁武得优填王像，神瑞难纪，在丹阳之龙光寺，及陈国云亡，道场焚毁，力乃奉接尊仪，及王谧所得定光像者，并延长乐，身心供养，而殿宇褊狭，未尽庄严，遂宣导四部、王公、黎庶共修高阁，并夹二楼，寺众大小三百余僧，咸同喜舍，毕愿缔构。力乃励率同侣二百余僧，共往豫章刊山伐木，人力既壮，规模所指，妙尽物情，即年成立，制置华绝，力异神工，宏壮高显，挺冠区宇。大业四年，又起四周僧房，廊庑、斋厨、仓库备足……大业十年，自竭身资，以栴檀香木模写瑞像并二菩萨。不久，寻成，同安阁内。至十四年，隋室丧乱，道俗流亡，骸若萎朽，充诸衢市，誓以身命守护殿阁……武德六年，江表贼帅辅公祏负阻缮兵，潜图反叛，凡百寺观，撤送江南。力乃致书再请，愿在阁前烧身以留寺宇……便以香汤沐浴，跏趺面西，引火自焚，卒于炭聚，时年八十，即武德六年十月八日也。

慧达 [补遗] 新宁刘敦桢士能校补

释慧达，襄阳人。自幼出家，笃好福业，凡所莅止，每以补缉残废为务。隋陈之际，尝修金陵诸寺三百余所。又所经鄱阳、豫章诸郡，造禅宇灵塔，其数非一。仁寿中，建扬州白塔寺七层木浮图。又为庐山西林寺造重阁七间，栾栌重叠，光耀山势。

《高僧传二集》卷三十九《隋天台山瀑布寺释慧达传》：释慧达，姓王，家于襄阳。幼年在道，缮修成务，或登山临水，或邑落游行。但据形胜之所，皆厝心寺宇，或补缉残废为释门之所宅也。后居天台之瀑布寺，修禅系业……金陵诸寺，数过七百，年月逾迈，朽坏略尽，达课劝修补三百余所，皆鎣饰华敞，有移恒度。仁寿年中，于扬州白塔寺建七层木浮图。材石既充，付后营立。乃溯江西上，至鄱阳、豫章诸郡，观检功德，愿与众生同此福缘。故其所至封邑，见有坊寺、禅宇、灵塔、神仪，无问金木土石，并即率化成造，其数非一。晚为沙门慧云邀请，遂止庐岳，造西林寺重阁七间，栾栌重叠，光辉山势……晚往长沙，铸钟造像……又为西林阁成，尊容犹缺，复沿江投造，修建充满，故举阁圆备，并达之功。大业六年七月晦日，旧疾忽增……奄尔长逝，年八十七矣。

阎毗 [补遗]　新宁刘敦桢士能校补

阎毗，榆林盛乐人。工草隶，善画，以技艺事隋太子勇，勇废，配为奴。炀帝即位，修军器，以毗巧捷，诏典其事。又参议辇辂车舆，及董筑长城。洎帝征辽东，自洛口开渠至涿郡，并营临朔宫，咸毗之力。子立德，仕唐为名匠，能世其业。

《隋书》卷六十八本传：阎毗，榆林盛乐人也……仪貌矜严，颇好经史。受《汉书》于萧该，略通大旨。能篆书，工草隶，尤善画，为当时之妙。周武帝见而悦之，命尚清都公主。宣帝即位，拜仪同三司，授千牛左右。高祖授禅，以技艺侍东宫，数以雕丽之物取悦于皇太子，由是甚见亲待，每称之于上。寻拜车骑，宿卫东宫……俄兼太子宗卫率长史，寻加上仪同。太子服玩之物，多毗所为。及太子废，毗坐杖一百，与妻子俱配为官奴婢。后二岁，放免为民。炀帝嗣位，盛修军器，以毗性巧，谙练旧事，诏典其职。寻授朝请郎。毗立议，辇辂车舆，多所增损，语在《舆服志》。擢拜起部郎……长城之役，毗总其事。及帝有事恒岳，诏毗营立坛场。寻转殿内丞……以母忧去职。未期，起令视事。将兴辽东之役，自洛口开渠，达于涿郡，以通运漕。毗督其役。明年，兼领右翊卫长史，营建临朔宫……寻拜朝请大夫，迁殿内少监，又领将作少监事。后复从帝征辽东……从至高阳，暴卒，时年五十。帝甚悼惜之，赠殿内监（并见《北史》卷六十一《阎庆传》）

《洛阳古今谈》：阎毗初坐媚事太子勇，皆没官为奴婢。炀帝即位，多所营造，闻其有巧思，召之使典其事，以毗为朝奉郎，其重工艺人材，亦如此。

唐

阎让

阎让，字立德，以字行。父毗，以工艺知名。立德少传家业。唐武德中累官尚衣奉御。所造衮冕大裘等六服，并腰舆伞扇，咸依典式。贞观初，历迁将作少匠。以营高祖献陵功，擢为将作大匠。贞观十年，又为文德皇后营昭陵。十八年造浮海大航五百艘，遂从征高丽，及师旅至辽泽，人马不通，立德填道造桥，兵无留碍。寻受诏造翠微宫及玉华宫，咸称旨。俄迁工部尚书。二十三年，摄司空，营护太宗山陵，事毕，进封为公。永徽五年，高宗幸万年宫，留守京师，领徒四万治京城。显庆元年卒，赠吏部尚书、并州都督。陪葬昭陵，谥曰康。

《新唐书》本传：阎让，字立德，以字行，京兆万年人。父毗为隋殿内少监，本以工艺进，故立德与弟立本皆机巧有思。武德初，为秦王府士曹参军，从平东都。迁尚衣奉御，制衮冕六服、腰舆、伞扇，咸有典法。贞观初，历将作少匠、大安县男。护治献陵，拜大匠。文德皇后崩，摄司空，营昭陵，坐弛职免。起为博州刺史。太宗幸洛阳，诏立德按爽垲建离宫清暑，乃度地汝州西山，控汝水，睆广成泽，号襄城宫。役凡百余万。宫成，烦燠不可居，帝废之，以赐百姓，坐免官。未几，复为大匠，即洪州造浮海大航五百艘，遂从征辽，摄殿中监，规筑土山，破安市城。师还，至辽泽，亘二百里，淖不可通，立德筑道为桥梁，无留行。帝悦，赐予良厚。又营翠微、玉华二宫，擢工部尚书。帝崩，复摄司空，典陵事，以劳进爵大安县公。永徽五年，高宗幸万年宫，留守京师，领徒四万治京城。卒，赠吏部尚书、并州都督，陪葬昭陵，谥曰康。

窦琎

窦琎，字之推，唐太宗时将作大匠。修葺洛阳宫，凿池起山，崇饰雕丽。

《新唐书·窦威传》：威从兄子琎，字之推，性沉厚。贞观初，迁将作大匠。诏修洛阳宫，凿池起山，务极侈浮，费不胜算。太宗怒，诏毁之。

姜确 子简

姜确，字行本，唐贞观中为将作少匠。护作九成、洛阳二宫，及诸苑籞禁苑之遮卫。又尝造攻械，增损旧法，而益精利。子简，亦有巧思，凡朝之营缮，所司必咨而后行。

《新唐书·姜謩传》：謩子确，字行本，以字显。贞观中，为将作少匠。护作九成、洛阳宫，及诸苑籞，以干力称，多所赉赏，游幸无不从，迁宣威将军。太宗选趫才，衣五色袍，乘六闲马，直屯营，宿卫仗内，号曰“飞骑”，每出幸，即以从，拜行本左屯卫将军，分典之。高昌之役，为行军副总管，出伊州，距柳谷百里，依山造攻械，增损旧法，械益精。其处有汉班超纪功碑，行本磨去古刻，更刊颂陈国威灵。遂与侯君集进平高昌，战有功，玺书慰劳。还，为金城郡公，赐奴婢七十人、帛百五十段。帝将征高丽，行本谏未宜轻用师，不从。至盖牟城，中流矢，卒。帝赋诗悼之，赠左卫大将军、郕国公，谥曰襄，陪葬昭陵。子简嗣。行本性恪敏。所居官，虽祁寒烈暑无懈容，加有巧思，凡朝之营缮，所司必咨而后行。

薛怀义

薛怀义，唐武后时人。垂拱四年，武后毁乾元殿，就其地作明堂，以怀义为使，凡役数万人。明堂成，高二百九十四尺，方三百尺，凡三层。下层法四时，各随方色；中层法十二辰，上为圆盖，九龙捧之；上层法二十四气，亦为圆盖。上施铁凤，高一丈，饰以黄金。中有巨木十围，上下通贯，栭栌撑槐，借以为本，下施铁渠，为辟雍之象，号曰“万象神宫”。又作夹纻大像，其小指中犹容数十人。于明堂北起天堂五级以贮之，至三级则俯视明堂矣。怀义以功拜左威卫大将军。

《资治通鉴·唐纪》：垂拱四年二月庚午，毁乾元殿，于其地作明堂，以僧怀义为使，凡役数万人。十二月辛亥，明堂成，高二百九十四尺，方三百尺。凡三层：下层法四时，各随方色；中层法十二辰，上为圆盖，九龙捧之；上施铁凤，高一丈，饰以黄金。中有巨木十围，上下通贯，栭栌撑槐，借以为本。下施铁渠，为辟雍之象。号曰“万象神宫”。宴赐群臣，赦天下，纵民入观，改河南为合宫县。又于明堂北起天堂五级，以贮大像，至三级则俯视明堂矣。僧怀义以功拜左威卫大将军、梁国公。侍御史王求礼上书曰：“古之明堂，茅茨不翦，采椽不斫。今者饰以珠玉，涂以丹青，铁鹭入云，金龙隐雾，昔殷辛琼台，夏癸瑶室，无以加也。”太后不报。

毛婆罗

毛婆罗，唐武后时工人。周武氏十一年，武三思请建天枢，刻武氏功德，立于端门外，使毛婆罗造模。天枢为铜铁铸成，其制若柱，高一百五尺，径十二尺，八面各径五尺。下为铁山，周百七十尺，以铜为蟠龙、麒麟萦绕之，上为腾云承露盘，径三丈，四龙人立捧火珠，高一丈。

《资治通鉴·唐纪》：延载元年秋八月，武三思帅四夷酋长请铸铜铁为天枢，立于端门之外（端门，洛阳皇城正南门），铭纪功德，黜唐颂周，以姚璹为督作使。诸胡聚钱百万亿，买铜铁不能足，赋民间农器以足之。天册万岁元年夏四月，天枢成，高一百五尺，径十二尺，八面，各径五尺。下为铁山，周百七十尺，以铜为蟠龙、麒麟萦绕之；上为腾云承露盘，径三丈，四龙人立捧火珠，高一丈。工人毛婆罗造模，武三思为文，刻百官及四夷酋长名，太后自书其榜曰“大周万国颂德天枢”。

茹汝升

茹汝升，唐代州今山西代县人，长安唐年号间为仆射。时郡之峨峪水泛溢，汝升理泉脉，穿渠引水，教民灌溉。里人获安业，于峨峪口建祠祀之。

《代州志·人物志·乡贤传》：茹汝升，长安间为仆射。本郡峨峪水泛溢，汝升理泉脉，俾水就道，仍穿渠引水，教民灌溉。里人至今赖之，峨峪口胥建祠，春秋祀享。

吴兴

吴兴，唐莆田今福建莆田县人。神龙中，以家赀筑延寿陂，溉田万余顷。复塍海为田，筑长堤以障海水。开沟大小六十余条以导其流，为泄六十余所，以杀其势。时有蛟为孽，堤数溃，兴携刃入水斩蛟，卒与蛟俱死。乡人建祠祀之。

《兴化府莆田县志·人物志·乡行传》：唐吴兴，屯田员外祭从弟，时号长官。神龙中，以家赀筑延寿陂，溉田万余顷。复塍海为田，筑长堤障海水。开沟大小六十余条，以导其流，为泄六十余所，以杀其势。时有蛟为孽，堤数溃，兴毅然欲除其害，遂携刃入水，斩蛟，卒与蛟俱死。乡人建祠祀之。宋绍兴十九年，郡守陆涣奏封义勇侯。至今莆田称水利，北洋曰吴长官，南洋曰李长者云。

康訔素

康訔素，唐开元中将作大匠。奉敕毁则天明堂。訔素奏请毁拆上层，卑于旧制九十五尺，又去柱心木，平座上置八角楼，楼上有八龙腾身捧火珠，珠又小于旧制，周围五尺，覆以贞瓦，依旧为乾元殿。

《唐会要·明堂制度》：开元二十六年十月二日，诏将作大匠康訔素往东都毁明堂。訔素以毁拆劳人，遂奏请且拆去上层，卑于旧制九十五尺，又去柱心木，平座上置八角楼，楼上有八龙腾身捧火珠，珠又小于旧制，周围五尺，覆以贞瓦，取其永远，依旧为乾元殿。

边思顺

边思顺，唐天宝间匠人，修建大相国寺排云宝阁。

《图画见闻志·故事拾遗》：《大相国寺碑》称寺有十绝，其六明皇天宝四载乙酉岁，令匠人边思顺修建排云宝阁，为一绝。

李阿黑

李阿黑，唐大历中治瓦工。布瓦如齿，间不通綖，亦无瓦松。

《酉阳杂俎·广动植之四·草篇》：大历中，修含元殿，有一人投状，请瓦，且言瓦工唯我所能，祖父已尝瓦此殿矣。众工不服，因曰："若有能瓦毕，不生瓦松。"众方服焉。又有李阿黑者，亦能治屋，布瓦如齿，间不通綖，亦无瓦松。

杨潜

杨潜，唐都料匠，善度材，视高深、圆方、长短、大小之宜，操寻、引、规、矩、绳、墨而定其制，指挥群工各执其技而役焉。皆视其颜色，俟其言，乃施斧、斤、刀、锯，莫敢自断者。其不胜任者，怒而退之，亦莫敢愠。画宫于堵，盈尺而曲尽其制，计其毫厘而构大厦，无进退焉。

柳宗元《梓人传》：裴封叔之第，在光德里。有梓人款其门，愿佣隙宇而处焉。所职寻、引、规、矩、绳、墨，家不居砻斫之器。问其能，曰："吾善度材。视栋宇之制，高深圆方、短长之宜，吾指使而群工役焉。舍我，众莫能就一宇。故食于官府，吾受禄三倍；作于私家，吾收其太半焉。"他日入其室，其床阙足而不能理，曰："将求他工。”余甚笑之，谓其无能而贪禄嗜货者。其后京兆尹将饰官署。予往过焉，委群材，会众工，或执斧斤，或执刀锯，皆圜立向之。梓人左持引，右执杖，而中处焉，量栋宇之任，视木之能，举挥其杖曰：“斧彼！”执斧者奔而右。顾而指曰：“锯彼！”执锯者趋而左。俄而斤者斫，刀者削，皆视其色，俟其言，莫敢自断者。其不胜任者，怒而退之，亦莫敢愠焉。画宫于堵，盈尺而曲尽其制。计其毫厘而构大厦，无进退焉。既成，书于上栋曰：某年某月某日建。则其姓字也。凡执用之工不在列。予圜视大骇，然后知其术之工大矣。（中略）梓人，盖古之审曲面势者，今谓之都料匠云。余所遇者杨氏，潜其名。

重元寺游僧

重元寺游僧，佚其姓名，唐开元、长庆间人。苏州重元寺阁，一角忽垫，计其扶荐之功，当用钱数千贯。游僧曰：“不足劳人，请一夫斫木为楔，可正也。”寺主从之，僧每食毕，辄持楔数十，执柯登阁敲椓，未逾月而阁柱悉正。

《唐国史补·僧荐重元寺阁》：苏州重元寺阁一角忽垫，计其扶荐之功，当用钱数千贯。有游僧曰：“不足劳人，请一夫斫木为楔，可以正也。”寺主从之，僧每食毕，辄持楔数十，执柯登阁，敲椓其间，未逾月，阁柱悉正。

《吴郡图经续记·杂录》：唐时，重元寺阁一角忽垫，计数千缗方可扶荐。一匠云：“不足劳人，请得一夫斫楔，可正也。”主寺者从之，匠食讫，辄持楔数片，登高敲斫，未逾月，阁柱悉正。

田仁汪［补遗］

田仁汪，唐高宗时司农少卿。尝因旧殿址修乾元殿，高一百二十尺，东西三百四十五尺，南北一百七十六尺。

《唐会要》卷三十《洛阳宫》：显庆元年，敕司农少卿田仁汪，因旧殿余址，修乾元殿，高一百二十尺，东西三百四十五尺，南北一百七十六尺。至麟德二年二月十二日，所司奏乾元殿成。其应天门先亦焚之，及是造成，号为则天门。

韦机［补遗］

韦机，唐雍州万年今陕西临潼县北人。高宗时官司农少卿，摄东都将作少府，检校园苑，及造上阳、宿羽、高山等宫。又奉敕于洛水之北，乘高临下造一高馆，列岸修廊，连亘一里。

《旧唐书》卷一百八十五《良吏上》本传：韦机，雍州万年人……上元中，迁司农卿，检校园苑，造上阳宫，并移中桥从立德坊曲徙于长夏门街，时人称其省功便事。

《唐会要》卷三十《洛阳宫》：上元二年，高宗将还西京……谓司农少卿韦机曰："两都是朕东西之宅也。见在宫馆，隋代所造，岁序既淹，渐将颓顿，欲修，殊费财力，为之奈何？"机奏曰："臣曹司旧式，差丁采木，皆有雇直。今户奴采斫，足支十年。所纳丁庸及蒲荷之直，在库见贮四十万贯，用之市材造瓦，不劳百姓，三载必成矣。"上大悦，乃召机摄东都将作、少府两司事，使渐营之。于是机始造宿羽、高山等宫。其后，上游于洛水之北，乘高临下，有登眺之美，乃敕韦机造一高馆。及成，临幸，即令列岸修廊，连亘一里，又于涧曲疏建阴殿。

李昭德 [补遗]

李昭德，唐武后时凤阁侍郎。长寿中，规创文昌台及定鼎、上东诸门。又筑东都外城。洛之中桥岁为洛水冲注，缮者告劳，昭德乃累石代柱以为脚，锐其前以分水势，自是无复漂损之害。

《旧唐书》卷八十七本传：李昭德，京兆长安人也。父乾祐……强干有父风，少举明经，累迁至凤阁侍郎。长寿二年……迁凤阁鸾台平章事，寻加检校内史。长寿中，神都改作文昌台及定鼎、上东诸门，又城外郭，皆昭德创其制度，时人以为能。初，都城洛水、天津之东，立德坊西南隅，有中桥及利涉桥，以通行李。上元中，司农卿韦机始移中桥置于安众坊之左街，当长夏门，都人甚以为便，因废利涉桥，所省万计。然岁为洛水冲注，常劳治葺。

昭德创意积石为脚，锐其前以分水势，自是竟无漂损。

路旻 [补遗]

路旻，不知何郡人。唐元和中令祁门今安徽祁门县，邑西武陵岭险隘，行旅苦之。旻凿山石为盘道，险者以平。又邑南阊门滩，两岸怪石丛峙，迅川奔注其间，舟楫多坏，因开斗门以泄水。百姓德之，称为“路公溪”。

《淳熙新安志》卷四《祁门贤宰》：路旻，不知何郡人。元和中为令。凿武陵岭石为盘道。又阊门滩善覆舟，旻开斗门，以平其隘，号“路公溪”。又《山阜》：武陵岭在县西四十里，高三十五仞，周二十八里。始时道险狭，扪萝葛乃得上。唐元和中凿为盘道，至今利之。又《水源》：阊门滩在县南十三里，众水所注，夹滩有大石对涌，故号阊门。自余怪石丛峙，迅川奔注，摧舻碎舳十尝七八。经唐世两贤令路旻、陈甘节疏道，乃为安流。

裴延龄 [补遗]

裴延龄，唐河东人。贞元间官户部尚书，尝奉敕修望仙楼。

《旧唐书》卷一百三十五本传：裴延龄，河东人。

《唐会要》卷三十《杂记》：贞元十二年八月六日，户部尚书裴延龄奉敕修望仙楼。至十三日，令又筑望仙楼东夹城。

僧正言 ［补遗］

正言，唐大中间，江西庐山东林寺僧。尝帅其徒二十九人，修复旧寺，凡役工合六十五万三百二十八人。正言目量意营，匠成于心，授规于手，日而不笠，雨而不屐。工竣，殿、厢、塔、库、楼、食堂、客堂、亭、僧房、厨等，凡三百一十三间，悉焕然一新。

《（光绪）江西通志》卷一百二十五《胜迹略·寺观》：东林寺在德化县庐山麓。晋太元九年慧远开创……

唐崔黯《复东林寺碑》：……唐有天下，一十四帝……余时为刺史，前访兹地，松门千树，岚光熏天，蜩嘒湍鸣，松籁泠然可别。爱而不翦，利以时往，至是即善而复之。民物之困，不可横赋。得旧僧正言，问能复东林乎？曰能。即断其发，佳而勉之。又命言择其徒，得二十九，以隶其下，皆心生力完，臂股相用。言则随才赋事，分命告复，所至响应。下虔江之木，鸠食访工，陶土冶铁，匠成于心，授规于手，日而不笠，雨而不屐，爨饪煮汤，优犒执艺。若殿、若厢、若门之三、若阙之左右为塔、若讲、若食、若客之馆、若库、若楼、若厨，激飞泉而注于鬵鉹之间，若梁蜺于武，若亭临于白莲，若僧之房，若圣之室，若突据胜，若却居幽，奇不可寻，雅不出位。则为间三百一十三，为架一千八百七十六，为楹、为梁、为栋、为桷、为牖、为阖、为屋之事数，为级砖，为盖瓦。凡役工合六十五万三百二十八，细缊端明，严若有主。大中六年二月十四日，言命以图及其备录，访余为刻石之文，且曰："自远公至今若干岁，而传法之地灭矣，赖君复之……"

梁孝仁［补遗］ 新宁刘敦桢士能校补

梁孝仁，高宗时司农少卿，董营大明宫。

《长安志》卷六《宫室四》：东内大明宫，在禁苑之东南，南接京城之北面，西接宫城之东北隅，南北五里，东西三里。贞观八年，置为永安宫，明年，改曰"大明宫"，以备太上皇清暑。百官献资财以助役。龙朔三年，大加兴造，号曰"蓬莱宫"。咸亨元年，改曰"含元宫"，寻复大明宫。（注：初，高宗命司农少卿梁孝仁制造此宫，北据高原，南望爽垲。每天晴日朗，南望终南山如指掌，京城坊市街陌，俯视如在槛内，盖其高爽也。）

柳佺［补遗］ 新宁刘敦桢士能校补

柳佺，武后时任将作少监，造三阳宫。

唐张鹜《龙筋凤髓判》：将作监少匠柳佺掌造三阳宫，台观壮丽，三月而成。

杨务廉［补遗］ 新宁刘敦桢士能校补

杨务廉，河东人。中宗时将作少匠，为长宁公主营第东西二京，崇楼蜚观，一时绝胜，浚池筑山，势若自然，以功擢将作大匠。

《旧唐书》卷九十一《袁恕己传》：将作少匠杨务廉素以工巧见用。中兴初，恕己恐其更启游娱侈靡之端，言于中宗曰："务廉致位九卿，积有岁年，苦言嘉谋，无足可纪。每宫室营构，必务其侈，若不斥之，何以广昭圣德。"由是左授务廉陵州刺史。

《新唐书》卷八十三《诸公主传·中宗八女》：长宁公主，韦庶人所生，下嫁杨慎交。造第东都，使杨务廉营总。第成，府财几竭，乃擢务廉将作大匠。又取西京高士廉第、左金吾卫故营合为宅，右属都城，左频大道，作三重楼以凭观，筑山浚池。帝及后数临幸，置酒赋诗。又并坊西隙地广鞠场。东都废永昌县，主丐其治为府，以地濒洛，筑障之，崇台蜚观相联属，无虑费二十万。魏王泰故第，东西尽一坊，潴沼三百亩，泰薨，以与民，至是，主丐得之，亭阁华诡埒西京……东都第成，不及居，韦氏败……乃请以东都第为景云祠，而西京鬻第，评木石直，为钱二十亿万。

《两京记》：崇仁坊西南隅长宁公主宅，既承恩盛加雕饰，朱楼绮阁，一时绝胜，又有山池别院，山谷亏蔽，势若自然。

《山西通志》卷一百五十八《艺术录上》：杨务廉，

河东人，官将作大匠。甚有巧思，尝于沁州市内刻木作僧，手执一碗，自能行乞，碗中钱满，关键忽发，自然作声，云布施，市人竞观，欲其作声，施者日盈数千矣。

毛顺［补遗］　新宁刘敦桢士能校补

毛顺，不知何许人，执匠东都。玄宗时，尝元夜陈灯上阳宫，顺绘彩为灯楼二十间，高一百五十尺，以巧思称。

《（嘉庆）洛阳县志》卷十三《拾遗记》：玄宗在东都，遇正月望，夜移仗上阳宫，大陈灯影，设庭燎。自禁中至于殿庭，皆设蜡炬，连属不绝。时有东都匠毛顺，巧思结创，绘彩为灯楼二十间，高一百五十尺，悬珠玉金银，微风一至，锵然成韵。

王铁［补遗］　新宁刘敦桢士能校补

王鉷，太原祁人。天宝中御史大夫，尝造自雨亭，疏泉激溜，飞流四注，炎夏处之，凛若深秋。

《新唐书》卷一百三十四本传：王鉷……初为鄠尉，迁监察御史，擢累户部郎中。数按狱深文，玄宗以为才……以户部侍郎仍御史中丞，加检察内作、闲厩使，苑内、营田、五坊、宫苑等使……御史大夫，兼京兆尹……十一载四月……鉷赐死……有司籍第舍，数日不能遍，至以宝钿为井干，引泉激溜，号“自雨亭”。

《唐语林》卷五：武后已后，王侯妃主京城第宅，日加崇丽。天宝中，御史大夫王鉷有罪，赐死。县官簿录鉷太平坊宅，数日不能遍。宅内有自雨亭子，檐上飞流四注，当夏处之，凛若高秋。又有宝钿井栏，不知其价，他物称是。

崔损 ［补遗］ 新宁刘敦桢士能校补

崔损，字至无，博陵人。德宗贞元间，任八陵修奉使，董修诸陵。

《旧唐书》卷一百三十六本传：崔损，字至无，博陵人……大历末进士……贞元十一年，迁右谏议大夫……十二年，以本官同中书门下平章事……十四年秋，转门下侍郎平章事。是岁，以昭陵旧宫为野火所焚，所司请修奉。昭陵旧宫在山上，置来岁久，会经野火烧爇，摧毁略尽，其宫寻移在瑶台寺左侧……议者多云：“旧宫既焚，宜移就山下。”上意不欲迁移，只于山上重造，命损为八陵修奉使。于是献、昭、乾、定、泰五陵造屋五百七十间，桥陵一百四十间，元陵三十间，唯建陵仍旧，但修葺而已。

《旧唐书》卷十三《德宗纪》：贞元十四年……夏四月乙丑，以左谏议大夫、平章事崔损为修奉八陵使。先是昭陵寝殿为火所焚，至是献、昭、乾、定、泰五陵各造屋三百八十间，桥、元、建三陵据阙补造。

五代

张全义 ［补遗］ 新宁刘敦桢士能校补

张全义，字国维，濮州临濮人。唐末巢、儒之乱，洛阳残破，户不满百，全义为河南尹，筑南北二城，绥抚流亡，躬劝耕殖。洎昭帝东迁，缮理宫阙、府廨、仓库，五代因之，遂以为都。

《新五代史》卷四十五本传：张全义，字国维，濮州临濮人……为河南尹……是时河南遭巢、儒兵火之后，城邑残破，户不满百，全义披荆棘，劝耕殖，躬载酒食，劳民畎亩之间，筑南北二城以居之。数年，人物完盛，民甚赖之。及梁太祖劫唐昭宗东迁，缮理宫阙、府廨、仓库，皆全义之力也……全义事梁……封魏王……及梁亡……庄宗幸洛阳……改封齐王……卒年七十五。

《洛阳古今谈》：五代洛阳都城，仍因唐昭宗迁洛阳时朱全忠使张全义修葺之宫城，他无新创。

智晖 ［补遗］ 新宁刘敦桢士能校补

释智晖，姓高氏，咸秦人。梁乾化间，自江表还止洛州中滩，界南北岸，凿户为浴院，造轮汲水，神速奇巧，于是洛城缁伍道流，五日一浴，集者咸二三千人。

《高僧传三集》卷二十八《后唐洛阳中滩浴院智晖传》：释智晖，姓高氏，咸秦人也……梁乾化四年，自江表来于帝京，顾诸梵宫，无所不备，唯温室洗雪尘垢事有阙焉。居于洛洲，凿户为室，界南北岸，葺数亩之宫，示以标榜。召其乐福业者占之。未期渐构，欲闰皆周，浴具僧坊，奂焉有序。由是洛城缁伍，道观上流，至者如归，来者无阻，每以合朔后五日，一开洗涤，曾无间然。一岁则七十有余会矣，一浴则远近都集三二千僧矣……加复运思奇巧，造轮汲水，神速无比。复构应真浴室，西庑中十六形像并观自在堂，弥年完备。

赵忠义 [补遗] 新宁刘敦桢士能校补

赵忠义，长安人。擅图绘，仕孟蜀为翰林待诏。后主尝令绘玉泉寺图，作地架一座，垂棉叠栱，匠氏较之，无差黍累。

《图画见闻志》二：赵元德，长安人。天复中，入蜀，杂工佛道、鬼神、山水、屋木……赵忠义，元德之子，仕孟蜀为翰林待诏。虽从父训，宛若生知。蜀后主尝令画关将军起玉泉寺图，作地架一座，垂棉叠栱，向背无失。蜀主命匠氏较之，无一差者，其精妙如此。尝与高道兴、黄筌辈同画成都寺壁甚多。

周景

周景，后周世宗显德中人。曾浚汴口。又自郑州今河南郑县导郭西濠达中牟今河南中牟县。景心知汴口既浚，舟楫无壅，将有淮浙巨商贸易于此，万货临汴今河南开封，无委泊之地。讽世宗乞令许京城民环汴栽榆柳，起台榭，以为都会之壮。世宗许之。景率先应诏，踞汴流中要，起巨楼十二间。至宋元丰间尚存。

《玉壶清话》：周世宗显德中，遣周景大浚汴口，又自郑州导郭西濠达中牟。景心知汴口既浚，舟楫无壅，将有淮浙巨商贸粮斛贾，万货临汴，无委泊之地。讽世宗乞令许京城民环汴栽榆柳，起台榭，以为都会之壮。世宗许之。景率先应诏，踞汴流中要，起巨楼十二间。方运斤，世宗辇辂过，因问之，知景所造，颇喜，赐酒犒其工，不悟其规利也。景后邀巨货于楼，山积波委，岁入数万计，今楼尚存。

宋

李怀义

李怀义，宋太祖时铁骑都尉。建隆初，太祖以大内制度草创，乃诏图洛阳宫殿，令怀义按图营建，凡诸门与殿须相望，无得辄差，故垂拱、福宁、柔仪、清居四殿正重，而左右掖与升龙、银台等诸门皆然，惟大庆殿与端门少差。又展皇城东北隅。

《石林燕语》：太祖建隆初，以大内制度草创，乃诏图洛阳宫殿。展皇城东北隅，以铁骑都尉李怀义与中贵人董役，按图营建。初命怀义等，凡诸门与殿须相望，无得辄差，故垂拱、福宁、柔仪、清居四殿正重，而左右掖与升龙、银台等诸门皆然，惟大庆殿与端门少差尔。宫成，太祖坐福宁寝殿，令辟门前后，召近臣入观。谕曰："我心端直正如此，有少偏曲处，汝曹必见之矣。"群臣皆再拜。后虽尝经火屡修，率不敢易其故处矣。

陈承昭

陈承昭，宋太祖时江表人。太祖以承昭谙水利，令督治惠民即东蔡河，在河南开封城外、五丈亦名广济河，在河南开封城北安远门外，因其宽五丈故名二河，以通漕运。建隆二年，河成，赐钱三十万。初，承昭之始受命也，先以絙都量河势长短，计其广深；次量锸之阔狭，以锸累尺，以尺累丈，定一夫自早达暮，合运若干锸，计凿若干土，总其都数，合用若干夫，以目奏上。太祖叹曰："不如所料者，当斩于河。"至讫役，止余九夫。上嘉之。四年春，大发近甸丁壮数万，修畿内河堤，复命承昭董其役。又令督诸军子弟数千，凿池于朱明门外，以习水战。乾德五年，累拜右龙武军统军。开宝二年卒，年七十四。

《宋史》本传：陈承昭，江表人。宋初入朝，太祖以承昭习知水利，督治惠民、五丈二河以通漕运，都人利之。建隆二年，河成，赐钱三十万。四年春，大发近甸丁壮数万，修畿内河堤，命承昭董其役。又令督诸军子弟数千，凿池于朱明门外，以习水战。从征太原，承昭献计请壅汾水灌城，城危甚，会班师，功不克就。乾德五年，迁右龙武军统军。开宝二年卒，年七十四。

《玉壶清话》：太祖欲开惠民、五丈二河，以便运载。吏督治有陈承昭者，江南人，谙水利，使董其役。承昭先以缅都量河势长短，计其广深；次量锸之阔狭，以锸累尺，以尺累丈，定一夫自早达暮，合运若干锸，计凿若干土，总其都数，合用若干夫，以目奏上。太祖叹曰："不如所料，当斩于河。"至讫役，止衍九夫，上嘉之。又令督诸军子弟，浚池于朱明门外，以习水战。

樊知古

樊知古，字仲师，宋池州清属安徽，为池州府，今废人。尝乘小舟载丝绳维江南岸，疾棹抵北岸，以度江之广狭。开宝三年，诣阙上书，言江南可取状，以求进用。太祖令送学士院赐试本科及第，遣湖南督匠造黄黑龙船，为梁以济师。以大舰载巨竹絙，自荆南而下，舟既集，就采石矶试之，密若胼胁，不差尺寸，人马往还，如履坦途。

《宋史》本传：樊知古，字仲师，其先京兆长安人。曾祖偁，濮州司户参军。祖知谕，事吴为金坛令。父潜，事李景，任汉阳、石埭二县令，因家池州。知古尝举进士不第，遂谋北归。乃渔钓采石江上数月，乘小舟载丝绳，维南岸，疾棹抵北岸，以度江之广狭。开宝三年，诣阙上书，言江南可取状，以求进用。太祖令送学士院试，赐本科及第。会王师征江表，知古为乡导，下池州。

《玉壶清话》：知古，江南人，无乡里之爱，举于乡，不获第。因谋北归，献伐于朝，以钓竿渔于采石江，凡数年。横长絙量江水之广深，絙或中沉，阴有物波低助起。心知其国之亡，遂仗策谒太祖，奏曰："可造舟为梁，以济王师，如履坦途。"送学士院，本科及第，遣湖南督匠造黄黑龙船于荆南，破竹为索，数千舰由荆南而下，舟既集，就采石矶试焉，密若胼胁，不差尺寸。知古旧名若冰，太祖以其声近弱兵之厌，故改之。

《秣陵集·表》：宋开宝八年，宋遣曹彬、曹翰、潘美伐江南，用樊若水（案若水即知古）策作浮梁，渡采石，下金陵，后主归命。

喻皓 喻或作预，皓或作浩

喻皓，宋初杭州都料匠。不食荤茹，性绝巧。端拱二年，开宝寺建宝塔于汴京宋京城，即今河南开封，喻皓为匠。皓先作塔式以献，每建一级，外设帷帟，但闻椎凿之声。凡一月而一级成，其梁柱龃龉未安者，皓周旋视之，持槌撞击数十，即皆牢整。自云此可七百年无倾动。凡八年而工竣，惟塔身不正，势倾西北。人怪而问之。皓曰："京师地平无山，而西北风吹之，不百年当正也。"其用心之精密盖如此。杭州梵天寺建一木塔而动，匠师无可奈何。皓乃碁之，以逐层布板讫，便实钉之。匠师从其言，果不复动。唐人所造之相国寺，皓谓："他皆可能为，惟不解卷檐尔！"每至其下，仰而观焉，立极则坐，坐极则卧，求其理而不得。其笃志好学又如此。有《木经》三卷，四库已不著录即《宋史·艺文志》《宋史·艺文志补》及宋人所著簿录书现存者如《崇文总目》《通志·艺文志》《郡斋读书志》《遂初堂书目》《直斋书录解题》《玉海·艺文》《通考·经籍考》亦均已不著录，宋末是否已佚，仍一疑问也，已佚。《说郛》有《木经》"取正""定平""举折""定功"四篇，附沈括跋，题曰宋李诫撰。惟覃勘其文，则与《法式》"看详"全同，但删削原文数条，及颠倒其排次耳！岂李诫著《法式》时，剌采喻皓之《木经》数节，而为《看详》一卷，尔后传钞《木经》者，遂缘是而伪其撰者主名耶？抑缘李诫本有《新集木书》一卷见《宋史·艺文志》，而《说郛》所收录之四条又确出自诫手，陶宗仪未加细察，遂因之而致名实互纽，且伪其书名耶？二说确否，未敢武断也。

《归田录》：开宝寺塔在京师诸塔中最高，而制度甚精，都料匠预浩所造也。塔初成，望之不正，而势倾西北。人怪而问之，浩曰："京师地平无山，而多西北风，吹之不百年，当正也。"其用心之精盖如此。国朝以来木工，一人而已。至今木工皆以预都料为法。有《木经》三卷，行于世。世传浩惟一女，年十余岁，每卧则交手于胸，为结构状。如此逾年，撰成《木经》三卷，今行于世者是也。

《梦溪笔谈》：钱氏据两浙时，于杭州梵天寺建一木塔，方两三级，钱帅登之，患其塔动。匠师云："未布瓦，上轻，故如此。"乃以瓦布之，而动如初。无可奈何，密使其妻见喻皓之妻，赂以金钗，问塔动之因。皓笑曰："此易耳，但逐层布板讫，便实钉之，则不动矣。"匠师如其言，塔遂定。盖钉板，上下弥束，六幕相联如胠箧，人履其板，六幕相持，自不能动。人皆伏其精练。又营舍之法，谓之《木经》，或云喻皓所撰。凡屋有三分（去声），自梁以上为上分，地以上为中分，阶为下分。凡梁长几何，则配极几何，以为榱等，如梁长八尺，配极三尺五寸，则厅堂法也，此谓之上分。楹若干尺，则配堂基若干尺，以为榱等，若楹一丈一尺，则阶基四尺五寸之类，以至承栱、榱桷，皆有定法，谓之中分。阶级有峻、平、慢三等，宫中则以御辇为法，凡自下而登，前竿垂尽臂，后竿展尽臂为峻道（荷辇十二人，前二人曰前竿，次二人曰前条，又次曰前胁，后二人曰后胁，又后曰后条，末后曰后竿。辇前队长一人曰传唱，后一人曰报赛），前竿平肘、后竿平肩为慢道，前竿垂手、后竿平肩为平道，此之为下分。其书三卷。近岁土木之工，益为严善，旧《木经》多不用，未有人重为之，亦良工之一业也。

《后山谈丛》：东都相国寺楼门，唐人所造。国初，木工喻皓曰："他皆可能，惟不解卷檐尔。"每至其下，仰而观焉。立极则坐，坐极则卧，求其理而不得。门内两井亭，近代木工亦不解也，寺有十绝，此为二耳。

《皇朝类苑》引《杨文公谈苑》："释迦真身舍利塔见于明州鄞县，即阿育王所造八万四千，而此震旦得十九之一也。"镠造南塔，以奉安。俶在国，天火屡作，延烧此塔。一僧奋身穿烈焰，登第三级持之而下，衣裳肤体多被烧灼。太平兴国初，俶献其地，太宗命取塔禁中，度开宝寺西北阙地，造浮图十一级，下作天宫，以葬舍利。葬日，上肩舁微行，自安置之，有白光由塔一角而出。上雨涕，其外都人万众皆洒泣，燃指焚香于臂掌者无数。内侍数十人愿出家扫洒，塔下悉度为僧。上谓近臣曰："我曩世尝亲佛坐，但未通宿命，不能了了见之耳。"初造塔，得浙东匠人喻浩。浩不食荤茹，性绝巧，先作塔式以献。每建一级，外设帷帟，但闻椎凿之声，凡一月而一级成。其有梁柱龃龉未安者，浩周旋视之，持槌撞击数十，即皆牢整。自云："此可七百年无倾动。"人或问其北面稍高。浩曰："京城多北风，而此数十步乃五丈河，润气津浃，经一百年，则北隅微垫而塔正矣。"塔成。而浩求度为僧，数月死，世颇疑其异。

《佛祖统纪》：端拱二年，开宝寺建宝塔成。八隅，十一层，三十六丈，上安千佛万菩萨。塔下作天宫，奉安阿育王佛舍利塔，皆杭州塔工喻浩所造。凡八年而毕，赐名福胜塔院。安舍利日，上肩舆微行，自手奉藏，有白光起小塔一角，大塔放光，洞照天地，士庶焚香，献供者盈路。内侍数十人求出家扫塔。上谓近臣曰："我宿世曾亲佛座，但未通宿命耳。”诏直学士院朱昂撰塔铭，谓曰：“儒人多薄佛，向中竺僧法遇乞为本国佛金刚座立碑。学士苏易简为之，指佛为夷人。朕恶其不逊，遂别命制之。卿宜体此意。”敕内侍谢保意领将作匠，赐黄金三百两，往峨眉饰普贤像，再修寺宇，并赐御制文集，令直院徐铉撰记。

郭忠恕

郭忠恕，字恕先，宋河南洛阳人。工篆籀，尤善画，所绘屋室殿图重复之状，颇极精妙。然其画高古，未易为世俗所知。太宗时官国子监主簿。开宝寺建宝塔，浙匠喻皓料一十三层，郭以所造小样末底一级折而计之，至上层余一尺五寸，杀收不得。谓皓曰：“宜审之！”皓因数夕不寐，以尺较之，果如其言。黎明叩其门，长跪以谢。性放旷，任达不拘，遇佳山水即淹留不去，或绝粒不食。盛暑暴日中无汗，大寒凿冰而浴。又嗜酒，多游王侯公卿家，或待以美酝，预张纨素倚于壁，乘兴即画之；苟意不欲而固请之，必怒而去。得者藏之以为宝。卒，体轻若蝉蜕焉。有《汗简》《佩觿》，今并行于世。

《宋史·文苑传》：郭忠恕，字恕先，河南洛阳人。七岁能诵书属文，举童子及第，尤工篆籀。弱冠，汉湘阴公召之。忠恕拂衣遽辞去。周广顺中，召为宗正丞兼国子书学博士，改《周易》博士。建隆初，被酒与监察御史符昭文竞于朝堂，御史弹奏，忠恕叱台吏，夺其奏毁之，坐贬为乾州司户参军。乘醉殴从事范涤，擅离贬所，削籍配隶灵武。

其后，流落不复求仕进，多游岐、雍、京、洛间，纵酒跅弛，逢人无贵贱辄呼"苗"。有佳山水即淹留，浃旬不能去，或逾月不食。盛暑暴露日中，体不沾汗，穷冬凿河冰而浴，其旁凌澌消释，人皆异之。

尤善画，所图屋室重复之状，颇极精妙。多游王侯公卿家，或待以美酝，预张纨素倚于壁，乘兴即画之；苟意不欲而固请之，必怒而去，得者藏以为宝。太宗即位，闻其名，召赴阙，授国子监主簿，赐袭衣、银带、钱五万，馆于太学，令刊定历代字书。

忠恕性无检局，放纵败度，上怜其才，每优容之。益使酒，肆言谤讟，时擅鬻官物取其直，诏减死，决杖流登州，时太平兴国二年。已行至齐州临邑，谓部送吏曰："我今逝矣。"因掊地为穴，度可容其面，俯窥焉而卒，槁葬于道侧。后累月，故人取其尸将改葬之，其体甚轻，空空然若蝉蜕焉。所定《古今尚书》并《释文》并行于世。

《玉壶清话》：郭忠恕画殿阁重复之状，梓人较之，毫厘无差。太宗闻其名，诏授监丞。将建开宝寺塔，浙匠喻皓料一十三层，郭以所造小样末底一级折而计之，至上层余一尺五寸，杀收不得，谓皓曰："宜审之！"皓因数夕不寐，以尺较之，果如其言。黎明叩其门，长跪以谢。尤工篆籀诗笔，惟纵酒无检，多突忤于善人。聂崇义建隆初拜学官，河、洛之师儒也，赵韩王尝拜之。郭使酒咏其姓，玩之曰："近贵全为聩，攀龙即是聋，虽然三个耳，其奈不成聪。"崇义应声，反以忠恕二字解其嘲曰："勿笑有三耳，全胜畜二心。"忠恕大惭，终亦以此败检。坐谤时政，擅货官物，流登州。中途卒，藁葬于官道之旁。他日亲友与殓葬，发土视之，轻若蝉蜕，殆非区中之物也。李留台建中以书学名家，手写忠恕《汗简集》以进，皆科斗文字。太宗深悼惜之，诏付秘阁。

《图画见闻志·纪艺》：郭忠恕，字恕先，洛阳人。少能属文，七岁举童子。初，周祖召为博士，后因争忿于朝堂，贬崖州司户，秩满去官，不复仕，纵放岐、雍、陕、洛之间，善画屋木林石，格非师授。有设纨素求为图画者，必怒而去；乘兴即自为之。郭从义镇岐下，每延止山亭，张素设粉墨于旁，经数月，忽乘醉就图之，一角作远山数峰而已，郭氏亦珍惜之。岐有富人主官酒酤，其子喜画，日给醇酎，设几案、绢素及好纸数轴，屡以情言。忠恕俄取纸一轴，凡数十番，首图一丱角小童，持线车，纸穷处作风鸢，中引一线，长数丈。富家子不以为奇，遂谢绝焉。太宗素知其名，召赴阙下，授以国子监主簿。忠恕益纵酒，肆言时政，颇有谤讟。上恶之，配流登州，死于齐之临邑，道中尸解焉，有屋木卷轴传于世。

《宣和画谱·宫室》：郭忠恕，字国宝，不知何许人。柴世宗朝，以明经中科第，历官迄国朝。太宗喜忠恕名节，特迁国子博士。忠恕作篆隶，凌轹晋魏以来字学。喜画楼观台榭，皆高古，置之康衢，世目未必售也。顷钱塘有沈姓者，收忠恕画，每以示人则人辄大笑。历数年而后，方有知音者，谓忠恕笔也。又《宫室叙论》：上古之世，巢居穴处，未有宫室。后世有作，乃为宫室、台榭户牖，以待风雨，人不复营巢窟以居。盖尝取易之大壮，故宫室有量，台门有制，而山节藻棁，虽文仲不得以滥也。画者取此而备之形容，岂徒为是台榭户牖之壮观者哉。虽一点一笔，必求诸绳矩，比他画为难工，故自晋宋迄于梁隋，未闻其工者。粤三百年之唐，历五代以还，仅得卫贤，以画宫室得名。本朝郭忠恕既出，视卫贤辈，其余不足数矣。然忠恕之画高古，亦未易世俗所能知，其不见而大笑者亦鲜焉。

张君平

张君平，字士衡，宋滏阳今河北磁县治**人。明于水利。天圣中为修河都监，塞滑州河，累迁钤辖，卒。**

《宋史》本传：张君平，字士衡，磁州滏阳人。以父承训与契丹战死，补三班差使殿侍、黔州指挥使。獠兵屡入寇，君平引兵击破之，以功迁奉职，除驻泊监押，徙容、白等州巡检。又以捕贼功，迁右班殿直。谢德权荐君平河阴窖务，擢阁门祗候，管勾汴口。建言：岁开汴口，当择其地；得其地，则水湍驶而无流沙，岁可省功百余万。又请沿河县植榆柳，为令佐、使臣课最，及瘗汴河流尸。悉从其言。天圣初，议塞滑州决河，以君平习知河事，命以左侍禁签书滑州事兼修河都监。既而河未塞，召同提点开封府界县镇公事。以尝护滑州堤有功，特迁内殿崇班。

君平以京师数罹水灾，请委官疏凿近畿诸州古沟洫，久之，稍完，遂诏畿内及近畿州县长吏，皆兼管勾沟洫河道。自畿至泗州，道路多群寇，君平请两驿增置使臣，专主捕盗，而罢夹河巡检，于是行者无患。复为滑州修河都监，迁供备库副使。河平，改西作坊使，就迁钤辖，卒。君平有吏材，尤明于水利，自议塞河，朝廷每访以利害。河平，君平且死，论者惜之，录三子官。子巩，皇祐中，以尚书虞部员外郎为河阴发运判官，管勾汴口，嗣其父职云。

符惟忠

符惟忠，字正臣，宋苑丘今河南淮宁县人。长于治河。惠民河与刁河合流，岁多决溢，害民田。惟忠置二斗门，杀水势，以接郑河、圭河，自是无复有水害。

《宋史》本传：符惟忠，字正臣，彦卿曾孙也。惠民河与刁河合流，岁多决溢，害民田。惟忠自宋楼镇碾湾、横陇村置二斗门，杀水势，以接郑河、圭河，自是无复有水害。

怀丙

怀丙，宋沙门，真定今河北正定县人。巧思出天性，非学而至也。郡有木浮图十三级，久而中级大柱坏，欲西北倾，他匠莫能为，怀丙度短长，别作柱，命众工维而上，已而却众工，闭户良久，易柱下，不闻斧凿声。赵州今河北赵县洨河凿石为桥，熔铁贯其中。岁久，乡民多盗凿铁，桥遂欹倒，计千夫不能正。怀丙不役一人，以术正之，使复故状。维浮梁之铁牛重且数万斤，水暴涨绝梁，牵牛没于河，募能出之者，怀丙以二大舟实土，夹牛维之，用大木为权衡状钩牛，徐去其土，舟浮牛出。转运使张焘以闻，赐紫衣。寻卒。

《宋史·方技传》：僧怀丙，真定人。巧思出天性，非学所能至也。真定构木为浮图十三级，势尤孤绝。既久而中级大柱坏，欲西北倾。他匠莫能为。怀丙度短长，别作柱，命众工维而上。已而却众工，以一介自从，闭户良久，易柱下，不闻斧凿声。赵州洨河凿石为桥，熔铁贯其中。自唐以来相传数百年，大水不能坏。岁久，乡民多盗凿铁，桥遂欹倒，计千夫不能正。怀丙不役众工，以术正之，使复故。河中府浮梁用铁牛八维之，一牛且数万斤。后水暴长绝梁，牵牛没于河，募能出之者。怀丙以二大舟实土，夹牛维之，用大木为权衡状钩牛，徐去其土，舟浮牛出。转运使张焘以闻，赐紫衣。寻卒。

杨佐

杨佐，字公仪，宋宣州在今安徽人。第进士，为陵州推官。州有盐井深五十丈，皆石也，底用柏木为干，上出井口，垂绠而下，方能及水。岁久干摧败，欲易之，而阴气腾上，入者辄死，惟天雨则气随以下，稍能施工。晴则亟止。佐教工人以木盘贮水，穴窍洒之如雨滴然，谓之雨盘，如是累月，井干一新，利复其旧。皇祐中，汴水杀溢不常，佐乃度地凿渎以通河流。旋以盐铁判官同判都水监，开京城永通河以息夏秋霖潦之患。又浚孟阳河以便交通。累迁江淮发运使，天章阁待制，复判都水监。英宗时使契丹，卒于道。

《宋史》本传：杨佐，字公仪，本唐靖恭诸杨后，至佐，家于宣。及进士第，为陵州推官。州有盐井深五十丈，皆石也，底用柏木为干，上出井口，垂绠而下，方能及水。岁久干摧败，欲易之，而阴气腾上，入者辄死；惟天有雨，则气随以下，稍能施工，晴则亟止。佐教工人以木盘贮水，穴窍洒之，如雨滴然，谓之“雨盘”。如是累月，井干一新，利复其旧。累迁河阴发运判官，干当河渠司。皇祐中，汴水杀溢不常，漕舟不能属。佐度地凿渎以通河流，于是置都水监，命佐以盐铁判官同判。京城地势南下，涉夏秋则苦霖潦，佐开永通河，疏沟浍出野外，自是水患息。又议治孟阳河，议者谓不便。佐言：“国初，岁转京东粟数十万，今所致亡几，倘不浚复旧迹，后将废矣。”乃从其策。出为江淮发运使。孟阳之役，调民七八千，夷丘墓百数，怨声盈塞。诏开封鞫治，官吏独舍佐不问。纠察刑狱刘敞请加贬黜，不听。召为盐铁副使，拜天章阁待制，复判都水，知审官院，权发遣开封府。尝使契丹，虏馈以方物，书独称名。英宗升遐，奉遗留物再往使，卒于道，年六十一。诏护丧归，赙以黄金，恤其家。

韩琦

韩琦，字稚圭，宋相州安阳今河南安阳县人。初官将作监丞。英宗立，拜右仆射，封魏国公。神宗立，拜司徒，兼侍中，判相州，与范仲淹在兵间久，名重一时，人心归之，朝廷倚以为重，天下称“韩范”。性喜营造，所临之郡，必有改作，皆宏壮雄深，称其度量。在大名今河北大名县，于正寝之后稍西为堂五楹，尤大，其间洞然，不为房室，号“善养堂”。

《宋史》本传：韩琦，字稚圭，相州安阳人。

《却扫编》：韩魏公喜营造，所临之郡，必有改作，皆宏壮雄深，称其度量。在大名，于正寝之后稍西为堂五楹，尤大，其间洞然，不为房室，号“善养堂”。盖其平宴息之地也。

宋用臣

宋用臣，字正卿，宋开封人。为人有精思强力，以父荫隶职内省。神宗建东、西府，筑京城，建尚书省，起太学，立原庙，导洛通汴，皆用臣董其役。

《宋史》本传：宋用臣，字正卿，开封人。为人有精思强力，以父荫隶职内省。神宗建东、西府，筑京城，建尚书省，起太学，立原庙，导洛通汴，凡大工役，悉董其事。

曾孝广

曾孝广，字仲锡，宋泉州晋江今福建晋江县人。元祐中，历水部员外郎。河决内黄，诏孝广行视，遂疏苏村，凿钜野，导河北流，纾澶、滑、深、瀛之害，迁都水使者。洛水频岁溢涌，浸啮北岸，孝广按河堤得废澾口遗迹，且浚决之，以杀水势。又累石为防，自是无水患。

《宋史·曾公亮传》：从子孝广，字仲锡。元丰末，为北外都水丞。元祐中，为水部员外郎。河决内黄，诏孝广行视，遂疏苏村，凿钜野，导河北流，纾澶、滑、深、瀛之害。迁都水使者。洛水频岁溢涌，浸啮北岸，孝广按河堤得废澾口遗迹，曰："此昔人所以杀水势也。"即日浚决之，累石为防，自是无水患。

庄柔正

庄柔正，宋莆田人。元符间知福清今福建福清县，尝改筑天宝陂，陂旁有大榕，柔正日听讼其下以董役。凡投牒者人负一石。理曲者输石以赎罪。陂叠石为基，熔铁以锢之。数月讫工，改名元符陂，下溉腴田数万亩，民赖其利。

《福清县志·职官》：庄柔正，莆田人。举元丰进士。元符间，以奉议宰是邑，尝谋改筑天宝陂，故听讼陂旁大树下，兼以董役，令投牒者人负一石，理之曲者以石为罚。不数月，陂成，名之曰元符陂，陂石皆熔铁以锢之。至今为百世利。

李诚《续谈助》《直斋书录解题》《研北杂志》并作李诫，误

李诚，字明仲，宋郑州管城县今河南郑县治人。事哲、徽二宗，恒领将作，前后晋十六阶，咸以营造叙勋，其以吏部年格迁者，七官而已。尝营建五王邸、辟雍、尚书省、龙德宫、棣华宅、朱雀门、景龙门、九成殿、开封府廨、太庙、钦慈太后佛寺等。崇宁四年，与姚舜仁同进明堂图。诚博学多艺能，精通小学，工篆籀草隶，善画，得古人笔法。家藏书数万卷，手钞者数千卷。所著《营造法式》三十六卷总释总例共二卷，制度十三卷，功限十卷，料例并工作等三卷，图样六卷，目录一卷，看详一卷，考古证今，经营惨淡，自来政书考工之属，能参会众说，博洽详明，深悉夫饬材辨器之义者，皆莫能逾此。且图样界画，工细致密，非良工不易措手，允推绝作。——初，熙宁中，敕将作监官编修是书，至元祐六年而毕。哲宗以所修之本只是料状，且为一定之法，别无变造制度，及有营造，位置皆不同，临时不可考据，徒为空文，难以行用。绍圣四年，命诚别加撰辑，诚乃考究群书，并询匠工以增补之，而分别其类例。至元符三年而书大成，奏上之。崇宁二年，镂版颁行。又有《续山海经》十卷、《续同姓名录》二卷、《琵琶录》三卷、《马经》三卷、《古篆说文》十卷、《六博经》三卷、《新集木书》一卷，今皆佚。独《营造法式》岿然尚存，诚希世之宝。我国一千年前有此

杰作，足可为吾族文化之光宠，而亦有大造于寰宇之营造界也，嘉惠艺林，宁有既极。大观四年即西历一一一〇卒。

傅冲益《李诫墓志铭》：大观四年二月丁丑，今龙图阁直学士李公谌对垂拱，上问弟诫所在。龙图言方以中散大夫知虢州。有旨趋召。后十日，龙图复奏事殿中，既以虢州不禄闻。上嗟惜久之，诏别官其一子。公之卒，二月壬申也。越四月丙子，其孤葬公郑州管城县之梅山，从先尚书之茔。公讳诫，字明仲，郑州管城县人。曾祖讳惟寅，故尚书虞部员外郎，赠金紫光禄大夫。祖讳惇裕，故尚书祠部员外郎、秘阁校理，赠司徒。父讳南公，故龙图阁直学士、太中大夫，赠左正议大夫。

元丰八年，哲宗登大位，正议时为河北转运副使，以公奉表致方物，恩补郊社斋郎，调曹州济阴县尉。济阴故盗区，公至则练卒除器，明购罚，广方略，得剧贼数十人，县以清净。迁承务郎。元祐七年，以承奉郎为将作监主簿。绍圣三年，以承事郎为将作监丞。

元符中，建五王邸成，迁宣义郎。时公在将作且八年。其考工庀事，必究利害，坚窳之制，堂构之方，与绳墨之运，皆已了然于心。遂被旨著《营造法式》。书成，凡二十四卷。诏颁之天下。

已而丁母安康郡夫人某氏丧。崇宁元年，以宣德郎为将作少监。二年冬，请外以便养，以通直郎为京西转运判官。不数月，复召入将作为少监。辟雍成，迁将作监，再入将作。又五年，其迁奉议郎以尚书省；其迁承议郎以龙德宫、棣华宅；其迁朝奉郎赐五品服以朱雀门；其迁朝奉大夫，以景龙门、九成殿；其迁朝散大夫以开封府廨，其迁右朝议大夫、赐三品服，以修奉太庙；其迁中散大夫以钦慈太后佛寺成。大抵自承务郎至中散大夫，凡十六等，其以吏部年格迁者七官而已。

大观某年，丁正议公丧。初，正议疾病，公赐告归，又许挟国医以行。至是上特赐钱百万。公曰："敦匠事，治穿具，力足以自竭。然上赐不敢辞，则以与浮屠氏为其所谓释迦佛像者，以侈上恩，而报罔极云。"

服除，知虢州，狱有留系弥年者，公以立谈判。未几，疾作，遂不起。吏民怀之，如久被其泽者。盖享年若干。公资孝友，乐善赴义，喜周人之急，又博学多艺能。家藏书数万卷，其手钞者数千卷。工篆籀草隶，皆入能品。尝纂《重修朱雀门记》，以小篆书丹以进，有旨勒石朱雀门下。善画，得古人笔法。上闻之，遣中贵人谕旨，公以《五马图》进，睿鉴称善。公喜著书，有《续山海经》十卷、《续同姓名录》二卷、《琵琶录》三卷，《马经》三卷、《六博经》三卷、《古篆说文》十卷。

公配王氏，封奉国郡君，子男若干人，女若干人云云。

冲益观虞舜命九官，而垂共工居其一畴，咨而后命之，盖其慎且重如此。诚以授法庶工，使栋宇器用不离于轨物，此岂小夫之所能知哉。及观周之《小雅·斯干》之诗，其言考室之盛，至于庭户之端，楹椽之美，且又嗟咏骞扬，奂散之状，而实本宣王之德政。鲁僖公能复周公之宇作为寝庙，是断是度，是寻是尺，而奚斯实授法于庶工。

方绍圣、崇宁中，圣天子在上，政之流行，德之高远，巍然沛然，与山川其侔大也。而后以先王之制，施之寝庙官寺栋宇之间。当是时地不爱材，工献其巧，而公独膺垂奚斯之任者十有三年，以结睿知致显位，所谓“君子攸宁”“孔曼且硕”者，视宣王、僖公之世为甚陋，而公实尸其劳，可谓盛矣。

冲益初为郑圃治中，始从公游。及代，还京师，久困不得官，遇公领大匠，遂见取为属，浸以微劳，窃资秩，繄公德是赖。既日夕后先，熟公治身临政之美，泣而为铭。铭曰：

维仕慕君，不有其躬。何适非安，唯命之从。譬之庀材，唯匠之为。尔极而极，尔榱而榱。亦譬在熔，不谒而择。为利则断，为坚则击。垂在九官，世载厥贤。曰汝共工，没齿不迁。匪食之志，繄职则然。公为一尉，群盗斯得。公在将作，寝庙奕奕。为垂奚斯，以奂帝绩。仕无大小，必见其贤。无不自尽，以虔所天。帝以为能，世以为才。劳能实多，福禄具来。有生会终，公有贻宪。窾辞贞珉，尽力之劝。

《续谈助》：右钞崇宁二年正月，通直郎试将作少监李诫（诫）所编《营造法式》，其宫殿、佛道龛帐，非常所用者，皆不敢取。五年十一月二十三日，润州通判厅西楼北斋伯宇记。

《郡斋读书志·史类·职官类》：《将作营造法式》三十四卷，皇朝李诫撰。熙宁中敕将作监编修《营造法式》。诫以为未备，乃考究经史，并询匠工，以成此书，颁于列郡。

世谓喻皓《木经》极为精详，此书盖过之。

《直斋书录解题·史部·法令类》：《营造法式》三十四卷，看详一卷，将作少监李诫（诫）编修。初，熙宁中始诏修定，至元祐六年成书。绍圣四年，命诫（诫）重修。元符三年上，崇宁二年颁印。前二卷为总释，其后曰制度，曰功限，曰料例，曰图样，而壕寨、石作、大小木、雕旋、锯作、泥瓦、彩画、刷饰又各分类，匠事备矣。

《通鉴长篇纪事本末》：崇宁四年七月二十七日，宰相蔡京等进呈库部员外郎姚舜仁请，即国丙己之地建明堂，绘图以献。上曰："先帝常欲为之，有图见在禁中，然考究未甚详。"仍令将作监李诫（诫）同舜仁上殿。八月十六日诫（诫）与姚舜仁进《明堂图》。

《文献通考·经籍考·杂艺术》：《将作营造法式》三十四卷、看详一卷。

《宋史·艺文志·子部·五行类》：李诫《营造法式》三十四卷。又《艺术类》：李诫《新集木书》一卷。

《砚北杂志》：李明仲诫（诫）所著书有《续山海经》十卷、《古篆说文》十卷、《续同姓名录》二卷、《营造法式》二十四卷、《琵琶录》三卷、《马经》三卷、《六博经》三卷。

《读书敏求记·史部》：李诫《营造法式》三十四卷，目录、看详二卷。

《铁琴铜剑楼书目·史部·政书类·考工》：《营造法式》三十六卷（旧钞本）。案目录为三十四卷，而看详内称书总三十六卷，或疑制度一、门阙二卷，当为后人所并。其实目录一卷，看详中已言之。《敏求记》亦言：目录、看详各一卷，合之，正三十六卷也。看详中制度十五卷，五当作三，传钞致误。此书虽辗转影钞，实祖宋本，图样、界画最为清整，遵王所见，当不是过也。

宋升

宋升，宋徽宗时京西都转运使。修治西京大内，合屋数千间，尽以真漆为饰，而漆饰之法，须骨灰为地，故所费不赀。

《宋史·宋乔年传》：子升。升，字景裕。崇宁初，由谯县尉为敕令删定官。数年，至殿中少监。时乔年尹京，父子依凭蔡氏，陵轹士大夫，阴交谏官蔡居厚，使为鹰犬。以徽猷阁待制知陈州。乔年贬，升亦谪少府少监，分司南京。未几，知应天府。乔年卒，起复为京西都转运使，莅葺西宫及修三山新河，擢至显谟阁学士。方是时，徽宗议谒诸陵，有司预为西幸之备，升治宫城，广袤十六里，创廊屋四百四十间，费不可胜。会鬃漆，至灰人骨为胎，斤直钱数千，尽发洛城外二十里古冢，凡衣冠垄兆，大抵遭暴掘。用是迁正议大夫、殿中监。又奉命补治三陵泄水坑涧，计役四百九十万工。未几，卒。赠金紫光禄大夫、延康殿学士，谥曰恭敏。

《宋史·地理志》注：政和元年十一月，重修大内，至六年九月毕工。朱胜非言：政和间，议朝谒诸陵，敕有司预为西幸之备，以蔡攸妻兄朱（案：《宋史·蔡攸传》称“妻宋氏”，此当作“宋”，朱伪）升为京西都漕，修治西京大内，合屋数千间，尽以真漆为饰，工役甚大，为费不赀。而漆饰之法，须骨灰为地，科买督迫，灰价日增，一斤至数千，于是四郊冢墓悉被发掘，取人骨为灰矣。

王唤

王唤，字显道，宋华阳今四川华阳县**人。尝建郊丘及青城斋宫。绍兴十四年，知平江府**今江苏吴县**事，时兵火之余，公署学校靡不兴葺。唤于营造既夙有专长，而又善利用余材，录入城小舟出必载瓦砾以培塘。石之碎者积而焚之，以泥官舍。十五年重刊李明仲之《营造法式》。**

《营造法式》宋绍兴重刊本末叶结衔：宝文阁直学士、右通奉大夫、知平江军府事、提举劝农使、开国子食邑五百户王唤重刊。

《古今考·祀天地总考下·南渡后郊丘考》：绍兴十三年正月，以礼部、太常寺申请，命殿前都指挥使杨存中、知临安府王唤依国朝礼制度，建郊丘于国之东南，及建青城斋宫在嘉会门外南四里，龙华寺西，为坛四成。上成纵广七丈，再成十二丈，三成十七丈，四成二十二丈。分十二陛，陛七十二级，坛及内壝七百九十步，中外壝通二十五步。燎坛方一丈，高一丈二尺，在坛南二十步。内地余四十步，以列仗卫。惟青城斋宫及望祭殿，诏勿营，临事则为幕屋，略仿汴京制度，太殿曰端诚，便殿为熙成，其外为泰禋门。

《姑苏志·宦迹三》：王映，字显道，华阳人，太师岐国公珪之孙也。为秦桧妻之兄（或云妻弟），绍兴中知郡事。时兵火之余，公署学校靡不兴葺。又录入城小舟出必载瓦砾以培塘，人以为便。石之碎者积而焚之，以泥官舍。不赋于民，而用有余，其规为多可取者。

李嵩

李嵩，宋钱塘今浙江杭县治人，少为木工，后为李从训养子。工画人物，尤长于界画。光、宁、理三朝官画院待诏。

《图画宝鉴》：李嵩，钱唐人，少为木工，颇远绳墨。后为李从训养子。工画人物道释，得从训遗意，尤长于界画。光、宁、理三朝画院待诏。

秦九韶

秦九韶，字道古，宋秦凤宋为秦凤路，今甘陕间间人。性极机巧，于营造、算术、星象、音律等事，无不精究。尝建一堂于湖州清浙江湖州府，今废西门之外，极其宏敞。堂中一间横亘七丈，求海桹之奇材为前楣，营构法式，皆自出心匠。凡屋脊、两翚、搏风，皆以砖为之。堂成七间，后为列屋，以处秀姬、管弦。制乐度曲，皆极精妙。著有《数学九章》

九卷，创立天算法，亦有功于算术。

《癸辛杂识·续集下》：秦九韶，字道古，秦凤间人。年十八，在乡里为义兵首，豪宕不羁，尝随其父守郡，父方宴客，忽有弹丸出父后，众宾骇愕，莫知其由。顷加物色，乃九韶与一妓狎，时亦抵鏇，此弹之所以来也。既出东南，多交豪富，性极机巧，星象、音律、算术以至营造等事，无不精究。迩尝从李梅亭学骈俪、诗词、游戏、毬马、弓剑，莫不能知。性喜奢好大，嗜进谋身。或以历学荐于朝，得对，有奏稿及所述教学大略。与吴履斋交尤稔。吴有地在湖州西门外，地名曾上，正当苕水所经入城，面势浩荡，乃以术攫取之。遂建堂其上，极其宏敞，堂中一间横亘七丈，求海栿之奇材为前楣，位置皆自出心匠，凡屋脊、两翚、搏风皆以砖为之。堂成七间，后为列屋，以处秀姬、管弦。制乐度曲，皆极精妙。

吕拙［补遗］

吕拙，宋祥符今并河南开封县人。工画屋木。至道中，建上清宫，拙画郁罗霄台样进。

《（光绪）祥符县志》卷十五《方技》：吕拙，祥符人。工画屋木。至道中，为图画院祗候，时方建上清宫，拙因画郁罗霄台样进上。改翰林待诏，不就，愿于本宫为道士，寻得披挂，仍赐紫衣。

蔡襄［补遗］

蔡襄，字君谟，宋仙游人。善诗文，兼工书法。累官知谏院。皇祐、嘉祐间，两知泉州，威惠兼行，民畏而爱之。州之东有万安渡，水阔而湍急，上流接大溪，渡外即邻海，每遇风潮交作，数日不可渡。且绝渡而济，时虞覆溺。皇祐五年，襄立石为梁，长三百六十余丈，广一丈五尺，左右翼以扶栏，建南北中三亭于桥上，累蛎房于础，以固其基。两岸依山，跨江接海，斗空亘立，若飞虹然，名曰“万安桥”，又称“洛阳桥”。又植松七百里以庇道路。泉人刻碑纪德，立祠祀焉。

《宋史》卷三百二十本传：蔡襄，字君谟，兴化仙游人。举进士，为西京留守推官、馆阁校勘。范仲淹以言事去国，余靖论救之，尹洙请与同贬，欧阳修移书责司谏高若讷，由是三人者皆坐谴。襄作《四贤一不肖诗》，都人士争相传写，鬻书者市之，得厚利。契丹使适至，买以归，张于幽州馆。庆历三年，仁宗更用辅相，亲擢靖、修及王素为谏官，襄又以诗贺，三人列荐之，帝亦命襄知谏院……知泉州，距州二十里万安渡，绝海而济，往来畏其险。襄立石为梁，其长三百六十丈，种蛎于础以为固，至今赖焉。又植松七百里以庇道路，闽人刻碑纪德……治平三年，丁母忧。明年卒，年五十六。赠吏部侍郎。襄工于书，为当时第一，仁宗尤爱之，制元舅陇西王碑文命书之。及令书温成后父碑，则曰：“此待诏职耳。”

不奉诏……乾道中，赐襄谥曰忠惠。

宋蔡襄《万安渡石桥记》：泉州万安渡石桥，始造于皇祐五年四月庚寅，以嘉祐四年十二月辛未讫功，累址于渊，酾水为四十七道，梁空以行。其长三千六百尺，广丈有五尺，翼以扶栏，如其长之数而两之。靡金钱一千四百万，求诸施者。渡实支海，去舟而徒，易危而安，民莫不利。职其事者，卢锡、王寔、许忠、浮图义波、宗善等十有五人。既成，太守莆阳蔡襄为之合乐宴饮而落之。明年秋，蒙召还京，道由是出。因纪所作，勒于岸左。

明王慎中《万安桥记》：出迎恩门以东二十里，长江限之。有石跨江，蜿若卧波之虹，其修逾数千尺，名曰“万安之桥”。有宋蔡忠惠公守泉时所造。由皇祐以来五百余年间，东西行者履砥视矢，凌风涛于趾踵之下，而若不知。苟有昔人临河以望，思禹而兴叹者之意，想夫营度架结之所由，岂不喟然有叹于斯人哉……

明康朗《万安桥记》：万安桥去郡郭东二十里，而当惠安属邑与莆阳、三山京国孔道。近郭而当孔道，故往来于其上者，肩毂相踵也。又其长三百六十丈有奇，跨江接海若飞虹然，其势为至险，宋皇祐五年郡守蔡忠惠公始克成之……

《名胜志》：……旧为万安渡。宋庆历初，郡人李宠始甃石作浮桥。皇祐五年，郡守蔡襄建石桥，长三百六十余丈，广一丈五尺左右，翼以扶栏，为南北中三亭桥，下种蛎固其基……

《泊宅篇》：泉州万安渡水阔五里，上流接大溪，外即海也。每风潮交作，数日不可渡……蔡襄守泉州，因故基修石桥，两岸依山，中托巨石，桥岸造屋数百楹，为民居，以其僦直入公帑，三岁度一僧掌桥事。春夏大潮，水及栏际，往来者不绝，如行水上。十八年，桥乃成。即多取蛎房散置石基，益胶固焉。元丰初，王祖道知州，奏立法，辄取蛎房者徒二年。

《（乾隆）泉州府志》卷十《桥渡》：万安桥，在三十八都，晋惠交界，跨洛阳江，一名洛阳桥，桥中有台，又有济亨亭，宋宗室赵不骀书额有“泉南佛国”。亭元至正间建，四明张即之书匾。又有镜虹阁。

台亨 ［补遗］

台亨，宋夏县今山西夏县人。工画。元丰中，修景灵宫，亨以工画被选诣京师，名列第一。

《宋史》卷四百五十六《孝义·苏庆文、台亨传》：苏庆文、台亨，皆夏县人……亨工画，元丰中，朝廷修景灵宫，调天下画工诣京师，选试其优者待诏翰林，畀以官禄，亨名第一。以父老，固辞归养，闾里贤之。

连南夫 ［补遗］

连南夫，宋应山今湖北应山县人。建炎初，守濠州即今安徽凤阳县。州旧有二城，东西隔濠水而立。南夫决濠水，由城西径达于淮，筑一大城，合二旧城为一。

《（康熙）凤阳府志》卷二十五《名宦·凤阳府·宋》：连南夫，德安应山人。宋高宗时，守濠州。古有东西二城，濠水经二城间入淮，南夫决濠水，由城西径达于淮，筑二城合为一。

向拱［补遗］　新宁刘敦桢士能校补

向拱，字星民，怀州河内人。太祖建隆二年为河南尹，修天津桥，甃巨石为脚，高数丈，锐前疏水势，复创铁鼓，以固石缝。

《宋史》卷九十四《河渠四》：洛水贯西京，多暴涨，漂坏桥梁。建隆二年，留守向拱重修天津桥成，甃巨石为脚，高数丈，锐其前以疏水势，石纵缝以铁鼓络之，其制甚固。四月，具图来上，降诏褒美。

《宋史》卷二百五十五本传：向拱，字星民，怀州河内人……少倜傥……以策干汉祖，汉祖不纳，客于周祖门下……周祖即位，授宫苑使。广顺中，迁皇城使……显德二年，世宗亲征淮南，以拱权东京留守……恭帝即位，加检校太师、河南尹、西京留守。宋初，加兼侍中……乾德初，从郊祀毕，封谯国公。拱尹河南十余年，专治园林第舍……太平兴国初，进封秦国公……雍熙三年卒，年七十五。

韩重赟 [补遗] 新宁刘敦桢士能校补

韩重赟，磁州武安人。太祖建隆三年，筑皇城东北隅，令有司绘洛阳宫殿，按图修之，重赟董其役。乾德间，又督澶州河工。

《宋史》卷二百五十本传：韩重赟，磁州武安人。少以武勇隶周太祖麾下……建隆二年，改殿前都指挥使，领义成军节度。三年，发京畿丁壮数千，筑皇城东北隅。且令有司绘洛阳宫殿，按图修之，命重赟董其役。乾德三年秋，河决澶州，命重赟督丁壮数十万塞之……五年二月，出为彰德军节度，开宝……七年卒。

《玉海》：建隆三年正月甲戌，发开封浚仪民数千，广皇城之东北隅，命义成节度韩重赟董役。

焦继勋 王仁珪 李仁祚 [补遗] 新宁刘敦桢士能校补

焦继勋，字成绩，许州长社人。以干力受知太祖。开宝间与王仁珪、李仁祚修治洛阳宫。

《宋史》卷二百六十一本传：焦继勋，字成绩，许州长社人。少读书有大志……宋初，召为右金吾卫上将军，改右武卫上将军。乾德三年，权知延州。四年，判右街仗杜审琼卒，命继勋代之。时向拱为西京留守，多饮燕，不省府事，群盗白日入都市劫财，拱被酒不出捕逐。太祖选继勋代之，月余，京城肃然。太祖将幸洛，遣庄宅使王仁珪、内供奉官李仁祚部修洛阳宫，命继勋董其役。车驾还，嘉其干力，召见褒赏，以为彰德军节度，仍知留府事。仁珪领义州刺史，仁祚为八作副使。继勋以太平兴国三年卒，年七十八。

《玉海》：开宝八年十月十九日，将议巡幸，遣王仁珪、李仁祚、焦继勋同修洛阳宫室。

丁谓 ［补遗］ 新宁刘敦桢士能校补

丁谓，字谓之，苏州长洲人。性机敏，有智略。登淳化进士甲科，累迁枢密直学士。真宗大中祥符二年，命谓建玉清昭应宫于南薰门外，诸天殿外，二十八宿亦各一殿。又造七贤阁，令画师刘文通移写道士吕拙郁罗萧台，加飞阁其上，既成，天下目为壮观。初，有司料功须二十五年，谓乃日役三四万人，采宇内奇材异石，以夜继昼，每绘一壁，给二烛。七年冬，成二千六百余楹。其廊庑壁龛，多聚古今名画；甍栱栾楹，胥以金饰。每朝曦初上，碧瓦凌空，翠彩照射，莫可名似。后营会灵观、景灵宫，复总其事。七年夏，大内火，谓任修葺使，虑取土过远，乃掘通衢为巨堑，引汴水，便输运。事毕，实以工余瓦砾灰壤，一举而三役悉济，省工费巨万云。

《宋史》卷二百八十三本传：丁谓，字谓之，后更字公言，苏州长洲人……淳化三年，登进士甲科……累迁尚书工部员外郎……大中祥符初……议即宫城乾地营玉清昭应宫……以谓为修玉清昭应宫使……建会灵观，谓复总领之。迁尚书礼部侍郎，进户部，参知政事。建安军铸玉皇像，为迎奉使。朝谒太清宫，为奉祀经度制置使，判亳州……还，判礼仪院，又为修景灵宫使……大内火，为修葺使。历工、刑、兵三部尚书……天禧……三年，以吏部尚书复参知政事……兼本官为枢密使……同中书门下平章事……乾兴元年，封晋国公……明道中，授秘书监，致仕，居光州，卒……谓机敏有智谋……真宗朝营造宫观，奏祥异之事，多谓与王钦若发之。初，议营昭应宫，料功须二十五年。谓令以夜继昼，每绘一壁，给二烛，七年乃成。

《宋东京考》卷十三：玉清昭应宫在南薰门外官路西。大中祥符元年，议营是宫，安置天书，有司料工须十五年乃就。修宫使丁谓令以夜继昼，每绘一壁，给二烛，故七年而成，凡二千六百二十楹，制度宏丽……天圣七年六月丁未夜，大雷雨，宫内火起，至晓宫室几尽。

《圣朝名画评》卷三：大中祥符初，上将营玉清昭应宫，敕刘文通先立小样图……丁朱崖命移写道士吕拙郁罗萧台，仍加飞阁于上，以待风雨。画毕，下匠氏为准，谓之七贤阁者是也，天下目为壮观。

《宋东京考》卷十三引《宋稗类钞》：真宗建玉清宫……其宏大瑰丽，不可名似，远而望之，但见碧瓦凌空，耸耀京国。每曦光上浮，翠彩照射，则不可正视。其中诸天殿外，二十八宿亦各一殿。楩楠杞梓，搜穷山谷，璇题金榜，不能殚纪，朱碧藻绣，工色巧绝，甍栱栾楹，全以金饰。入见惊恍褫魄，迷其方向，所费巨亿万。虽用金之数，亦不能会计，天下珍树怪石，内府奇宝异物，充牣襞积，穷极侈大。余材始及景灵、会灵二宫观，然亦足冠古今之壮丽矣。议者以为玉清之盛，开辟以来，未之有也。阿房、建章固虚语尔。

宋刘延世《孙公谈圃》卷中：玉清昭应宫，丁晋公领其使监造，土木之工，极天下之巧，绘画无不用黄金，四方古名画皆取置壁龛庑下，以其余材建五岳观，世犹谓之木天，则玉清之宏壮可知……丁之董役也，昼夜不息，每画一栱，然蜡炬一枝。

《容斋三笔》卷十一《宫室土木》：……大中祥符间，奸佞之臣罔真宗以符瑞，大兴土木之役，以为道宫。玉清昭应之建，丁谓为修宫使，凡役工日至三四万。所用有秦、陇、岐、同之松，岚、石、汾阴之柏，潭、衡、道、永、鼎、吉之梌、楠、槠，温、台、衢、吉之梼，永、澧、处之槻、樟，潭、柳、明、越之杉，郑、淄之青石，衡州之碧石，莱州之白石，绛州之斑石，吴越之奇石，洛水之石卵，宜圣库之银朱，桂州之丹砂，河南之赭土，衢州之朱土，梓、信之石青、石碌，磁、相之黛，秦、阶之雌黄，广州之藤黄，孟泽之槐华，虢州之铅丹，信州之土黄，河南之胡粉，衡州之白垩，郓州之蚌粉，兖、泽之墨，归、歙之漆，莱芜、兴国之铁。其木石皆遣所在官部兵民入山谷伐取。又于京师置局，化铜为鍮，冶金薄，锻铁以给用。凡东西三百一十步，南北百四十三步，地多黑土疏恶，于京东北取良土易之。自三尺至一丈有六等。起二年四月，至七年十一月宫成，总二千六百一十区。不及二十年，天火一夕焚爇，但存一殿。

《梦溪笔谈》卷二十四《杂志一》：温州雁荡山，天下奇秀，然自古图牒未尝有言者。祥符中因造玉清宫，伐山取材，方有人见之。

《宋东京考》卷十三引《晁氏客语》：造玉清昭应宫，牒州郡供木。丁晋公自作文云：不得将皮补曲，削凸见心。

《宋东京考》卷十三引《王氏画苑》：大中祥符中，玉清昭应宫成，召张昉画三清殿天女奏音乐像，昉不假朽画，奋笔立就，高皆丈余。

《宋东京考》卷十三引《遁斋闲览》：祥符中，治昭应宫，用李廷珪墨为染饰，今人间所有，皆其时余物耳。

《宋东京考》卷十三：会灵观在南薰门外东北普济水门西北，大中祥符五年创建，内设延真献殿、祝禧斋殿。西则崇元殿，以奉灵宝天尊，二夹殿则奉中茅、小茅真君。东西列五岳圣帝五殿，左右二夹殿，则奉五岳之储副佐命之山罗浮、括苍、霍山、抱犊、少室、武当等十山真君。初名五岳观，观成，赐名会灵观。南有奉灵园；观东有凝祥池，中有崇禧殿；观西堧有小池，中亦建崇禧殿，奉扶桑大帝、旸谷神王、洞渊龙王等神。续置明丽、临水二殿。

《宋东京考》卷十三引《国朝会要》：大中祥符八年五月，诏会灵观池以凝祥为名，园以奉灵为名，观以奉五岳帝。

《宋史》卷一百九《礼志》：景灵宫，创于大中祥符五年，圣祖临降，为宫以奉之。

《宋东京考》卷十二引《挥麈录》：乾德六年，即都城之南、安陵之旧域建奉先资福院，为庆基殿以奉宣祖，艺祖则太平兴国之开先，太宗则启圣之永隆。至大中祥符中，建景灵宫天兴殿以奉圣祖。

《宋史》卷八《真宗纪》：大中祥符……八年……四月壬申，荣王元俨宫火，延及殿阁内库。癸酉……命丁谓为大内修葺使。

《宋史》卷六十三《五行志》：大中祥符……八年……四月壬申夜，荣王元俨宫火，自三鼓北风甚，癸酉亭午乃止，延燔左承天祥符门、内藏库、朝元殿、乾元门、崇文院、秘阁、天书法物内香藏库。

宋沈括《补笔谈》卷二：祥符中禁中火，时丁晋公主营复宫室，患取土远，公乃令凿通衢取土，不日皆成巨堑，乃决汴水入堑中，引诸道竹木排筏及船运杂材，尽自堑中入至宫门。事毕，却以斥弃瓦砾灰壤实于堑中，复为街衢。一举而三役济，计省费以亿万计。

刘承规 ［补遗］ 新宁刘敦桢士能校补

刘承规，字大方，楚州山阳人。太宗时，历仕内外，沉毅徇公，以精力闻。咸平中，边境未靖，议修天雄军城垒，命承规乘传规画。寻迁宫苑使、皇城使，诸司局署，多所创制。时真宗崇瑞命，饰宫观，承规每参其役。

玉清昭应宫兴，命为副使，佐丁谓。工作少不中程，虽金碧已具，毁而更造，故精丽为当时之冠。

《宋史》卷四百六十六《宦者本传》：刘承规，字大方，楚州山阳人……咸平三年，迁北作坊使。时边境未宁，议修天雄军城垒，命承规乘传经画。又命提举内东、崇政殿等诸门，迁宫苑使……景德二年……置官提举京师诸司库务，以承规领之。所创局署，多所规制，改皇城使……大中祥符初，议封泰山，以掌发运使迁昭宣使、长州防御使。会修玉清昭应宫，以承规为副使。祀汾阴，复命督运。议者以自京至河中，由陆则山险，具舟则湍悍。承规决议水运，凡百供应，悉安流而达……五年，以疾求致仕。修宫使丁谓言承规领宫职，借其督辖，望勿许所请，第优赐告诏，特置景福殿使名以宠之……七月卒，年六十四……承规事三朝，以精力闻，乐较簿领，孜孜无倦……性沉毅徇公，深所倚信，尤好伺察，人多畏之。上崇瑞命，修祠祀，饰宫观，承规悉预闻。作玉清昭应宫，尤为精丽。屋室有少不中程，虽金碧已具，必毁而更造，有司不敢计所费。二圣殿塑配飨功臣，特诏塑其像太宗之侧。

刘文通［补遗］　新宁刘敦桢士能校补

刘文通，汴人。长绘事，尤精楼阁木屋，仕为画院艺学。真宗将营玉清昭应宫，敕文通先立小样，下匠氏为准，然后成葺。

《圣朝名画评》卷三：刘文通，京师人。善画楼台屋木。真宗时入图画院为艺学。大中祥符初，上将营玉清昭应宫，敕文通先立小样图，然后成葺。

邓守恩　林特［补遗］　新宁刘敦桢士能校补

邓守恩，并州人。少以黄门侍太宗，莅事干敏强果。大中祥符间，预修玉清昭应宫、会灵观。七年修真游殿、景灵宫。八年修大内。天禧间，又掌建祥源观、天章阁。时有林特者，剑州顺昌人，颖悟绝伦，亦参玉清昭应宫、景灵宫、太极观诸工。

《宋史》卷四百六十六《宦者》本传：邓守恩，并州人。十岁以黄门事太宗……大中祥符初……预监修玉清昭应宫、会灵观。七年，又兼修真游殿、景灵宫。累迁入内高品、供奉官。宫成，迁内殿承制。八年，预修大内，改西京作坊副使。九年，营造皆毕，授东染院使，充会灵观都监。天禧二年，掌军头引见司，又修祥源观成，迁崇仪使。三年，授入内押班。河决滑州，命为修河钤辖。郊祀，召为行宫使，改如京使，复还本任。四年春，河复故道，迁文思院使。归朝，加领昭州刺史。是秋，掌皇城、国信二司……会建天章阁，命领其事。又勾当资善堂兼太子左右春坊司。守恩长七尺余，状貌甚伟，莅事干敏，以强果称于时。五年，卒，年四十八。

《宋史》卷二百八十三《王钦若传》：林特，字士奇。祖揆，仕闽为南剑州顺昌令，因家顺昌。特少颖悟。十岁谒江南李景……授兰台校书郎。江南平，伪官皆入见……太宗以为长葛尉，改遂州录事参军。代还，命中书引对，授大理寺丞……封泰山，祀汾阴，皆为行在三司副使。以右谏议大夫权三司使、修玉清昭应宫副使。将祀太清宫，遣特储供具，为行在三司使。礼成，进给事中，为修景灵宫副使兼修兖州景灵宫、太极观。昭应宫成，迁尚书工部侍郎，真拜三司使……卒，赠尚书左仆射。太后遣中使祀奠。特精敏，喜吏职，据案终日不倦。

青州卒 [补遗] 新宁刘敦桢士能校补

仁宗明道间，青州洋水桥屡为水坏，时夏竦守青州，得牢城废卒，有智思，垒石两岸，以大木数十相贯，架为飞桥，无柱。五十余年不坏。庆历中，陈希亮守宿州，以汴桥常毁，乃效其法。于是，自开封至泗州，皆为飞桥焉。

《渑水燕谈录》卷八《事志》：青州城西南皆山，中贯洋水，限为二城。先时，跨水植柱为桥，每至六七月间，山水暴涨，水与柱斗，率常坏桥，州以为患。明道中，夏英公守青，思有以捍之。会得牢城废卒，有智思，垒巨石固其岸，取大木数十相贯，架为飞桥，无柱。至今五十余年，桥不坏。庆历中，陈希亮守宿，以汴桥屡坏，率尝损官舟害人，乃命法青州所作飞桥。至今，沿汴皆飞桥，为往来之利，俗曰“虹桥”。

《宋史》卷二百九十八《陈希亮传》：陈希亮，字公弼，其先京兆人……为宿州。州跨汴为桥，水与桥争，常坏舟。希亮始作飞桥，无柱，以便往来。诏赐缣以褒之，仍下其法，自畿邑至于泗州，皆为飞桥。

李虞卿　田谅　王令图　刘拱　李良祐　乔达

[补遗] 新宁刘敦桢士能校补

李虞卿，至和间为利州路转运使、主客郎中，慨蜀道青泥岭高峻险阻，乃率僚属王令图、刘拱、李良祐、乔达等度远近险易，开白水路，自凤州河池至长举。未成，虞卿迁调东川，田谅继之，计建阁道二千三百余间，邮亭、营屋、纲院三百八十余间，减旧路三十三里。

《图书集成·方舆汇编·职方典》卷五六四宋雷简夫《新开白水路记》：至和元年冬，利州路转运使、主客郎中李虞卿，以蜀道青泥岭旧路高峻，请开白水路，自凤州河池驿至长举驿五十里有半，以便公私之行。具上未报，即预画材费，以待其可。明年春，选兴州巡辖马递铺、殿直乔达领桥阁并邮兵五百余人，因山伐木，积于路处，遂籍其人，用讫是役。又请知兴州军州事、虞部员外郎刘拱总护督作，一切仰给悉令为具。命签署兴州判官厅公事、太子中舍李良祐，权知长举县事、顺政县令商应，程度远近，按视险易，同督斯众。知凤州河池县事、殿中丞王令图首建路议，路占县地且十五余里，部属陕西，即移文令图，通干其事。至秋七月，始可其奏，然八月行者已走新路矣。十二月诸功告毕，作阁道二千三百九间，邮亭、营屋、纲院三百八十三间。减旧路三十三里，废青泥一驿，除邮兵驿马一百五十六人骑，岁省驿禀铺粮五千石、畜草一万围，放执事役夫三十余人。路未成，会李迁东川路。今转运使、工部郎中、集贤校理田谅至，审其绩状可成，故喜犹己出，事益不懈。于是斯役实肇于李，而遂成于田也。嘉祐二年三月，田以状上，且曰："虞卿以至和二年仲春，兴是役，仲夏移去，其经营建树之状，本与令图同。臣虽承乏，在臣何力？愿朝廷旌虞卿、令图之劳，用劝来者。又拱之总役应用，良祐、应之按视修创，达之采造监领，皆有著效，亦乞升擢。至于军士什长而下，并望赐与，以慰远心。"朝廷议依其请。

李宏　智日［补遗］　新宁刘敦桢士能校补

李宏，侯官人。性倜傥好施。熙宁间，与僧智日筑莆田木兰陂，深三丈五尺，阔二十五丈，布石柱三十二间，间各二柱，熔铜固址，互相钩锁，置闸其中。又开渠百余条，导陂之流，设陡门、涵洞，以时启闭，计溉南洋田万余顷，岁输军储三万余斛。迄今八百余年，民赖其利。

《续刻木兰陂集志记》卷之上引《(宏治)八闽通志》：木兰陂在府城西南惟新里木兰山下，溪源自永春、仙游，西南下合涧壑之水三百有六十，会流东注于海。宋治平初，长乐钱氏女始议堰陂于将军岩前，据溪上流，陂成，辄坏。既而同邑林从世复来相溪下流，改筑于上杭温泉山口，将成，潮势冲激，亦坏。熙宁八年，侯官李长者宏实应诏募而来，始相地于今址。会有冯仙智日者，授以规摹，率众钱七万余缗，叠石创陂三十二间，间各树石柱二，而置闸其中，以时纵闭。陂深二丈五尺，阔三十五丈。即陂之右疏渠，导水障东流而南注者三十余里，为大沟七，小沟无数，溉南洋上中下三段民田。上段，惟新南匿胡公三里，为水泄九，塘四，沟圳八，水瓣斗门一；中段，莆田南匿国清三里，为水泄一，沟四，林墩洋城斗门二；下段，莆田连江兴福三里，为水泄二，沟四，合之凡溉田万余顷，岁输军储三万七千斛。

《（乾隆）福建通志》卷四十九《孝义传》：李宏，侯官人。熙宁八年，莆田木兰陂屡筑辄坏。宏应诏挟赀七万缗入莆，求地脉定基于木兰山下，溪广水漫，两山夹峙之中，叠石成陂。布石柱三十二处，疏渠导水，溉南洋田万余顷，岁输军储三万七千斛，废塘为田，令民耕种，得谷二千六百五十余石。工成，封惠济侯。卒，莆人立庙以祀。

《（光绪）补刻莆田县志》卷二十七：李宏，唐宗室裔，侯官人，世雄于财。宏性好施，人称为“长者”。初，永春、仙游二县水合趋于莆入海，言水利者谓横而堰之，可溉田数万亩。治平间，长乐钱氏女及进士林从世所筑俱坏。熙宁八年，宏应诏来莆，有僧智日者为相地于木兰山下。宏乃出钱七万余缗，为之陂。迨成，乃开沟大小百余条，以导陂之流作陡门，以启闭诸沟之水，设涵泄以疏通陡门之所不及者，复筑塘为田，由是南洋之田万有余顷，皆赖以灌溉。民立庙于陂上，春秋祀焉。景定三年，诏封惠济侯。

《木兰陂集》卷之五宋林大鼐撰《李长者创木兰陂本传》：李宏，福州侯官人也。裔自有唐，世雄于财，平生倜傥，有大志……闻莆田壶公洋三面濒海，潮汐往来，潟卤弥天，虽有塘六，所潴积浅涸，不足以备旱暵……宋治平元年，钱四娘者自长乐邑来，捐金九掇，大如斗，于溪上流将军岩前堰溪为陂，开渠鼓角山西南行。其陂甫成，载酒引棹以落之，酒正酣，守者报溪流涨，陂败。即时赴水而死。继有同乡进士林从世号十万，复来，相溪下流，于上杭温泉水口筑陂，欲成，潮势攻搏而不之御。最后宏应诏募而至，按二人遗迹，皆非地脉，逆水性，安得成功？时有僧冯智日者，散性混俗，惟宏事之甚谨，乃引至其地，密禀神算，谋于木兰山前施功……乃倾家得缗钱数百万，命工伐石，依列竹成基，摆布石柱三十二，间以石。镵条创治，互相钩锁，屹立如山，二时怒涛不能吞啮，至此而回。截断奔流，疏渠导水，转折而南三十余里，大沟七条，小沟无数，创立四处抵海斗门，利泽所覃，沛然有余。

《木兰陂集》卷二《祀典》：本县维新里木兰山下原未有陂，水源自永春、德化、仙游三县，计三百六十涧壑，合泻于海。虽有湖塘六，所潴水浅涸，不足以备旱暵。田地尽为斥卤，人民困于流移……宋熙宁八年，侯官县李长者宏，承诏募而至，按二人遗迹，皆非地脉，乃相度于木兰山下，遂倾家资七万余缗，命工伐石，布石柱三十二，间于溪底横石之上，犬牙相入，镕铜固址，互相钩锁，叠石成陂，深三丈五尺，阔二十五丈有奇，为闸板屹立如山，浪不能啮，上障诸溪之水，而下截海潮，使溪海各循其道。疏凿大沟七条，深三丈，广一十丈，各四十里许，小沟不计其数，灌溉南北二洋田土万有余顷。又设抵海斗门四所、木涵二十九所、石涵一所，以备蓄泄。遂废五塘为田，以给贫民耕种。自是水旱不能为灾，斥卤变为沃壤，民食赖之以足，国赋赖之以供。后宏卒于连江里，莆民追念，建立升仙庙祀之。

《木兰陂集》卷一：长者讳宏，福州侯官人，生宋庆历二年壬午三月十七日。熙宁八年，应诏创木兰陂。元丰六年癸亥五月二十五日，卒，四十二岁。葬兴福里东山湾头石岩下。景定三年诰封惠济侯。

唐仲友 [补遗]　新宁刘敦桢士能校补

唐仲友，淳熙间，守临海县，建中津浮桥。初度地势高下，量深浅，以寸拟丈，创为木样，置水池中，以筒节水，效潮涨落，酌省其制。然后筑二堤，甃巨石，贯坚木，建级道二亭，其间为桥二十五节，节各二舟，舟置一碇，旁翼以栏，更夹以铁锁、竹缆，系以石囷、石狮子、石浮图，而桥两端复为筏楗及版，使随潮低昂，与堤岸相续焉。

《（康熙）临海县志》卷二《建置志·津梁》：中津

桥在兴善门外。宋淳熙八年，郡守唐仲友建，长八十六丈，广一丈六尺，节二十有五，籍舟五十。

《（雍正）浙江通志》卷三十七：中津桥在临海县南一里，修八十六丈，广一丈六尺。宋淳熙八年，守唐仲友建。

唐仲友《修中津桥记》：郡介括仓、天台间，城临三津，其中最要道，招舟待济，寒暑尤病。仲友以淳熙庚子来守，自念承乏牧养，大利可作。乃分官吏，庀工徒，度高下，量广深，立程度，以寸拟丈，创木样，置水池中，节水以筒，效潮进退，观者开谕，然后赋役。始于四月丙辰，成于九月乙亥，筑两堤于皇华亭之东，甃以巨石，贯以坚木，载护以菑楗，中为级道，两旁为却月形，三其层以杀水势。南堤上流为夹水岸以受水冲，堤间百十有五寻，为桥二十有五节，旁翼以阑，载以五十舟，舟置一碇，桥不及岸十五寻，为六筏，维以柱二十，固以楗筏，随潮与桥岸低昂。续以版四，锻铁为四锁以固桥，纽竹为缆，凡四十有二，其四以维舟，其八以挟桥，其四以为水备，其二十有六以系筏、系锁。以石困四系缆，以石狮子十有一、石浮图二缆当道者，植木为架。迁飞仙亭于南岸，迁州之废亭于北岸，以为龙王神之祠。为僧舍及守桥巡逻之室二十有一间。凡桥阑舟筏竹缆之须，用钱九百八十万，既成，因其地名曰“中津”。

道询

［补遗］　新宁刘敦桢士能校补

释道询，惠安人，俗姓王。宝祐间，募建泉州凤屿盘光桥，为石梁百六十间，长四百余丈，广一丈六尺，与洛阳桥遥接，而宏阔过之。论者每以蔡襄与询创因相承，然询贵贱异等，无所凭借，成就尤为不易。后又造青龙、獭窟、弥寿等桥大小二百余所。景炎元年，赐号灵应大师，殁于白沙寺。

《（同治）泉州府志》卷十《桥渡·晋江县》：凤屿盘光桥，在三十八都，即乌屿桥（《方舆纪要》）。旧有石路，潮至不可行。宋宝祐间，僧道询募建石桥百六十间，长四百余丈，广一丈六尺（《闽书》）。是桥与洛阳桥，海中相望，如二虹然。

明陈懋仁《泉南杂志》卷上：盘光桥，自洛阳桥东接凤屿。屿在江中央，上多腴田，稠民居，旧有石路，潮落路出，行者病之。宋宝祐中，僧道询募资作石桥，长四百余丈，广一丈六尺，比蔡端明所造洛阳桥长多四十余尺，阔多一尺。世知洛阳，而不知盘光者，盖以人重也。虽然贵贱异等，若道询一行脚耳，无藉势位而功力过之，则其名胡可泯泯。且洛阳桥尚有百五十三字之记，此独无之，意当时道询不欲居其功以垂后名耶！抑本有记，而岁远湮废也。

《（同治）泉州府志》卷六十五《方外》：道询，惠安人，俗姓王……长有灵异……朗悟内典，精勤戒行。宝祐中，修造青龙、獭窟等桥共二百余所……景炎元年，赐号灵应大师，殁于白沙寺。

《图书集成·方舆汇编·职方典·福建泉州府部·关

梁考·惠安县》：獭窟屿桥，在二十五都大海中獭窟屿之北。宋开禧间，僧道询待津于此。有道人与语作桥，询以风波辞。道人云："汝若作念，何桥不成？"道询遂率徒成之，潮至桥没，潮退可渡，至今称便。青龙桥，在县东三十四都峰崎山下。宋宝祐间，僧道询建。凡县中诸水，若菱溪、驿坂、龙津之会于峰崎港者，皆出桥下，北流至辋川，入海。

《（同治）泉州府志》卷十《桥渡·南安县》：弥寿桥，在二十二都英溪白叶渡。宋端平间，僧道询建，长六十余丈。元大德初，僧法助重修。

又《惠安县》：獭窟屿桥，在獭窟屿之北（《名胜志》）。宋开禧间，僧道询待津于此，有髯道人与语作桥，道询以风波为辞。道人云："汝若作是念，何桥不可成？"道询遂率其徒操舟运石，成桥七百七十间，南北跨两岸，潮至桥没，潮退可渡，免垫溺之患，至今便之。

辽

萧菩萨哥

萧菩萨哥，姓萧氏，佚其名，菩萨哥其小字也，为辽圣宗皇后。年十二，美而才，选入掖庭。统和十九年，册为齐天皇后。尝以草茎为殿式，密付有司，令造清风、

天祥、八方三殿。又造九龙辂、诸子车，以白金为浮图，各有巧思。年五十崩，追尊仁德皇后。

《辽史·后妃列传》：圣宗仁德皇后萧氏，小字菩萨哥，睿智皇后弟隗因之女。年十二，美而才，选入掖庭。统和十九年，册为齐天皇后。尝以草莛为殿式，密付有司，令造清风、天祥、八方三殿。既成，益宠异。所乘车置龙首鸱尾，饰以黄金。又造九龙辂、诸子车，以白金为浮图，各有巧思。夏秋从行山谷间，花木如绣，车服相错，人望之以为神仙。生皇子二，皆早卒。开泰五年，宫人耨斤生兴宗，后养为子。帝大渐，耨斤詈后曰："老物宠亦有既耶。"左右扶后出。帝崩，耨斤自立为皇太后，是为钦哀皇后。护卫冯家奴、喜孙等希旨，诬告北府宰相萧浞卜、国舅萧匹敌谋逆。诏令鞫治，连及后。兴宗闻之曰："皇后侍先帝四十年，抚育眇躬，当为太后，今不果，反罪之，可乎？"钦哀曰："此人若在，恐为后患。"帝曰："皇后无子而老，虽在，无能为也。"钦哀不从，迁后于上京。车驾春蒐，钦哀虑帝怀鞠育恩，驰遣人加害。使至，后曰："我实无辜，天下共知，卿待我浴，而后就死，可乎？"使者退。比反，后已崩，年五十。是日，若有见后于木叶山阴者，乘青盖车，卫从甚严。追尊仁德皇后，与钦哀并祔庆陵。

金

张浩

张浩，字浩然，金辽阳在今辽宁省人。官至太师，封南阳郡王。天德三年，海陵王欲都燕，遣画工写京师宫室制度，阔狭长短，令浩按图修之。汴京今河南开封大内失火，正隆三年诏浩与敬嗣晖营建南京汴京宫室，凡一殿之成，费累巨万。卒谥文康。

《金史》本传：张浩，字浩然，辽阳渤海人。天德三年，广燕京城，营建宫室。浩与燕京留守刘筈、大名尹卢彦伦监护工作，命浩就拟差除。既而暑月，工役多疾疫。海陵欲伐宋，将幸汴，而汴京大内失火，于是使浩与敬嗣晖营建南京宫室。浩至汴，海陵时时使宦者梁珫来视工役，凡一殿之成，费累巨万。又《海陵本纪》：正隆三年冬十一月，诏左丞相张浩、参知政事敬嗣晖营建南京宫室。

《金图经》：金主亮欲都燕，遣画工写京师宫室制度，阔狭修短，尽以授之左相张浩辈，按图修之。

苏保衡

苏保衡，字宗尹，金云中今山西大同县治天成今山西天镇县治人。

官至工部尚书。诏广燕京城，依汴京制度，保衡分督工役。又督诸陵工役。海陵治兵伐宋，保衡与徐文等造舟于通州。

《金史》本传：苏保衡，字宗尹，云中天成人。天德间，缮治中都，张浩举保衡分督工役，改大兴少尹，督诸陵工役。再迁工部尚书。海陵治兵伐宋，与徐文等造舟于通州。

孔彦舟

孔彦舟，字巨济，相州今河南虞城县地林虑今河南林县治人。初仕宋，累官京东西路兵马钤辖。后归金，伐宋数有功，迁工部尚书、河南尹，封广平郡王。尝为炀王亮设计营建中都北平，制度不经，工巧无遗力。役民夫八十万、兵夫四十万，历数载而毕。

《金史》本传：孔彦舟，字巨济，相州林虑人。亡赖，不事生产，避罪之汴，占籍军中，坐事系狱，说守者解其缚，乘夜逾城遁去。已而杀人，亡命为盗。宋靖康初，应募，累官京东西路兵马钤辖。闻大军将至山东，遂率所部劫杀居民，烧庐舍，掠财物，渡河南去。宋人复招之，以为沿江招捉使。彦舟暴横，不奉约束，宋人将以兵执之。彦舟走之齐，从刘麟伐宋，为行军都统，改行营左总管。齐国废，累知淄州，从宗弼取河南，克郑州，擒其守刘政，破孟邦杰于登封，授郑州防御使。讨平太行车辕岭贼，从征江南，渡淮破孙晖兵万余人，下安丰、霍邱。及攻濠州，以彦舟为先锋，顺流薄城，擒其水军统制邵青，遂克濠州。师还，累官工、兵部尚书，河南尹，封广平郡王。正隆例降金紫光禄大夫，改西京留守。

《揽辔录》：丙戌，至燕山城外燕宾馆。燕至毕，与馆伴使副并马行柳堤，缘城过新石桥，中以杈子隔绝。道左边，过桥入丰宜门，即外城门也。过石玉桥，燕石，色如玉，桥上分三道，皆以栏隔之，雕刻极工，中为御路，亦栏以杈子。两旁有小亭，中有碑曰龙津桥。入宣阳门，金书额，两头有小四角亭，即登门路也。楼下分三门，中门为御路，常阖，皆画龙。两旁门通行，皆画凤。入门，北望其阙，由西御廊下，转西，至会同馆。戊子，早入见，上马出馆，复循西御廊至横道，至东御廊首，转北，循檐行几二百间。廊分三节，每节一门，路东出第一门通街，第二门通球场，第三门通太庙，庙中有楼。将至宫城廊，即东转，又百许间。其西亦有三间，出门，但不知所通何处，望之皆民居。东西廊之中，驰道甚阔，两旁有沟，沟上植柳。两廊屋脊，皆覆以青琉璃瓦，宫阙门户即纯用之。驰道之北即端门，十一间，曰应天之门，旧尝名通天，亦开两挟，有楼，如左右升龙之制。东西两角楼，每楼次第攒三檐，与挟楼接，极工巧。端门之内有左、右翔凤门，日华、月华门。前殿曰大安殿。使人入左掖门，直北循大安殿东廊后壁行，入敷德门。自侧门入，又东北行，直东有殿宇，门曰东宫。墙内亭观甚多。直北面南列三门，中曰集英门，云是故寿康殿，母后所居。西曰会通门。自会通东小门北入承明门。又北则昭庆门，东则集禧门，尚书省在门外。又西则有右嘉会门，四门正相对。入右嘉会门，门有楼，与左嘉会门相对，即大安殿后门之后。至幕次，黑布拂庐，待班有顷，入宣明门，即常朝后殿门也。门内庭中列卫士二百许人，贴金双凤幞头，团花红锦衫，散手立。入仁政门，门盖隔门也。至仁政殿下，大花毡可半庭，中团双凤，两旁各有朵殿。朵殿之上，有两高楼，曰东、西上阁门。两旁悉有帘幕，中有甲士。东西御廊，循檐各列甲士，东立者，红茸甲、金缠杆枪，黄旗画青龙。西立者，碧茸甲、金缠杆枪，白旗画青龙。直至殿下皆然。惟立于门下者，皂袍，持弓矢。殿两阶杂立仪物幢节之属，如道士醮坛威仪之类。使人由殿下东行，上东阶，却转南，由露台北行入殿。虏主幞头、红袍、玉带，坐七宝榻，背有龙水大屏风，西壁帘幕皆红，绣龙拱斗，皆有绣衣。两槛间各有大出香金狮蛮。地铺礼佛毯可一殿。两旁玉带金鱼，或金带者，十四五人，相对列立。遥望前后殿屋，崛起处甚多，制度不经，工巧无遗力，所谓穷奢极侈者。炀王亮始营此都，规模多出于孔彦舟，役民夫八十万，兵夫四十万，作治数年，死者不可胜计。

燕用

燕用，宋汴今河南开封中工匠，制作精巧，凡所造治下刻其名。

《揽辔录》：金朝北京营制宫殿，其屏扆窗牖，皆破汴都辇致于此。汴中工匠有名燕用者，制作精巧，凡所造下刻其名，及用之于燕，而名已为先兆。

张中彦

张中彦，字才甫，其先自安定今陕西安定县徙居张义堡金属凤翔路，今在甘肃。初仕宋，后归金，官至吏部尚书，封崇国公。正隆间，营汴京新宫，中彦采运关中材木。青峰山巨木最多，而高深阻绝，搬运殊难。中彦使构崖驾壑，起长桥十数里，以车运木，若行平地。开六盘山水洛之路，遂通汴梁今河南临汝县治。明年作河上浮梁，复领其役。又手制寸许之小舟，不假胶漆，而首尾自相钩带，谓之“鼓子卯”，其智巧如此。

《金史》本传：张中彦，字才甫。正隆营汴京新宫，中彦采运关中材木。青峰山巨木最多，而高深阻绝，唐宋以来不能致。中彦使构崖驾壑，起长桥十数里，以车运木，若行平地。开六盘山水洛之路，遂通汴梁。明年，作河上浮梁，复领其役。舟之始制，匠者未得其法，中彦手制小舟，才数寸许，不假胶漆，而首尾自相钩带，谓之“鼓子卯”，诸匠无不骇服，其智巧如此。浮梁巨舰毕功，将发旁郡民曳之就水。中彦召役夫数十人，治地势顺下倾泻于河，取新秫秸密布于地，复以大木限其旁，凌晨督众乘霜滑曳之，殊不劳力，而致诸水。

卢彦伦［补遗］ 新宁刘敦桢士能校补

卢彦伦，临潢人。天会二年，知新城事。时城邑初建，彦伦经画，民居公宇，皆有法度。天眷初，行少府监兼都水使者，充提点京城大内所。天德三年，董营燕京宫室。

《金史》卷四《熙宗纪》：天眷元年四月丁卯，命少府监卢彦伦营建宫室。

《金史》卷七十五本传：卢彦伦，临潢人。辽天庆初，萧贞一留守上京，置为吏，以材干称……天会二年，知新城事。城邑初建，彦伦为经画，民居、公宇皆有法。改静江军节度留后，知咸州烟火事。未几，迁静江军节度使。天眷初，行少府监兼都水使者，充提点京城大内所。改利涉军节度使，未阅月，还，复为提点大内所。彦伦性机巧……岁余，迁侍卫亲军马步军都指挥使，为宋国岁元使。改礼部尚书，加特进，封郇国公。天德二年，出为大名尹。明年，诏彦伦营造燕京宫室。以疾卒，年六十九。

张仅言［补遗］ 新宁刘敦桢士能校补

张仅言，平州义丰人，幼侍世宗藩邸。洎即位，除内藏库副使，累迁少府监。大定六年，提举大内工役，护作太宁宫。十七年，典领昭德皇后山陵。仅言治事严谨，工心计，凡宫室营造，悉皆主之。

《金史》卷一百三十三《叛臣·张觉传》：张觉，亦书作瑴，平州义丰人也……子仅言。仅言幼名元奴。宗望攻下平山，仅言在襁褓间，里人刘承宣得之，养于家。其邻韩夫人甚爱之，年数岁，因随韩夫人得见贞懿皇后，留之藩邸。稍长，侍世宗读书，遂使仅言主家事，绳检部曲，一府惮之……世宗即位，除内藏库副使……转少府监丞，仍主内藏。仅言能心计，世宗倚任之。凡宫室营造，府库出纳，行幸顿舍，皆委之……六年，提举修内役事……寻兼祗应司，迁少府监，提控宫籍监、祗应司如故。护作太宁宫，引宫左流泉溉田，岁获稻万斛。十七年，复提点内藏，典领昭德皇后山陵。迁劝农使，领诸职如故……仅言始得疾，犹扶杖视事。疾亟，诏太医诊视，近侍问讯相属。及卒，上深惜之。

赵人 新宁刘敦桢士能校补

金明昌间赵人，尝建赵县城西门外永通桥。视隋李春所造安济桥差小，而石工之制，华丽尤精。

元纳新《河朔访古记》：赵州城西门外平棘县境有永通桥，俗谓之小石桥，方之南桥差小，而石工之制，华丽尤精。清、洨二水合流桥下。此则金明昌间赵人裒钱而建也。建桥碑文，中宪大夫致仕王革撰。桥左复有小碣刻桥之图，金儒题咏并刻于下。

元

石抹按只

石抹按只，元契丹人，世居太原。父大家奴，率汉军五百人归太祖。按只代领其众，累立战功。宋兵沿江撤桥据守，按只相地形，自马湖以达合江、涪江、清江，立浮桥二十余所。及四川平，浮桥之功居多。又尝以牛皮作浑脱及皮船，乘之，而与宋兵战，夺其渡口，为浮桥以济师。中统中，授河中府船桥水手军总管，从征建都蛮，力战降之。军还，道卒。

《元史类编·庶官》本传：石抹按只，契丹人，世居太原。父大家奴，率军来归，太祖命按只代领其众。从元帅纽璘攻成都，时宋兵聚于虚泉。按只以所部兵与战，大败之。已从元帅按敦攻泸州，以战舰七十行至马湖江。宋军先以五百艘控扼江渡，按只击败之。时宋兵于沿江皆撤桥据守，按只相地形，造浮梁，师无留行，自马湖以达合江、涪江、清江，凡立浮桥二十余所，论功居最。宋以巨舰载甲士数万，屯清河浮桥，相拒七十日。水暴涨，桥坏，西岸军多漂溺。按只军东岸，急撤浮桥，聚舟岸下，士卒得不死。又援出别部军五百余人。宪宗遣使慰谕，赏赐甚厚。叙州守将横截江津，军不得渡。按只聚军中牛皮作浑脱及皮船，乘之与战，破宋军，夺其渡口，作浮桥以济师。中统三年，授河中府船桥水手军总管，从行省也速带儿攻泸州，以水军与宋将战于马湖江，身被二创，战愈力，败之。也速带儿领兵趋泸州，遣按只运器械、粮食，由水道进。宋兵复扼马湖江，按只击败之，夺其船。以水军千人运粮至眉、简二州，军中赖焉。从征建都蛮，岁余不下，按只先登其城，力战降之。军还，卒于道。

也黑迭儿

也黑迭儿，元大食国即阿剌伯帝国人。至元三年，世祖定都于燕。八月，诏也黑迭儿领茶迭儿译言庐帐也局诸色人匠总管府达鲁花赤元官名，蒙古语长官之义也，兼领监宫殿，营建巨丽宏深之宫室、城邑，以壮观瞻，而为雄视八表之意。也黑迭儿乃心讲目算，指授肱麾，而定其制度、规模，举凡城郭宫室、魏阙端门、正朝路寝、便殿掖庭、承明之署、受釐之祠、宿卫之舍、衣食器御，百执事臣之居及池塘、苑囿、游观之所，崇楼阿阁、缦庑飞檐等，悉依汉法。

《圭斋文集·马合马沙碑》：也黑迭儿，系出西域，唐为大食国人。世祖居潜，已见亲任。己未南征，还幸其第。也黑迭儿闻乘舆至，衣地金缬，以藉马蹄，寻裂金缬，分惠从官。上深纳其勤款。庚申即祚，命董茶迭儿局，凡潜邸民匠隶是局者，悉以属之。茶迭儿云者，国言庐帐之名也。是年九月，锡金虎符，护以玺书。至元三年，定都于燕。八月，授嘉议大夫，佩已赐虎符，领茶迭儿局诸色人匠总管府达鲁花赤，兼领监宫殿。时方用兵江南，金甲未息，土木嗣兴，属以大业甫定，国势方张，宫室城邑，非巨丽宏深，无以雄视八表。也黑迭儿受任劳勚，夙夜不遑，心讲目算，指授肱麾，咸有成画。太史练日，圭臬斯陈，少府命匠，冬卿抡才，取资地官，赋力车骑，教护属功，其丽不亿。魏阙端门、正朝路寝、便殿掖庭、承明之署、受釐之祠、宿卫之舍、衣食器御，百执事臣之居以及池塘、苑囿、游观之所，崇楼阿阁、缦庑飞檐，具以法故。役不厉民，财不靡国，慈足使众，惠足劳人，功成落之，贶赏称首。岁十二月，有旨，命光禄大夫、安肃张公柔、工部尚书段天祐暨也黑迭儿同行工部，修筑宫城，乃具畚锸，乃树桢干，伐石运甓，缩版覆篑，兆人子来，厥基阜崇，厥址矩方，其直引绳，其坚凝金，又大称旨，自是宠遇日隆，而筋力老矣。

《元西域人华化考·美术篇》：元时西域人中国建筑有极伟大而为吾人所未经注意者，无过于今北京之宫殿及都城。虽以朱彝尊之该博，而《日下旧闻》略之；虽以孙承泽之熟谙掌故，而《春明梦余录》亦略之，非有所讳言，即从来轻视工程学者之故也。予近从欧阳玄《圭斋集》卷九《马合马沙碑》发见元时燕京都城及宫殿，为大食国人也黑迭儿所建。也黑迭儿为马合马沙之父，父子世绾元工部事，以大食国人而为中国如许工程，实可惊也。碑云：……也黑迭儿，《元史》无传，《世祖纪》

记修筑宫城事，只称至元三年十二月丁亥，诏安肃公张柔、行工部尚书段天祐等同行工部事，修筑宫城，而不及也黑迭儿。故自昔无人知有也黑迭儿也。辽金故城在今城西南，而元迁拓东北，分十一门，东、西、南三面皆三门，北二门。至明乃大杀其北面，而稍拓其南面，东、西各留二门，故至今九门，其面积已不若元时之大矣！然今人游北京者，见城郭宫阙之美，犹辄惊其巨丽，而孰知筚路蓝缕以启之者，乃出大食国人也。也黑迭儿虽大食国人，其建筑实汉法。

高源

高源，字仲渊，元晋州唐州名，五代因之。宋改平阳府，元改晋宁路，明复改平阳府，清因之。民国元年废，在今山西**人。幼孤，力学，事母至孝。至元二十八年，累官至都水监，开通惠河**在河北境**，由文明门东七十里，与会通河**在山东境**接，置闸七，建桥十二，世蒙其利。**

《元史》本传：高源，字仲渊，晋州人。幼力学，事母孝，补县吏。中统初，擢卫辉路知事，累升齐河县尹。有遗爱，去官十年，民犹立碑颂之。至元二十四年，为江东道劝农营田使。二十八年，迁都水监，开通惠河，由文明门东七十里，与会通河接，置闸七、桥十二，人蒙其利。授同知湖南道宣慰司事，卒年七十七。

王振鹏

王振鹏，元永嘉今浙江永嘉县人，工界画。世祖时，尝营构大安阁于开平今锡林郭勒盟多伦县东七十里。仁宗时，又为《大明宫图》以献，世称为绝。

《道园学古录·跋大安阁图》：世祖皇帝在藩，以开平为分地，即为城郭、宫室，取故宋熙春阁材于汴，稍损益之，以为此阁，名曰大安。既登大宝，以开平为上都，宫城之内，不作正衙，此阁岿然，遂为前殿矣！规制尊稳秀杰，后世诚无以加也。王振鹏受知仁宗皇帝，其精艺名世，非一时侥幸之伦。此图当时甚称上意，观其位置经营之意，宁无堂构之讽乎？止以艺言则不足尽振鹏之惓惓矣！又《王知州墓志铭》：永嘉王振鹏之学，妙在界画，运笔和墨，毫分缕析，左右高下、俯仰曲折、方圆平直，曲尽其体，而神气飞动，不为法拘，尝为《大明宫图》以献，世称为绝。延祐中，得官，稍迁秘书监典簿，得一遍观古图书，其识更进。

图帖睦尔

图帖睦尔，即元文宗，居金陵今江苏江宁县时，尝绘京都《万岁山图》稿。

《辍耕录·文宗能画》：文宗居金陵潜邸时，命臣房大年画京都万岁山。大年辞以未尝至其地，上索纸，为运笔布画位置，令按稿图上。大年得稿，敬藏之。意匠经营，格法遒整，虽积学专工，所莫能及。

妥懽帖睦尔

妥懽帖睦尔，即元顺帝，尝手制龙船样式，命工依样而为首尾长一百二十尺、广二十尺之巨舟。舟行，龙首、眼、口、爪、尾皆动。又自制宫漏，约高六七尺，广半之。造木为匮，阴藏诸壶其中，运水上下。匮上设西方三圣殿，匮腰立玉女捧时刻筹，时至，辄浮水而上，左右列二金甲神，一悬钟，一悬钲。夜则神人自能按更而击，无分毫差。匮之西东有日月宫。飞仙六人立宫前，遇子午时，飞仙自能耦进，度仙桥，达三圣殿，已而复退立如前。又尝为近侍建宅，自画屋样，又自削木构宫，高尺余，栋梁楹榱，宛转皆具。

《元史·顺帝本纪》：帝于内苑造龙船，委内官供奉少监塔思不花监工。帝自制其样，船首尾长一百二十尺、广二十尺，前瓦帘棚、穿廊、两暖阁，后吾殿楼子，龙身并殿宇用五彩金妆，前有两爪。上用水手二十四人，身衣紫衫，金荔枝带，四带头巾，于船两旁下各执篙一。自后宫至前宫山下海子内，往来游戏。行时，其龙首、眼、口、爪、尾皆动。又自制宫漏，约高六七尺，广半之。造木为匮，阴藏诸壶其中，运水上下。匮上设西方三圣殿，匮腰立玉女捧时刻筹，时至，辄浮水而上，左右列二金甲神，一悬钟，一悬钲。夜则神人自能按更而击，无分毫差。当钟钲之鸣，狮凤在侧者皆翔舞。匮之西东有日月宫，飞仙六人立宫前，遇子午时，飞仙自能耦进，度仙桥，达三圣殿，已而复退立如前。其精巧绝出，人谓前代所鲜有。

《庚申外史》：至正十八年，帝尝为近侍建宅，自画屋样，又自削木构宫，高尺余，栋梁楹榱，宛转皆具。付匠者按此式为之，京师遂称“鲁般天子”。十九年，帝又造龙舟，巧其机括，能使龙尾、鬣皆动，而龙爪自拨水。

高觿［补遗］

高觿，字彦解，元渤海人。事世祖，备宿卫，颇见亲幸。至元初，立燕王为皇太子，诏觿监作太子宫。觿规制有法，世祖嘉之。

《元史》卷一百六十九本传：高觿，字彦解，渤海人。世仕金，祖彝，徙居上党。父守忠，国初为千户。太宗九年，从亲王口温不花攻黄州，殁于兵。觿事世祖，备宿卫，颇见亲幸。至元初，立燕王为皇太子，诏选才俊士充官属，以觿掌艺文，兼领中酝、宫卫监门事，又监作皇太子宫，规制有法，帝嘉之，赐以金币、厩马……

夹谷山寿 [补遗]

夹谷山寿，元女真人。延祐四年，任福建崇安县事。县西路黎岭，道苦隘狭。山寿凿石开之，并修治学宫，多著美绩。

《（康熙）崇安县志》卷四《官师志》：元夹谷山寿，女真人。延祐四年任县事，西路黎岭，道苦隘狭，凿石开之，修治学宫，多著美绩。

刘秉忠 [补遗] 新宁刘敦桢士能校补

刘秉忠，邢州人。少博学，多材艺，精天文律历。居恒郁郁，乃弃吏为僧，释名子聪。后游云中，谒世祖潜邸，留参帷幄。宪宗时，命建开平城于桓州龙冈，经营宫室，后遂因以为上都。世祖登极，董营大都，建宗庙、宫室，及定官制、朝仪、章服，咸赖其力。

《元史》卷一百五十七本传：刘秉忠，字仲晦，初名侃，因从释氏，又名子聪。拜官后始更今名。其先瑞州人也，世仕辽，为官族。曾大父仕金，为邢州节度副使，因家焉……秉忠生而风骨秀异，志气英爽不羁……十七，为邢台节度使府令史，以养其亲。居常郁郁不乐，一日投笔叹曰："……丈夫不遇于世，当隐居以求志耳！"即弃去，隐武安山中。久之，天宁虚照禅师遣徒招致为僧……

后游云中，留居南堂寺。世祖在潜邸，海云禅师被召，过云中，闻其博学多材艺，邀与俱行。既入见，应对称旨，屡承顾问。秉忠于书无所不读，尤邃于《易》及邵氏《经世书》，至于天文、地理、律历、三式六壬遁甲之属，无不精通……世祖大爱之，海云南还，秉忠遂留藩邸……癸丑，从世祖征大理。明年，征云南……已未，从伐宋……中统元年，世祖即位……秉忠采祖宗旧典，参以古制之宜于今者，条列以闻。于是下诏建元纪岁，立中书省……文物粲然一新……至元元年……拜光禄大夫，位太保，参预中书省事……初，帝命秉忠相地于桓州东滦水北，建城郭于龙冈。三年而毕，名曰开平。继升为上都，而以燕为中都。四年，又命秉忠筑中都城，始建宗庙、宫室。八年，奏建国号曰大元，而以中都为大都。他如颁章服、举朝仪、给俸禄、定官制，皆自秉忠发之，为一代成宪。十一年……八月，秉忠无疾端坐而卒，年五十九。帝闻惊悼……赠太傅，封赵国公，谥文贞。

《元史》卷四《世祖纪》：……丙辰春三月，命僧子聪卜地于桓州东滦水北，城开平府，经营宫室。

《日下旧闻考》卷三十八引《析津志》：世皇建都之时，问于刘太保秉忠，定大内方向。秉忠以丽正门外第三桥南一树为向以对，上制可。

张柔　张弘略［补遗］　新宁刘敦桢士能校补

张柔，字德刚，易州定兴人。太祖末，镇保州，后移亳州，皆承兵火之余，缮城郭津梁，画市井，定民居，置官廨学校，治绩粲然。世祖至元三年，命判行工部，城大都，而以子弘略为筑宫城总管佐之。五年，柔先卒。十三年城成，授弘略中奉大夫。

《元史》卷一百四十七本传：张柔，字德刚，易州定兴人，世力农。柔少慷慨，尚气节，善骑射……中都经略使苗道润承制授柔定兴令，累迁青州防御使。道润表其才，加昭毅大将军，遥领永宁军节度使，兼雄州管内观察使，权元帅左都监，行元帅府事……丁亥，移镇保州，保自兵火之余，荒废者十五年，盗出没其间。柔为之画市井，定民居，置官廨。引泉入城，疏沟渠以泻卑湿。通商惠工，遂致殷富。迁庙学于城东南，增其旧制……甲寅，移镇亳州，环亳皆水，非舟楫不达。柔甃城壁为桥梁属汴堤，以通商贾之利。复建孔子庙，设校官弟子员……中统……二年，以《金实录》献诸朝，且请致仕，封安肃公，命第八子弘略袭职。至元三年，加荣禄大夫，判行工部事，城大都。四年，进封蔡国公。五年六月卒，年七十九。

弘略，字仲杰，柔第八子也。有谋略，通经史，善骑射……至元三年，城大都，佐其父为筑宫城总管。八年，授朝列大夫、同行工部事，兼领宿卫亲军、仪鸾等局。十三年，城成，赐内帑、金扣、玳瑁卮，授中奉大夫、淮东道宣慰使。

杨琼［补遗］ 新宁刘敦桢士能校补

杨琼，曲阳县西阳平村人。幼业石，每出新意，人莫能及。中统初元，世祖闻其名，召至都，琼持所镌狮一、鼎一觐献。世祖曰："此绝艺也。"命管领燕南诸路石匠。中统、至元间，营两都宫殿、城郭，累迁领大都等处山场、石局总管。至元九年，督造朝阁大殿。十三年建周桥，时以图进者，世祖多不惬意，独允琼议，命督造之。十四年任少府少监。翌年卒，赠宏农郡伯。平生所为两都、察罕脑儿宫殿、凉亭、石洞门、石浴室，北岳神尖鼎炉，山西三清神像，独树山、涿州等寺宇，精巧工丽，不可殚举，然精力亦瘁于是焉。

《（光绪）曲阳县志》卷十三《金石录下·赠宏农伯判大都留守司兼少府监杨琼神道碑铭》：公姓杨氏，讳琼，世居保定路之曲阳县……生而魁颜修干，幼年与其叔荣同艺玢豳文鳞，每自出新意，天巧层出，人莫能及焉。名闻世祖皇帝，诏公等来都，时中统初元也。所经城市，独不与群辈戏，日取二玉石，斫一狮、一鼎成，持以觐献。帝曰："此绝艺也。"丞相段公、叫孙不花传旨，命公管领燕南诸路石匠。自中统二年至至元丁卯，建两都宫殿及城郭诸营造。于是三迁领大都等处山场、石局总管。时西京有邱总管者联事，上赐银符一，莫择所授。二相语曰："若辈为杨氏者东列，为邱氏者西列。"群趋而东，乃以符授。以此见众工之所心服者，公也。岁壬申，建朝阁大殿等，于近畿拨户五千为役，较之前此，可免官钱五十万缗……从公请也。甲戌，董工玉泉山，剖黑玉石中得寿龟焉。因以奏献。是年冬，锡金符，此其为瑞，何必良相张显哉。一日侍段相二公宴，立标的命众射，公挽强引满，一举而中。信乎公之所长不局于石工也。乙亥，拜玺书采玉石提举，以白玉石盆贡。上顾其美髯喜，赐钞为定百。明年丙子，架周桥，或绘以图进，多不可上意，独允公议，因命督之。时段贞尚书疾，董八奉御代主营造等事。段语董曰："是桥当责成于杨，勿挠之。"讫工，上悦，赐黄金满衿，上尊二以酒为母寿。尽以金置地于齐化门之外，洎房山县之北，皆沃壤，宜农圃，为亩千余。其为子孙久远计类此。迹其平生工力，如两都中外及涿郡等寺，察罕脑儿宫殿、凉亭、石洞门、石浴堂，北岳神尖鼎炉，山西三清神像，独树山等庙宇，难以件数。虽锡赉数数，然精力亦瘁于此。丁亥，除武略将军，判大都留守司兼少府少监。明年戊子，积疴不愈，劬悴滋甚。谦适扈从之野马川，日心痛形瘵，诸执政诘其故，曰："思亲耳。"亟遣其归侍，公曰："吾忍死，迟子来，汝其以忠谨报国家。"越一日而逝……公平生嗜欲之心泊如，食不兼味，服必纯素，所赐金绣之衣，遇大会嘉礼，则服之，余不敢亵也。都人至今称为"杨佛子"。

王浩［补遗］　新宁刘敦桢士能校补

王浩，曲阳阎家疃人。至元初，大都营缮方兴，浩本石工，由侍卫军改隶少府监石局，以艺业精妙，迁采石局提控，转提领。十二年卒，兄道袭其职。后道年老辞职，卒。子祐等继之。

《（光绪）曲阳县志·工艺传第七》：王道弟浩，居曲阳之阎家疃，其先以户籍戍军，改侍卫军。道幼娴吏业，为曲阳诸军奥鲁案牍官。浩本石工，时京城营缮方兴，改隶少府监石局，遂除军籍。浩以艺业精妙，充采石局提控，转提领。至元十二年卒官。有司复以道充石局提控，改提领。屡赐金帛、宝钞。以年老辞职，卒。子祐等皆袭其职。

张显祖［补遗］　新宁刘敦桢士能校补

张显祖，泰定初为吴江判官，重建长桥，易木柱为石窦六十有二，每窦固以铁锔八，仍布桫枋水底，筑址以防倾圮。

《（乾隆）苏州府志》卷四十六《名宦五》：张显祖，泰定元年，为吴江州判官，重建长桥，撤去木柱，为石窦六十二，每窦用铁锔八条，长十二尺，重四斤。仍布桫枋于水底，筑址以防倾圮。

《（乾隆）江南通志》卷百十三引《姑苏志》：张显祖，泰定初为吴江判官，重建长桥，以石易木，为窦六十有二，每窦用铁锔八条，仍布桫枋于水底，筑址以防倾圮，遂为永利。

明

单安仁

单安仁，字德夫，明濠今安徽凤阳县人。精敏多智计。洪武元年，官工部尚书，领将作事，诸所营造，大小中程。

《明史》卷一百三十八本传：单安仁，字德夫，濠人，少为府吏。元末，江淮兵乱，安仁集义兵保乡里。闻太祖定集庆，乃曰："此诚是已。"率众归附。太祖悦，即命将其军守镇江。严饬军伍，敌不敢犯。移守常州，其子叛降张士诚。太祖知安仁忠谨，弗疑也。久之，迁浙江副使。悍帅横敛民，名曰寨粮，安仁置于法。进按察使，征为中书左司郎中，佐李善长裁断。调瑞州守御千户，入为将作卿。洪武元年，擢工部尚书，仍领将作事。安仁精敏多智计，诸所营造，大小中程，甚称帝意。

陆贤　陆祥

陆贤，明无锡人。其先在元时为可兀阑可兀阑者，华言将作大匠也，董匠作。洪武初，朝廷鼎建宫殿，贤与弟祥应召入都，贤授营缮所丞，祥授郑府工副，食营缮郎俸。历事五朝，至带衔太仆少卿，累加工部侍郎。

《野获编》卷十九《工部》：宣德初，有石匠陆祥者，直隶明直隶，即今江苏省无锡人。以郑王之国，选工副以出。后升营缮所丞，擢工部主事，以至工部左侍郎。祥有母，老病，至命光禄寺日给酒馔，且赐钞为养，尤为异数。

《（康熙）无锡县志·人物志·方技》：陆之先在元时，世为可兀阑之属。可兀阑者，犹言将作大匠也。有陆宪官诸路工匠都总管，赠中奉大夫、武备院使；陆庄，仕终保定路诸匠提举。洪武初，朝廷鼎建宫殿，有陆贤、陆祥兄弟应诏入都。贤授营缮所丞，祥授郑府工副，食营缮郎俸。历事五朝，至带衔太仆少卿，累加工部侍郎。赐予累巨万，末赐飞鱼服、犀带，官其子侄四人。祥年九十余卒，赐祭，归葬锡山。

柏丛桂

柏丛桂，明宝应今江苏宝应县人。洪武初，建言请筑塘岸，起槐楼达界首四十里，以备水患。九年，诏发淮扬丁夫五万六千，俾丛桂董其役。期月，工成。乡人呼为柏家堰。

《（康熙）宝应县志·人物志》：柏丛桂，洪武时人。建言请筑塘岸，起槐楼达界首四十里，以备水患，有司寝不行。丛桂更相度地形画图，上疏陈利害甚悉。诏发淮扬丁夫五万六千，俾丛桂董其役。期月，工成。乡人呼为柏家堰。又《山川志》：明洪武九年，诏修高邮、宝应湖堤六十余里，以捍风涛。复以老人柏丛桂奏，发淮扬丁夫五万六千人。

李新

李新，明濠州今安徽凤阳县人。从太祖渡江，数立功，累迁中军府都督佥事。新有心计，尝营孝陵及改建帝王庙于鸡鸣山。又督开胭脂河于溧水，西达大江，东通两浙，以利漕运，民甚便之。

《明史》卷一百三十二本传：李新，濠州人，从渡江，数立功。战龙湾，授管军副千户。取江陵，进龙骧卫正千户。克平江，迁神武卫指挥佥事，调守茶陵卫。屡迁至中军都督府佥事。十五年，以营孝陵，封崇山侯，岁禄千五百石。二十二年，改命建帝王庙于鸡鸣山。新有心计，将作官吏视成画而已。二十六年督有司开胭脂河于溧水，西达大江，东通两浙，以济漕运。河成，民甚便之。二十八年，以事诛。

高铎

高铎，字鸣道，明绛州今河北绛县人。洪武进士，历官刑部侍郎、佥都御史。尝筑金陵留都城，开三山街。

《（乾隆）直隶绛州志·人物下》：高铎，字鸣道。从李彦英游，与陈行义共朝夕，学益进。洪武甲子乡试第一，甲戌进士。累官刑部侍郎、佥都御史。筑留都城，开三山街。奏迁金城驿为侯马驿。卒，赠尚书，祀乡贤。

严震直

严震直，字子敏，明乌程县在浙江，民国废，并入吴兴县**人。洪武二十六年，官工部尚书。时朝廷事营建，集天下工匠于京师，凡二十余万户。震直请户役一人，书其姓名、所业于官，有役则按籍更番召之，役者称便。寻奉命修广西兴安县**今名同**灵渠，审度地势，导湘、漓二江，浚渠五千余丈。筑渼潭及龙母祠土堤百五十余丈。又增高中江石堤，建陡闸三十有六，凿去滩石之碍舟者，漕运悉通。归奏，帝称善。**

《明史》卷一百五十一本传：严震直，字子敏，乌程人。洪武时以富民择粮长，岁部粮万石至京师，无后期，帝才之。二十三年，特授通政司参议，再迁为工部侍郎。二十六年六月，进尚书。时朝廷事营建，集天下工匠于京师，凡二十余万户。震直请户役一人，书其姓名、所业于官，有役则按籍更番召之，役者称便。乡民诉其弟侄不法，帝付震直讯。具狱上，帝以为不欺，赦其弟侄。已，坐事降御史，数雪冤狱。二十八年，讨龙州，使震直偕尚书任亨泰谕安南。还，条奏利病，称旨。寻命修广西兴安县灵渠。审度地势，导湘、漓二江，浚渠五千余丈，筑渼潭及龙母祠土堤百五十余丈。又增高中江石堤，建陡闸三十有六，凿去滩石之碍舟者，漕运悉通。归奏，帝称善。三十年二月，疏言广东旧运盐八十五万余引于广西，召商中买。今终年所运，才十之一。请分三十万八千余引贮广东，别募商入粟广西乏粮卫所，支盐广东，鬻之江西南安、赣州、吉安、临江四府便。帝从之。广盐行于江西自此始。其年四月，擢右都御史，寻复为工部尚书。建文中，尝督饷山东，已而致仕。成祖即位，召见，命以故官巡视山西。至泽州，病卒。

袁义

袁义，明庐江今安徽庐江县**人。初为帐前亲军，数从征伐，积功为楚雄卫**在今云南境**指挥使。在镇二十年，垦田筑堰，治城郭桥梁，规画甚备，军民德之。**

《明史》卷一百三十四《宁正传》：袁义，庐江人，本张姓，德胜族弟也。初为双刀赵总管，守安庆，败赵同佥、丁普郎于沙子港。左君弼招之，弗从。德胜战死，始来附。为帐前亲军元帅，赐姓名，数从征伐，积功为兴武卫指挥佥事。以功迁楚雄卫指挥使。尝入朝，帝厚加慰劳。以其老，命医为染须鬓，俾还任以威远人，且特赐银印宠异之。历二十年，垦田筑堰，治城郭桥梁，规画甚备，军民德之。建文元年征还，为右军都督府佥事，进同知，卒官。

陈珪

陈珪，明泰州今江苏泰县人。洪武初，从徐达平中原，积功至都督佥事，封泰宁侯。永乐四年，董建北京北平宫殿，经画有条理，甚见奖重。卒，谥忠襄。

《明史》卷一百四十六本传：陈珪，泰州人。洪武初，从大将军徐达平中原，授龙虎卫百户，改燕山中护卫。从成祖出塞，为前锋，进副千户。已，从起兵，积功至指挥同知。还，佐世子居守。累迁都督佥事，封泰宁侯，禄千二百石。佐世子居守如故。永乐四年，董建北京宫殿，经画有条理，甚见奖重。八年，帝北征，偕驸马都尉袁容辅赵王留守北京。十五年，命铸缮工印给珪，并设官属，兼掌行在后府。十七年四月，卒，年八十五，赠靖国公，谥忠襄。

吴中

吴中，字思正，明武城今山东武城县人。勤敏多计算，规画井然。洪武、永乐间，先后在工部二十余年，官至工部尚书。北京北平宫殿及长、献、景二陵皆中所营造。

《明史》卷一百五十一本传：吴中，字思正，武城人。洪武末，为营州后屯卫经历。成祖取大宁，迎降。以转饷捍御功，累迁至右都御史。永乐五年，改工部尚书。中勤敏多计算，先后在工部二十余年。北京宫殿，长、献、景三陵皆中所营造。职务填委，规画井然。然不恤工匠，又湛于声色，时论鄙之。

陈瑄

陈瑄，字彦纯，明合肥今安徽合肥县人。善治河，精骑射。从征南番诸蛮，累立战功，擢都督佥事。永乐元年，封平江伯，充总兵官，总督海运。九年，尝以四十万卒筑治捍潮堤，自海门今江苏海门县至盐城今江苏盐城县，长万八千余丈。十年，奏请于青浦今江苏青浦县筑土山，方百丈，高三十余丈，立堠表识，以为海舟停泊之所。既成，赐名宝山今江苏宝山县即以此山得名。十三年，瑄用故老言，自淮安今江苏淮安县城西管家湖凿渠二十里，为清江浦，导湖水入淮，筑四闸以时宣泄。又缘湖十里筑堤引舟，由是漕舟直达于河，省费不赀。其后复浚徐州今废，在江苏境至济宁今山东济宁县河。又以吕梁洪吕梁，本城名，在江苏铜山县东南六十里，其下为吕梁洪险恶，于西别凿一渠，置二闸，蓄水通漕。又筑沛县今江苏沛县刁阳湖、济宁南旺湖长堤，开泰州在今江苏境白塔河，通大江。又筑高邮湖堤，于堤内凿渠四十里，避泛涛之险。又自淮至临清今山东临清县相水势，置闸四十有七。凡所规画，精密宏远，身理漕河者三十年，举无遗策。宣德八年卒。

《明史》卷一百五十三本传：陈瑄，字彦纯，合肥人。少从大将军幕，以射雁见称。屡从征南番，又征越巂，讨建昌叛番月鲁帖木儿，逾梁山，平天星寨，破宁番诸蛮。

复征盐井，进攻卜水瓦寨。贼炽甚，瑄将中军，贼围之数重，瑄下马射，伤足，裹创战。自巳至酉，全师还。又从征贾哈剌，以奇兵涉打冲河，得间道，作浮梁渡军。既渡，撤梁，示士卒不返，连战破贼。又会云南兵征百夷有功，迁四川行都司都指挥同知。建文末，迁右军都督佥事。燕兵逼，命总舟师防江上。燕兵至浦口，瑄以舟师迎降，成祖遂渡江。既即位，封平江伯，食禄一千石，赐诰券，世袭指挥使。永乐元年，命瑄充总兵官，总督海运，输粟四十九万余石，饷北京及辽东。遂建百万仓于直沽，城天津卫。先是，漕舟行海上，岛人畏漕卒，多闭匿。瑄招令互市，平其直，人交便之。运舟还，会倭寇沙门岛。瑄追击至金州白山岛，焚其舟殆尽。九年，命与丰城侯李彬统浙、闽兵捕海寇。海溢堤圮，自海门至盐城凡百三十里。命瑄以四十万卒筑治之，为捍潮堤万八千余丈。明年，瑄言："嘉定濒海地，江流冲会。海舟停泊于此，无高山大陵可依。请于青浦筑土山，方百丈，高三十余丈，立堠表识。"既成，赐名宝山，帝亲为文记之。宋礼既治会通河成，朝廷议罢海运，仍以瑄董漕运。议造浅船二千余艘，初运二百万石，浸至五百万石，国用以饶。时江南漕舟抵淮安，率陆运过坝，逾淮达清河，劳费甚巨。十三年，瑄用故老言，自淮安城西管家湖凿渠二十里，为清江浦，导湖水入淮，筑四闸以时宣泄。又缘湖十里筑堤引舟，由是漕舟直达于河，省费不赀。其后复浚徐州至济宁河。又以吕梁洪险恶，于西别凿一渠，置二闸，蓄水通漕。又筑沛县刁阳湖、济宁南旺湖长堤，开泰州白塔河通大江。又筑高邮湖堤，于堤内凿渠四十里，避风涛之险。又自淮至临清，相水势置闸四十有七，作常盈仓四十区于淮上，及徐州、临清、通州皆置仓，便转输。虑漕舟胶浅，自淮至通州置舍五百六十八，舍置卒，导舟避浅。复缘河堤凿井树木，以便行人。凡所规画，精密宏远，身理漕河者三十年，举无遗策。

《（康熙）宝应县志·山川志》：永乐七年，平江伯陈瑄筑高邮、宝应、汜光、白马诸湖长堤，以度牵道。

宋礼

宋礼，字大本，明河南永宁民国三年改为洛宁县人。永乐二年，累官工部尚书。九年，命开会通河，兼董浚祥符今河南祥符县鱼王口至中滦镇名，在河南封丘县西南五十里，当大河北岸下，复旧黄河道事。北京北平营建，礼承命取材川蜀，伐山通道，得大木十数株，皆寻丈。自是屡入蜀。十七年，造番舶，自蜀召还，卒于官。

《明史》卷一百五十三本传：宋礼，字大本，河南永宁人。洪武中，以国子生擢山西按察司佥事，左迁户部主事。建文初，荐授陕西按察佥事，复坐事左迁刑部员外郎。成祖即位，命署礼部事，以敏练擢礼部侍郎。永乐二年，拜工部尚书……七年，丁母忧，诏留视事。九年，命开会通河。会通河者，元至元中，自东平安民山凿河至临清，引汶绝济，属之卫河，为转漕道，名曰会通。然岸狭水浅，不任重载……洪武二十四年，河决原武，绝安山湖，会通遂淤。永乐初，建北京，河海兼运，海运险远多失亡，而河运则由江、淮达阳武，发山西、河南丁夫，陆挽百七十里，入卫河，历八递运所，民苦其劳。至是，济宁州同知潘叔正上言：“旧会通河四百五十余里，淤者乃三之一，浚之便。”于是命礼及刑部侍郎金纯、都督周长往治之。礼以会通之源，必资汶水，乃用汶上老人白英策，筑堽城及戴村坝，横亘五里，遏汶流，使无南入洸而北归海。汇诸泉之水，尽出汶上，至南旺，中分之为二道，南流接徐、沛者十之四，北流达临清者十之六。南旺地势高，决其水，南北皆注，所谓水脊也。因相地置闸，以时蓄泄。自分水北至临清，地降九十尺，置闸十有七，而达于卫；南至沽头，地降百十有六尺，置闸二十有一，而达于淮。凡发山东及徐州、应天、镇江民三十万，蠲租一百一十万石有奇，二十旬而工成。又奏浚沙河入马常泊，以益汶。是年，帝复用工部侍郎张信言，使兴安伯徐亨、工部侍郎蒋廷瓒会金纯，浚祥符鱼王口至中滦下，复旧黄河道，以杀水势，使河不病漕，命礼兼董之。八月，还京师，论功第一，受上赏。明年，卫河水患，命礼往经画。礼请自魏家湾开支河二，泄水入土河。复自德州西北开支河一，泄水入旧黄河，使至海丰大沽河入海……已而平江伯陈瑄治江、淮间诸河功，亦相继告竣。于是河运大便利，漕粟益多。十三年，遂罢海运。初，帝将营北京，命礼取材川蜀。礼伐山通道，奏言得大木数株，皆寻丈。一夕自出谷中抵江上，声如雷，不偃一草。朝廷以为瑞。及河工成，复以采木入蜀。十六年，命治狱江西。明年，造番舟，自蜀召还，以老疾免朝参。有奏事，令侍郎代。二十年七月，卒于官。礼性刚，驭下严急，故易集事，以是亦不为人所亲。卒之日，家无余财。洪熙改元，礼部尚书吕震请予葬祭如制。弘治中，主事王宠始请立祠，诏祀之南旺湖上，以金纯、周长配。隆庆六年，赠礼太子太保。

杨青

杨青，明金山卫今江苏松江县南人。永乐初以圬者执技京师，会内府新墙壁垩成，有蜗牛遗迹，若异采。成祖顾而问其故，青以实对，成祖嘉之。后营建宫阙，使为都知。青善心计，凡制度崇广，材用大小，悉称旨。事竣，迁工部左侍郎。

《（康熙）松江府志·艺术传》：杨青，金山卫人，幼名阿孙。永乐初以圬者执技京师，会内府新墙壁垩成，有蜗牛遗迹，若异采。成祖顾视而问之，阿孙以实对，成祖嘉之。问其名，曰阿孙。成祖曰："幼所名，未改乎？方今杨柳青青，可名青矣！"授冠带营缮所官。一日，便殿成，上以金银豆颁赏，撒地四流，令自取。众争拾，青独后，上愈益重之。后营建宫阙，使为都知。青善心计，凡制度崇广，材用大小，悉称旨。事竣，迁工部左侍郎。其富贵，人方之前代刘元。子世其业，官至部郎。青后以老疾乞休，卒，赐祭葬。

阮安

阮安，一名阿留，明交趾今安南国东京西人。永乐间太监，为人清苦介洁，善谋画，有巧思，尤长于营造之事。奉命营建北京北平城池、九门、两宫、三殿、五府、六部、诸司公宇，及治塞杨村驿在河北武清县东南五十里，旧置驿诸河道，皆大著劳绩，工曹诸属，一受成说而已。景泰中，治张秋河在山东东阿县西南，道卒。囊无十金，尝刻《营建纪成诗》一卷，一时名人显宦皆和答，后将传布，间以王振一言而止。

《水东日记》卷十一《太监》：阮安，一名阿留，交趾人。为人清苦介洁，善谋画，尤长于工作之事。其修营北京城池、九门、两宫、三殿、五府、六部、诸司公宇，及治塞杨村驿诸河，皆大著劳绩，工曹诸属，一受成说而已。晚岁张秋河决，久不治，复承命，行道卒。平生赐予，悉出私帑上之官，不遗一毫。盖中官中之甚不易得者，尝刻《营建纪成诗》，一时名人显官，无不有作。将传布，间以王振一言而止。振于他役皆有碑，独靳此者，要不可以不矜一善归之，则亦娼嫉之云耳。

《明纪事本末补编》卷五《宦官贤奸》：永乐间，太监阮安，一名阿留，交趾人。为人清苦介洁，更惇敏善画，尤长于工作之事。其修营北京城池、九门、两宫、三殿、五府、六部、诸官寺廨舍，及开塞杨村驿河道，甚著劳绩，虞衡水曹诸属受成而已。晚岁张秋河决，久不治，复被命行，道卒。平生所受赐予，悉上之少府，锱铢不自私。

尝刻《营建纪成诗》一卷，一时名流显宦皆和答，后将传布，间以王振一言而止。

《明史》卷三百四《宦者列传·金英传》：阮安，有巧思。奉成祖命营北京城池、宫殿及百司府廨，目量意营，悉中规制，工部奉行而已。正统时，重建三殿，治杨村河，并有功。景泰中，治张秋河，道卒，囊无十金。

蒯祥

蒯祥，明吴县今江苏吴县人。本香山在江苏吴县西南七十里木工，初授职营缮，仕至工部左侍郎，能主大营缮。永乐十五年建北京北平宫殿，正统中重作三殿及文武诸司，天顺末所作之裕陵，皆其营度。凡殿阁楼榭以至回廊曲宇，随手图之，无不中上意者。能以两手握笔画双龙，合之如一。每修缮，持尺准度，若不经意，既造成，不失厘毫。宪宗时，年八十余，犹执技供奉。上每以蒯鲁班呼之。既卒，子孙世其业。

《万历野获编》卷十九《工部·工匠卿贰》：正统间，有木匠蒯祥者，直隶吴县人。亦起营缮所丞，历工部左侍郎，食正二品俸。年八十四卒于位，赐祭葬有加。

《历代通鉴辑览》卷一百四：明景皇帝景泰七年丙子秋七月，以工匠蒯祥、陆祥为工部侍郎，蒯祥以木工、陆祥以石工，俱累擢太仆寺少卿，至侍郎仍督工匠，时称为匠官。

《（康熙）吴县志·人物志·艺术》：明蒯祥，吴县香山木工也，能主大营缮。永乐十五年，建北京宫殿，正统中，重作三殿及文武诸司，天顺末作裕陵，皆其营度。能以两手握笔画双龙，合之如一。每宫中有所修缮，中使导以入，祥略用尺准度，若不经意，既造成，以置原所，不差毫厘。指使群工，有违其教者，辄不称旨。初授职营缮所丞，累官至工部左侍郎，食从一品俸。至宪宗时，年八十余，仍执技供奉。上每以蒯鲁班呼之。

《（光绪）苏州府志·杂记三》引《皇明纪略》：京师有蒯侍郎胡同，为吴香山人，斫工也。永乐间，召建大内，凡殿阁楼榭以至回廊曲宇，随手图之，无不中上意者。位至工部侍郎，子孙犹世其业。弘治间，有仕为太仆少卿者。今江南木工、巧工皆出于香山。近七陵、九庙等功成，工匠为卿者多矣！而工曹亦被滥恩，时谓工官转迁何异斜封墨敕。

朱信

朱信，明华亭今江苏松江县**人，精算术。永乐中，累官至户部郎中，时甃某处城，使信计之，当用砖若干，既而有余。诘之，谢曰："此失料灰缝耳！"如其言度之，不失尺寸。**

《（康熙）松江府志·艺术传》：朱信，华亭人，精算术。永乐中，累官至户部郎中。时甃某处城，使信计之，当用砖若干，既而有余。诘之，谢曰："此失料灰缝耳！"如其言度之，不失尺寸。

杨严平

杨严平，明江西万载今万载县匠人。永乐间宜春县今江西宜春县慈化寺被火灾，寺僧募化重建之，赁严平属图稿，不成。明日，忽遇一人授以书，乃寺图稿也。后依书建高七丈九尺之寺。内为堂屋三进，外观止一栋脊。其法：柱头加太枋板，板上又安柱头，如是者三，故高至此。明末，忽一柱倾坏，仍请杨姓入修治，亦照其书改造。杨氏子孙世传其书，至清同治间犹存云。

《（同治）宜春县志·杂类轶事》：永乐间，慈化寺被火灾。后寺僧首锡募化重建，赁万载匠杨严平属图稿，不成。明日忽遇一人授以书，乃寺图稿也。后依书竖造，高七丈九尺，内为堂屋三进，外观止一栋脊。其法：柱头加太枋板，板上又安柱头，如是者三，故能高至如是。后明末忽一柱倾坏，仍请杨姓入修治，亦照其书改造。至今杨姓子孙尚留其书在。

叶宗人

叶宗人，字宗行，明松江华亭今江苏松江县人。永乐中，东吴大水，松江以黄浦壅塞，被害尤甚。宗人上书，请弃故道，浚范家浜，引浦水以归于海。上嘉其言，命从夏原吉治水，功成，患息，以功擢知钱塘县。时朝廷有营建事，宗人率工匠赴北京北平，道病卒。

《（光绪）华亭县志·人物志备考》：明叶宗行，名宗人，以字行，宋太学生李后，读书尚气节。永乐中，东吴大水，松江以黄浦壅塞，被害尤甚。上书请弃故道，浚范家浜，引浦水以归于海。上善其言，命从夏尚书原吉治水，功成，患息。原吉荐其才，擢知钱塘县。民困于徭赋，宗行为定役法，役以均。一日听事，前有蛇蜿蜒。宗行曰："岂有冤乎？吾为汝验之。"蛇返入饼肆中炉下，发之，得死尸。乃肆主人利其财，杀之坎瘗此，遂伏诛。县多虎暴，宗行为文祭之，虎遂敛迹。仁宗在东宫，闻其治行，戒所司不得挫辱。按察使周新尤重之，尝潜至其舍，视厨中，惟笠泽银鱼干一裹。新叹息，携少许去。明日召以食，曰："此君家物也。"时呼为"钱塘一叶清"。会朝廷有营建事，宗人率工匠赴北京，道病卒。

蔡信

蔡信，明武进阳湖今江苏武进县人。有巧思，少习工艺，授营缮所正，升工部主事。永乐间营建北京北平。凡天下绝艺皆征至京，悉遵信绳墨，信累官至工部侍郎。

《（光绪）武进阳湖县志·人物志·艺术》：蔡信，有巧思。少习工艺，授营缮所正，升工部主事。永乐间营建北京，凡天下绝艺皆征至京，悉遵信绳墨，信累官至工部侍郎。

汪洪

汪洪，字克容，明蒲圻今湖北蒲圻县人。宪宗时，官至山东参议。以谮，左迁知四川绵州今改绵阳县，时州岁大旱，暴骸遍野。洪乃设汤粥，陈于四门，赖以全活者甚众。既乃躬视土宜，疏浚水源，创修石磐七堰，溉田数千顷，自是旱潦攸济，民庇其利，为立生祠。

《（乾隆）蒲圻县志·人物志·忠烈传》：明汪洪，字克容，厥考，胜为营缮所丞。英宗试其能，特授顺天府经历，锡之敕命。成化元年，洪举京闱第一人。明年，登罗伦榜进士，授户部主事。历员外郎、郎中。直北朝兵至，羽檄旁午，遣中官汪直、威宁伯王钺统师出征，调动主客军马不下数十万。时边鄙岁饥，粮饷数匮，乃敕汪洪同都御何乔新督理转输。直倚势开衅，而钺亦喜功。洪处之裕如，斟酌损益，区画攸当。本兵上其绩。宪宗嘉之曰："尔洪持廉秉公，夙夜匪懈，劳勚迭著，朕用尔褒，锡赉有差。"乃陟为山东参议。时冢宰尹旻纵子贪贿，洪力拒之，旻乃谮之汪直，遂左迁知蜀绵州。州岁大旱，暴骸遍野。洪捐己俸设为汤粥，陈之四门，又多方劝赈，赖以全活者甚众。既乃躬视土宜，疏浚水源，创修石磐七堰，溉田数千顷。自是旱潦攸济，民庇其利，为立生祠。先都御史张瓒开置坝底诸堡，以通茂州。洪至，往理戎务。归，至石泉，土官突出。洪倚堑控弦，与之交射，为流矢所中，坠偏桥之悬岩而死。

柴世需

柴世需，字元功，明阳谷今山东阳谷县人。中乡试亚元，有文名，尤长词赋。善真、草、隶、篆，选任中书，纂修国史此指明代史。书成，迁工部司务，督修内苑工程，综理详密。

《（康熙）阳谷县志·人物志·明》：柴世需，字元功，忠之子也。中乡试亚元，有文名，尤长词赋，善真、草、隶、篆，初授中书，纂修国史。书成，迁工部司务，督修内苑，综理详密，为时所重。升本部员外郎。

朱成子鉴，孙方正

朱成，明四川彭山今名同县人。邑北五里许，有龙门河，河水深且急。先时常以木为杠，以济行人。惟杠小易腐，人多病之。宣德间，朱成乃架巨木为梁，横铺以版。至正德间倾圮，成子鉴复甃以石，竖以木，六架，五洞，高二丈有奇，横九丈十二武。上建瓦房七间，护以阑楯，设以坐凳，规模宏整。嘉靖十五年，鉴子方正又加修葺，重致一新。十九年，方正复奉令督工重加修葺，邑人亦忻然乐助。于是辇磐山之石，市楩楠之木，仍架以梁，增设重板，造屋九间，设凳十条于其上，傍竖二坊，桥东建观音堂，以为行人休息之所。桥旧名龙门，重修后改曰忠孝。

《（嘉庆）四川通志·舆地志·津梁》：眉州彭山县忠孝桥，在县北，旁有汉张纲、晋李密祠，因名。附王用才《重修忠孝桥记》：彭山，冲要邑也。邑北五里许，有龙门河。其脉上接蒲江、大邑、邛州三河之水，合注而至新津通济堰东北而入大江。江有系龙潭，故名。其旁流为龙门，其源远，其流不竭，其路为四通五达之区。先时常以木为杠，杠小而易腐，水泛而易深。居者病于频修，行者病于徙涉。宣德丙戌，邑人朱成架巨木为梁，横铺以版。越二十余祀，至正德己卯复倾圮，成之子鉴乃甃以石，竖以木，六架，五洞，高二丈有奇，横九丈十二武，上覆瓦房七间，护以阑楯，设以坐凳，规模宏整。丙申，鉴之子方正又加修葺，腐者易之，旧者更之，重致一新。年久，桥复将坏。己亥冬，州守许公经是桥而告于令曰："桥之将圮，责将畴归。"邑令马君驯曰："是桥之废兴，实有司之责也，况勤以太守之命乎？"于是捐己俸，谓方正曰："若前人既成其始，可不成其终乎？"遂令方正督工，劝慕义者助之，邑人忻然乐助，于是辇磐山之石，市梗楠之木，仍架以梁，增设重板，造屋以间计者九，设凳以条计者十，傍竖二坊。视前坚整不啻倍蓰矣！桥东建观音堂，以为行人休息之所。经始于庚子夏，成于冬十一月。役民而民忘其劳，募民而民不以为费，亦可见其悦以使民也。桥旧名龙门，今易以忠孝。

万恭

万恭，字肃卿，明嘉靖间江西南昌人。官至山西巡抚，强毅敏达，善治水。尝与朱衡总理河道，筑长堤，浚高、宝高邮、宝应二湖，均在江苏江北诸湖，河患以戢。

《明史》卷二百二十三本传：万恭，字肃卿，南昌人。嘉靖二十三年进士。授南京文选主事，历考功郎中……兼佥都御史，巡抚山西……会河决邳州，运道大阻，已遣尚书朱衡经理，复命恭以故官总理河道。恭与衡筑长堤，北自磨脐沟迄邳州直河，南自离林迄宿迁小河口，各延三百七十里，费帑金三万，六十日而成。高、宝诸河，夏秋泛滥，岁议增堤，而水益涨。恭缘堤建平水闸二十余，以时泄蓄，专令浚湖，不复增堤，河遂无患。恭强毅敏达，一时称才臣。治水三年，言者劾其不职，竟罢归。家居垂二十年，卒。

赵全

赵全，明嘉靖间人，为俺答筑城，构宫殿，垦水田于丰州城今绥远归绥县内归化城。又造板升华言屋也，中国百工技艺，无所不有。

明沈思孝《晋录·三受降城》：邱富、赵全等乃道俺答为板升，以受中国之降人。据之板升，众可十余万，中国百工技艺，无所不有。赵全已为俺答造宫殿，乃入住之日，忽梁折。俺答疑，终身不敢入宫室，仍旧守水草住牧。全虽服上刑，他日边塞之祸，终溃于此，盖南有香山、北有板升，此寇之所必资也。

《明史》卷三百二十七《鞑靼列传》：嘉靖三十年，叛人萧芹、吕明镇者，故以罪亡入敌，挟白莲邪教与其党赵全、丘富、周原、乔源诸人，导俺答为患。三十三年，富等在敌，招集亡命，居丰州，筑城自卫，构宫殿、垦水田，号曰板升。板升，华言屋也。四十四年，赵全在敌中益用事，尊俺答为帝，治宫殿。期日上栋，忽大风，栋坠，伤数人。俺答惧，不敢复居。

雷礼　徐杲

雷礼，明丰城今江西丰城县人。官至工部尚书，以勤敏为世宗所重，尝督修北京北平奉天、华盖、谨身三殿。卢沟河在河北宛平县修桥，礼暨徐杲等相度规画其事。

徐杲，本明世宗时匠役，巧思绝人。每有营建，辄独自拮据经营，操斤指示，而其相度时，第四顾筹算。俄顷，即出而斫材，长短大小，不爽锱铢。三殿规制，自宣德间再建后，诸将作皆莫省其旧，独杲能以意料量，比落成，竟不失尺寸。以营造躐官工部尚书。

《万历野获编》卷二《列朝类·工匠见知》：世宗末年，土木繁兴，冬卿尤难称职。一切优游养高，及迟钝不趋事者，最所切齿，诛谴不逾时刻。最后赵文华为分宜义子，欧阳必进为分宜妻弟，特以贪戾与阘茸相继见逐，权臣毫不能庇。而雷丰城礼以勤敏，独为上所眷倚，即帝尧则哲之明，何以过之？终上之世，雷长冬曹，无事不倚办。即永寿宫再建，雷总其成。而木匠徐杲，以一人拮据经营，操斤指示，闻其相度时，第四顾筹算，俄顷即出，而斫材长短大小，不爽锱铢。上暂居玉熙，并不闻有斧凿声，不三月而新宫告成。上大喜，以故尚书之峻加金吾之世荫，上犹以为慊也，杲亦谦退，不敢以士大夫自居，然其才自加人数等，以视文华、必进，直朴樕下材耳。按：奉天等三殿并奉天门灾，在嘉靖三十六年四月。时，上迫欲先成门工，以便朝谒。而文华不能鸠僝，屡疏迁延。上大怒，尽夺其官，而用必进，甫匝岁门成，必进得一品。则督工侍郎雷礼有劳，而躬自操作，则徐杲一人力也。又三年而殿工无完期，必进以司空为苦海，营改左都，而上怒矣。甫一月，分宜又劝上改必进吏部，而圣怒遂不可解。先革孤卿并兼官，未几并尚书夺之，其去工部半岁耳。明年而三殿告成矣。然先一年永寿宫已灾，旋奏工完，不特礼得一品，杲得正卿，而华亭亦因以进少师，乃子尚宝丞璠，躐拜太常少卿。识者不无代为恧焉。时分宜以子世蕃官工部侍郎，反不得监工，求与璠同事，而上峻却不许。退而父子相泣，不两月祸起矣。比三殿落成时，徐杲已称尚书，上欲以太子太保宠之，而徐华亭力沮，谓无故事，得中止，仅支正一品俸。雷亦仅以宫保转宫傅。其他在事诸臣，升赏亦止不行，仅拜银币之赐。以较永寿宫加恩，百不及一矣。时上爱念杲不已，倘再有营建，杲必峻加，即华亭亦不能尼也。

《明世庙识余录》：三殿规制，自宣德间再建后，诸将作皆莫省其旧，而匠官徐杲能以意料量，比落成，竟不失尺寸。

《明史》卷三百五《李芳传》：世宗时，匠役徐杲以营造躐官工部尚书，修卢沟桥，所侵盗万计。

明袁炜《敕修卢沟河堤记》：卢沟河者，源深流衍，襟带都城之西。桥亘周行，四方辐辏，并至而会。顷年，沙洲突起，下流填阏，水失其故道，溃堤而决衢，殚为河，触山阜，漂田庐，走西南百余里，行者病涉，耕者释耒，居者无宁宇。事闻，皇上意恻然悯之……爰遣工部尚书雷礼暨掌工部尚书徐杲等相度规画，上其事宜。皇上发帑银三万五千两有余，而敕太监张崇、侍郎吕光洵、指挥同知张铎、御史雷稽古董其役，仍令礼月一往视。经始于嘉靖壬戌秋九月，报成于癸亥夏四月。凡为堤，延袤一千二百丈，高一丈有奇，广倍之。崇基密楗，累石重甃，鳞鳞比吐，翼如屹如。较昔所修筑，坚固什百矣。

郭文英

郭文英，明韩城今陕西韩城县**人。世宗时户匠，以巧力闻，官至工部侍郎。**

《（乾隆）韩城县志·人物志·方技·明》：郭文英，

韩人也。少为人牧羊。以户匠乏人，至京抵役。朝夕肄规矩，黾黾绳绳。久之，以巧力闻，为作头。自是见知世庙，每一工竣，则序劳晋秩，累阶至工部右侍郎，赐三品服色，足为乡邑光宠矣。而韩之人尚嗟山川之气，不毓为皋夔而为工垂流亚云。

许从龙　周承源　张浍　王治隆　张梧

许从龙，明昆山今江苏昆山县人。嘉靖中由进士知江西分宜今名同县。邑有清源古渡，路当要冲，旧有浮桥以资涉济，然水稍泛溢，波涛激射，桥辄冲圮。厥后屡修屡断，民频病涉，于是创建石桥之议遂起。从龙出力经画其事而定其制。典史周承源、耆民张浍、王治隆、张梧专董其役。经始于嘉靖三十五年秋，讫工于三十七年夏。桥凡十一洞，长百二十丈有奇，广二丈四尺，翼以两栏，坚厚壮丽，行者如履坦途。严嵩以“万年”名之，并为记勒于桥北。

明严嵩《万年桥记》（见《钤山堂集》卷二十三）：分宜邑治，前瞰秀江，源发于楚萍，至此渟滀，而邑之西东限以两山，束以巨峡。每春夏之间，水暴溢汹涌，往来者以涉为病。迤东数十步有清源古渡，路当要冲，有司济以二艇。间敛富民，斥官帑比舟如板，联为浮桥，以通济之。然水稍泛激桥复断，病涉犹故，而一造费数百金，越三四年辄坏。居民行旅，盼江涨而回辙，迫则从舟，横奔而渡，频罹覆溺。顷岁，子侍郎世蕃以事归，尝两捐金造舟与桥，民颇称惠。然邑父老谓必造石桥，庶可永久，而费则巨万，合词诣蕃以告。复致书京师以告于予曰：“公为宰执，当为斯邑建千古长计。”予私自念，屡岁荷蒙皇上赐金，虽尝捐造宜春二桥，而此举犹不可已，父老言良是。乃兴石桥之役，始度地相址。议者争论，东西弗决。有指今处者曰：“盍在斯。”乃柜水畚土，探其底，则下有巨石横亘，其平如砥，遂加石立墩，稍移之东西，则深溪浮沙，邈无涯矣。信异哉！若天设地创焉。先是予来往吴中，阅桥而美。于是征匠买石于吴州，运山伐木，载以巨舰，溯江入湖，至于樟镇，滩水浅涸，易数百小舟，乃获抵于宜。而石犹不敷，将往吴复买之。一日，乡民来告，邑西杨江之岨有石，盍采诸？往穴数处，果获石，坚大丰盈，用遂以足。既谋合材集制，定工兴，酾水为道，凡十一空，其长一千二百尺有奇，广二十四尺，翼以两栏，如其长之数，计用白金为两万余。县令许侯从龙出力经画，侯吴人也，故计处甚习。以被召去，通府曾君大用来署邑，嗣理之，寻以他务去。典史周承源、耆民张浍、王治隆、张梧专董其役。郡守张公任节，推苏君景和时程督劝，劳有加。巡抚中丞前可泉蔡公，继锺阳马公，巡按侍御五台徐公，行部至，皆亲枉临视，申敕群吏，罔敢弗共。经始于嘉靖丙辰秋九月，讫工于戊午夏六月。行者嘻嘻，获履坦途，易危以安，罔不称便……名斯桥曰万年桥，以无忘圣天子之恩，以仰祝万寿与天地相为无穷焉。此吾之志也，遂勒石以记。

毛凤彩

毛凤彩，明隆庆间人。四川南充今名同县西三里有西溪，溪上旧有石建之桥，故俗均以石桥呼之。嘉靖初颓塌，郡人议修复之。万历六年，乃专委西充簿毛凤彩董其事。毛有干局称，经始之日，四顾周环，目揣心营，审视土宜而暗规其制，曰："溪流长而深阔，桥非高广无以压水冲。即高广，非壮厥基，且速之圮。两岸堧壖善崩，非厚布其堤，以扞湍澓射啮而桥不可规固。"于是鸠工首筑堤，堤东西冲七丈有奇，甃石为之，树榉柳以护石。而后疏沦溪底，植巨桩密楗其下，丛卧石碇，檠互缪结为墩离立水中者八。从墩累石，犬牙函错，鱼鳞杂袭，攒扶而上，熔铁液注其中，旁设钩环为洞以行舟者七，而后桥成。桥高三丈，中稍隆起，而两段翼之以栏楯，表之以石坊。其长二十七丈，广二丈。其址移旧桥上流二十丈许，视昔规模闳杰，巍壮有加，更名广恩桥。

陈以勤《西溪新修广恩桥记》（见《（嘉庆）南充县志·艺文志》）：顺庆治左大江，而右西溪，溪发源西充崇礼山，逶迤百折而来并，城西面距大江不能里许。若拱若翼，若为之绾束，演漾渟潏而乃南下，稍回远汇于江。当绾束处，旧有石桥跨溪，载郡乘，曰西桥，相传宋嘉定间建。至嘉靖初，始颓塌云。其址接北郛圜外，为走省府孔道，辅轩端节之士相望，縢箧担负者踵相接也。夏秋霖潦滂溢，溪流扼于江，无所泄，漭漭成巨浸。传使坐稽王程，征夫弛肩而叹，冯绝冲涛者，往往委鱼腹。霜降水涸，揭跣逗淖中，龟瘃不可忍。官或为之架木设杠杓，岁岁庀饰，疲费矣。于是郡人争言复旧桥便，以用诎作劳未暇也。隆庆庚午，余谢政府归里，目击阽苦状，叹曰："桥之弗图，害哉。"会大参静斋梁公分守吾郡，娓娓询民所便苦。余首举为言，且请以上一岁夫廪之赐，稍捐田谷百石，佐工费什一。梁公曰："嘻！美意哉。顾道路津梁责在长吏，其孰若饰厨传急也，而令乡之先生长者职其画乎。"遂偕分巡佥宪王公议符合，亟闻之大中丞云泽王公、侍御允吾虞公，咸相与嘉奖，厥成下之府若县，商计经费，而专委西充簿毛凤彩者董其事。毛有干局称，经始之日，四顾周环，觅土藏制，曰："溪流长而深阔，非高广无以压水冲。即高广，非壮厥基，且速之圮。两岸堧壖善崩，非厚布之堤，以扞湍濩射啮而桥不可规固。夫语有之，坚树在始矣。"于是，揆日鸠徒首筑堤。堤东西冲七丈有奇，甃石为之，树榉柳以护石，而后酾流划波，疏沦溪底，植巨桩密楗其下，丛卧石碇，椠互缪结为墩离立水中者八。从墩累石，犬牙函错，鱼鳞杂袭，攒扶而上，熔铁液注其中，旁设钩环为空以行水者七，而后成桥。桥高三丈，中稍隆起，而两椭平翼之栏楯，表之石坊。其修视高九倍，广减其高三之一。其址移旧桥上流二十丈许……其始事以万历六年六月十三日，其讫工以八年四月十四日。盖桥成而视昔，规模闳杰，巍壮有加，烂若星梁之架汉，蜿若玉虹之卧波。虽复狂澜砰湃，暴浸喷轧，恬然付诸履舄之下，而不知于休绩哉。是役也，余实首其议，诸大夫谟谋佥同，而梁公怂恿尤力，若乃目揣心营，无靡材，无窳工，以垂永利，不泐，毛薄有焉。当役始作，多齰舌谓成功难，猝睹比畚梮具饬，民乃大和。

鹏荣　宁廷鸾　鹏恺　翟升

鹏荣，明万历间人。万历二十一年，四川华阳今名同县东门外创造洪济桥、回澜塔，荣董其役。荣勤于其职事，茇舍蓐食，日夕与畚锸者同甘苦，不数月而塔成。惟桥工视塔浩大，荣虽益加奋励，程督如故，桥亦次第将就，乃竟以积劳身先死，未睹厥成。于是宁廷鸾、鹏恺、翟升三人继董其绪业，廷鸾营综率作，劳勚什倍于初；而鹏恺克承兄志，与升拮据之力尤殚，桥遂以成。桥有九洞，纵四十丈，横四丈。回澜塔在桥之南岸，形胜壮观。洪济桥俗亦呼新桥。

明李长春《新修桥塔碑》（见嘉庆《四川通志·艺文志》）：皇帝在宥之二十一载，蜀左辖余公一龙偕藩、臬诸大夫暨帅上记都御史幕府御史台言：成都据七蜀之会，层峦叠嶂，掩映郛郭，真屹然天府之一胜哉。独东西两江合流之所，奔放冲突，稍乏迤逦之胜，形家者病之。且川之西南，以轮蹄担负来者，必取途于此，而夏潦秋霖，往往望洋而阻，行旅有颦呻焉。非创造桥塔，罔与固风气，资涉济也。今缙绅耆老既言之，博士弟子复言之，请令成都旁近州邑，各输金谷砺锻，为佐募匠庸作，择有干局者董之，不致耗公帑，扰闾左，以滋弊。都御史、御史咸可其议，俾克期以行。余公复相率启蜀王而请曰："惟王世以忠孝贤良著闻。兹举关国鸿巨，必仰邸第之资，借侍从之良，方克底绩。"王乃首助千金，委承奉司鹏荣出综厥事。两台监司以下各捐俸有差。卜以万历癸巳年菊月经始。鹏荣只役而往，茇舍蓐食，日夕与畚锸者同甘苦，不数月而塔成。嵽嵲前蹲，峥嵘后竦，珠碧炫熿，铃铎砰訇，危乎高哉！何羡永宁、同泰弥九仞而逾十级耶？顾桥功浩大，经费渐拓，而有司靡所措手，诸为咻摇震撼之语者，复乘间而起。顾王意弗为动，令鹏荣程督如故，而桥乃次第就。乃鹏荣竟以尽瘁终矣。王复委承奉宁廷鸾、门副司鹏恺及首事翟升者继之，廷鸾营综率作，劳勚什倍于初；而鹏恺克承兄志，与升拮据之力尤殚。遂以是岁丁酉十月，桥成。为洞者九，纵四十丈，横四十尺。远而望之，虹舒电拖，霞结云构，若跨碧落，而太空为斗。俯而瞰之，飙涌涛舂，鲸飞鲵走，若驾溟渤，而拒浸为溜，彼成都七桥象应七星，如往牒所诩，谈者视此不当左次耶。

葛镜

葛镜，明嘉靖、天启间贵州省平越卫今名平越县指挥。乐善好义。郡城东五里，两山陡峻，中亘麻哈江，江深不可测。昔人凿石疏道，悬絚以渡，然每遭覆溺，行旅苦之。万历间，镜捐资建桥跨江上，缚长虹，驾蹲鸱桥柱下横木入水中者，程工浩大。惟江水湍急，旋建旋圮。天启六年，镜乃悉罄家蓄，复收余烬，鸠聚群材，斋戒百日，率子刑牲酾酒于江上，作誓词以明志，曰：“桥之不成，有如此水！”且奋力就工，昼夜无间，如是垂三十年而桥成。总督张鹤鸣砻碑题“葛镜桥”三字，并为诗文以纪其功。

田雯《黔书》上《葛镜桥》：平越东五里，两山侧塞，岸高涧深，下通麻哈江，水黝如胶，有风不波。人佃居于石壁间，接手猨饮，雾幂山昏，寡见星日，少禽多鬼怪。昔人凿石疏道，悬絙以渡。九驿所绝，汉之张骞、甘英皆不至也。今有桥，盖里人葛镜缚长虹，驾蹲鸱，而思卒业焉。既建旋圮，再建复倾。于是，斋戒百日，告黎峨之神，徙鼋鼍之窟，率妻子刑牲酾酒于江上，作誓词以明志曰：“桥之不成，有如此水。”其言悲，其眦张，如包胥之入秦庭，庆卿之离易水也。衣履穿决，形容枯槁，般倕为之感动流涕。如是者垂三十年而桥成。而葛镜以名异哉。镜也当治桥之难也，窳窳呰呰者众矣，而矢死靡移，荡其家室之所藏，一国非之不顾。虽事无足道，然亦可谓豪杰之士。其生平志意岂不伟哉！呜呼！济民利涉，国侨无闻，反不若草野一善之行传世而久远，是又葛镜之羞矣。

陈鼎《黔游记》：葛镜桥跨麻哈江而造，两山壁立千仞，相束一江，水黑如胶，有风不波，雾罩山昏，鲜见天日。昔皆悬絙以渡，沉溺者众。明嘉靖间里人葛镜建桥以济，旋圮，再建复倾，乃斋戒沐浴，率妻子刑牲以誓曰：“桥之不成，有如此江。”遂破产经营，即成，至今赖之。

《檀萃黔囊》（《小方壶斋舆地丛钞》第七帙本）：平越之东五里许，两山侧塞，岸高涧深，下通麻哈江。昔人凿石通道，悬絙以渡，称艰阻焉。里人葛镜乃发鸿愿，伐石为之。程工浩大，旋建旋圮，垂三十年，而产几尽矣。而其气不衰，复收余烬，鸠聚群材。于是斋百日，率妻子刑牲江上而誓曰："昔愚公移山，其家杂然相许，信所志之必成也。卒格神明，大功以就，况累数矼之石乎。桥之不成，有如此水。"情词慷慨，般倕感涕。奋力就工，昼夜无间，水杀其势，不敢暴涨，而桥以成，因字之葛镜，垂名至今。昔有僧募平等阁，久而不成，至以身殉。彼何益于人事，犹整置人耳。况此之利涉，其及众生无量乎。人但无志耳，有志者事竟成，即葛镜可以激矣。

《（乾隆）贵州通志·孝义》：葛镜，平越卫指挥，乐善好义。郡城东五里，两山陡峻，中亘麻哈江。江深不可测，行人过渡，每遭覆溺。万历间，镜捐千金建桥，后为水所圮。天启六年，镜复倾家产重建者再，亘若长虹，坚致牢实，至今行人利赖，名曰葛镜桥。

又《关梁志》：平越府葛公桥在城东五里，跨麻哈江。明万历间郡人葛镜建，屡为水决，三建乃成。靡金巨万，悉罄家资。总督张鹤鸣砻碑题"葛镜桥"三字，记以诗文。

清爱必达《黔南识略》卷七《平越直隶州》：麻哈江，一曰两岔江，又曰算水。迳麻哈州至城东五里许，两山侧寨，岸高涧深，水黝如胶，寡见曦景。明万历间，里人葛镜建桥于其上，屡为水圮，三建乃成。总督张鹤鸣题曰"葛镜桥"。

胡瓒

胡瓒，字伯玉，明桐城今安徽桐城县人。万历二十三年进士，授都水主事，分司南旺司兼督泉闸。赞河漕总督刘东星浚贾鲁河故道，益治汶、泗间泉数百。穷源竟委，著《泉河史》上之。其治泉之法：一夫浚一泉，各有分地，冬则养其余力，不征于官。二十七年督修琉璃河桥在今河北良乡县西南四十里成，省费七万有奇。以功累迁江西左参政。

《万历野获编》卷十九《工部差》：卢沟之重建，则皖人胡伯玉瓒领之。

《明史》卷二百二十三本传：胡瓒，字伯玉，桐城人。万历二十三年进士。授都水主事，分司南旺司兼督泉闸，驻济宁。泗水所注，瓒修金口坝遏之，造舟汶上，为桥于宁阳，民不病涉。河决黄堌，瓒忧之。会刘东星来总河漕，瓒与往复论难，谓黄堌不杜，势且易黄而漕，漕南北七百里，以涓涓之泉，安能运万千有奇之艘，使及期飞渡。赞东星浚贾鲁河故道，益治汶、泗间泉数百。寻源竟委，著《泉河史》上之。瓒治泉，一夫浚一泉，各有分地，省其勤惰而赏罚之。冬则养其余力，不征于官。以疏浚运道有功，增秩一等。二十七年督修琉璃河桥。三年桥成，省费七万有奇。累官江西左参政。予告归，久之卒。

冯巧

冯巧，明万历、崇祯间京师工师，董造宫殿。巧老，有徒梁九者，尽传其奥，大显其技于清康熙间。

清王士禛《梁九传》：明之季，京师有工师冯巧者，董造宫殿，自万历至崇祯末，老矣。九往执役门下数载，终不得其传，而服事左右不懈，益恭。一日，九独侍，巧顾曰："子可教矣。"于是尽传其奥。巧死，九遂隶籍冬官，代执营造之事。

朱由校

朱由校，即明熹宗，性至巧，多艺能，尤喜营造。尝自操斧斤锯凿，手制小楼阁，雕镂精绝，即巧工亦莫能及。又于庭院中盖小宫殿，高三四尺许，玲珑纤巧，其砖瓦则敕琉璃厂所另制者。又喜油漆，凡手使器具皆御用监、内官监特制。常与亲昵近臣朝夕营造，膳饭可忘，寒暑罔觉，绝无厌倦色。每有制作，成则喜，喜不久即弃。且不爱成器，不惜天物，恣意暴殄改毁，以供研究。当其斤斫刀削，解服盘礴，非素昵近者不得窥视。又好作水戏法，用大木桶大铜缸等物，凿孔制机，乃注之以水，启闭灌输，或涌泻如喷珠，或澌流如瀑布，或使伏机于下，借水力冲拥圆木球如核桃大者于涌泉之上，盘旋宛转，忽高忽下，久而不堕。

《酌中志》卷十四《客魏始末纪略》：先帝好驰马，好看武戏，又极好作水戏，用大木桶大铜缸之类，凿孔创机，启闭灌输，或涌泻如喷珠，或澌流如瀑布，或使伏机于下，借水力冲拥圆木球如核桃大者，于水涌之，大小盘旋宛转，随高随下，久而不堕。视为戏笑，皆出人意表。逆贤、客氏喝采赞美之天纵聪明，非人力也。圣性又好盖房。凡自操斧锯凿削，即巧工不能及也。又好油漆匠，凡手使器具皆御用监、内官监办用。先帝与亲昵近臣如涂文辅、葛九思、杜永明、王秉恭、胡明佐、齐良臣、李本忠、张应诏、高永寿等朝夕营造，成而喜，喜不久而弃，弃而又成，不厌倦也。且不爱成器，不惜天物，任暴殄改毁，惟快圣意片时之适。当其斤斫刀削，解服盘礴，非素昵近者不得窥视……先帝每营造得意，即膳饮可忘，寒暑罔觉。

《旷园杂志》下《另制砖瓦》：熹宗性至巧，多艺能，尤喜起造。尝于庭院中盖小宫殿，玲珑高三四尺许，其砖瓦则敕琉璃厂所另制也。

《池北偶谈》卷二《谈故明熹宗》：有老宫监言，明熹宗在宫中，好手制小楼阁，斧斤不去手，雕镂精绝。魏忠贤每伺帝制作酣时，辄以诸部院章奏进。帝辄麾之曰：“汝好生看，勿欺我。”故阉权日重，而帝卒不之悟。

《明史》卷二十二《熹宗本纪》：熹宗达天阐道敦孝笃友章文襄武靖穆庄勤悊皇帝，讳由校，光宗长子也。

朱家民

朱家民，字觉民，明云南曲靖府民二改县人。天启三年，任贵阳守。在黔力辟榛莽，以通滇道，创建连云等十一城。黔滇之间有盘江，流水湍激迅悍，舟渡多漂覆。家民欲建桥于江上，不能累石为柱，乃冶铁为絙，大如人臂者，凡三十有六，纽于铁柱而系诸两岸巨石间，用木绞使直，长数十丈，铺木板其上，翼以栏楯，凌空飞渡。然絙长力弱，人行其上，足左右下，絙辄因之而升降，身亦为之撼摇，眩掉不克自持。乘车马者至此必下。且不容二人接武而行，必待前者陟岸，后者始登，若强而相蹑，震动愈甚。以桥跨盘江上，故名“盘江桥”，俗称“铁锁桥”，亦称“铁索桥”。

田雯《黔书》上《铁锁桥》：唐明皇作桥于蒲坂夏阳津，铸铁牛八，植柱缆二十四，连锁十二山，架八牧人入于中流，分立亭亭，如虹蜺之状，称奇绝焉。然此乃安流通津，作之者易，不若盘江铁锁桥之难且奇也。盘江之源出自金沙，入乌撒，绕曲靖，西道毕节七星关，而注于安南，入滇所必经也。两山夹峙，一水中绝，断岸千尺，湍激迅悍，类天设以界滇黔。不知庄蹻当日何以飞渡也。往以舟济多堕溺，明天启间监司朱家民拟建桥，而不可以石，乃仿澜沧之制，冶铁为絙三十有六，长数百丈，贯两崖之石而悬之，覆以板，类于蜀之栈，而道始通。其功伟矣。然絙长则力弱，人行其上，足左右下，絙辄因之升降，身亦为之撼摇，眩掉不自持。车马必下。

前者陟岸，后者始登，若相蹑则愈震。其险也不可名状。迩乃济之以木，择材之巨者数百，排比之，卧于两崖水次，镇以巨石，柱以强干，层累而加，参差以出，镝其本使固，及两木之末不属者，仅三十尺有四，则又选围可丈之木交其上，而后行者可方轨联镳贯鱼逐队，而不惊也。犹且施以栏楯，帱之以版屋，涂之以丹雘，梵宇琳宫鳞次于崖之左右，辉煌掩映，如小李将军图画，遂为西黔胜概焉。以视十二之连锁直纬索耳，况于沉江之陋耶。

陈鼎《黔游记》：铁索桥驾盘江而造，江源出自乌撒苗境深山中。冬日水涸始见其泉，凡七十七处，俱临于一溪，绕曲靖，道毕节，而注安南县，合粤西乌梅江而下海，入滇所必由也。两峰夹峙，一水中绝，断岸千尺，飞流如驶，盖天设以界黔滇者也。往往舟济多覆溺患。明天启间，监司朱家民始冶铁为絙者三十七，长数十丈，贯两崖巨石间，覆以木板，相类栈道。然絙长力弱，人行其上，升降不已，身随摇撼，不克自持。车骑必下。前者陟岸，后者始登，若接武而行，益增其险。寻毁于逆。今则两岸甃以巨石，柱以强材，经以铁絙，纬以平板，上覆木屋，工程牢固，人可骈肩，马可联辔，即鱼贯列伍而行，亦不惊矣。上坡不过里许，然陡峻难行，不亚上关岭也。

《檀萃黔囊》（《小方壶斋舆地丛钞》第七帙本）：盘江出曲靖，而实源于金沙，入乌撒，绕曲靖，西道毕节七星关，而注于安南，入滇所必经也。天启间，监司朱家民拟建桥而不可以石，乃冶铁为絙三十有六，长数百丈，贯两崖之石而悬之，覆以板，类于蜀之栈而道始通。

然絙长力弱，行者眩撼，乃卧巨木于两崖之水次，镇以巨石，柱以强干，层累而加，参差以出，镭其本使固，及两末之不属者仅三丈余，则交围丈之木其上，而后联镳方轨，鱼贯不惊也。施栏楯，帱板屋，涂丹雘，梵宇琳宫，鳞次崖左右，辉煌掩映，如小李将军图画。

《（乾隆）贵州通志·秩官志·名宦·总部》：明布政使朱家民，字觉民，曲靖人。天启三年，任贵阳守，时黔围初解，闾里萧条，家民极力抚循，渐有起色。寻擢安普监军副使，冒锋镝，辟榛莽，以通滇道，创建连云等十一城，扼要守险，使贼不敢窥。又盘江湍悍，旧以舟渡，多漂溺。家民欲建桥，艰于架石，乃仿澜沧江制，冶铁为絙，凡三十有六，纽于铁柱而系之两岸，布板楯其上，凌空飞渡，往来遂成坦途。夹岸遍布楼阁，洒翠流丹，辉煌掩映。在黔十余年，劳勚最多，迁至左布政使。归，著有《端俗约言》。

赵翼《粤滇杂记》六(《小方壶斋舆地丛钞》第七帙本)：铁索桥，多奔流急湍，不可累石为柱，则以铁索大如臂者，贯于两岸之崖石，或十余条或二十条。用木绞使直，而建屋其上，铺板作地平，翼以栏楯。桥长者或数十丈，望之如飞楼虚阁，往来者不知行于空中也。

倪元璐

倪元璐，字玉汝，号鸿宝，明上虞今浙江上虞县人。崇祯间，官户部尚书。善行草，工画山水、竹石。晚筑室于绍兴府城南隅，窗槛法式，皆手自绘画，巧匠见之束手。既成，始叹其精工。李自成陷京师，自缢死，谥文正。

《明史》卷二百六十五本传：倪元璐，字玉汝，上虞人。

《静志居诗话》：倪元璐尚书晚筑室于绍兴府城南隅，窗槛法式，皆手自绘画，巧匠见之束手。既成，始叹其精工。时方患目疾，取程君房、方于鲁所制墨涂壁，默坐其中。堂东飞阁三层，扁曰“衣云”，凭阑则万壑千岩，皆在舄下。适石斋黄公至越，施以锦帷，张灯四照。黄公不怡，谓公：“国步多艰，吾辈不宜宴乐。”尚书笑曰：“会与公诀尔。”既北行，遂殉寇难。

赵得秀 此人真确之生存年代无考，故暂置本朝之末

赵得秀，明肥乡今河北肥乡县木工。多巧思，故人呼为鲁般。南游武夷，得异人传修真秘诀。归至林虑今河南林县，爱其山水陡绝，遂置三清等殿于其上，遁迹颐养其中。会征造林州南石桥，得秀应征。成，百丈一甃，而无斧凿痕。

《（康熙）畿辅通志·人物志·艺学》：明赵得秀，肥乡木工。多巧思，人呼为鲁般。南游武夷，得异人传修真秘诀。归至林虑，爱其山水陡绝，练藤葛为绳，横以木橙，辘轳拾级而升，置三清等殿，精巧如法，人迹罕到，遂遁迹颐养其中。征造州南石桥，百丈一甃，而无斧凿痕。又于西崖绝渡处，悬木以通，凿石函。将死，语其徒曰：

“幸葬我函中。”及死，如言葬之，甫出数步而悬石下，人皆称为鲁般壑。

张宁[补遗]

张宁，明洞庭东山在今江苏吴县西南人。长于土工。明初修京城南京城，太祖命宁领其役。宁设置有方，太祖雅任用之。

《（光绪）苏州府志》卷一百四十六《杂记三》：张宁，洞庭东山人。元末游金陵，李韩公善长未贵，相与善。及韩公为国元勋，以监修京城荐宁。太祖召见，以白衣领役。宁长于土工，设置有方，太祖雅任用之。一日登城，见工毁弃瓦石之不全者，欲诛之。宁叩首曰：“臣以缺物不宜玷我金城，故特弃置。非群工罪，罪实在臣。”韩公亦为请，太祖善其对，释之。

鲍彦敬[补遗]

鲍彦敬，明浙江钱塘今县名人。洪武初任单县今山东单县丞，敏练多巧思，督修工程，经画悉当。尝缮修县南关之琴台一名半月台及二贤祠。

《（民国）单县志》卷六《宦迹·明》：鲍彦敬，浙江钱塘人。洪武初，任单县丞，才具敏练，督修工程，经画悉当。摄令事，惠政在民，修理琴台，重建二贤祠，有碑记。

《（康熙）单县志》卷十一《艺文》秦时中《重修琴台碑》：余闻古者鲁君虙子贱治单父，鸣琴，不下堂，人被其化，载诸典籍，昭然可考。台在堂北城上，高逾数仞，临望四周，一览无际，世传子贱游息之所，意在于此以广其声教。后人因之，构堂于上以祠之。曩因兵故，堂稍圮。天朝混一区宇，洪武祀春，虎林鲍彦敬由户部考满承命来佐单邑，下车首访是台，睹其瓦砾榛秽，慨然有兴圮补敝之意。奈方公务如猬，巡逻差委，每无虚日，故心窃惧而未敢有言。迨九年夏五月，事少从容，公乃谋诸僚友陈公原夫曰："修举废坠，乃有司职分之所当为，安忍坐视昔贤之迹废坏，盖为之寒心焉。请修葺以彰先贤之德。"陈侯从之。公计阖县胥隶之工，不假民力。砖石土木之用，不匝月而略备……涓吉兴工，子来趋事，不日成之。襄其事者县吏苏礼、朱询辈，请予为文刻石龛于壁，以俟后之同志君子慕先贤之德，嗣而葺之。庶乎斯台之不朽云。洪武九年闰七月五日。

王顺　胡良[补遗]

王顺、胡良皆明保德州今山西保德县人。善绘事。永乐间建太庙，征天下绘工诣京师。良、顺偕往焉。绘毕，成祖往视，以手抚顺肩，称赏不置。

《（雍正）山西通志》卷六十八《人物志·艺术·明》：

王顺、胡良，保德州人。善绘事。永乐时建太庙，征天下绘士诣京师。良、顺偕往。绘毕，成祖往视，以手抚顺肩，称赏不置，乃命绣御手于肩焉。

唐荣［补遗］

唐荣，明全州今广西全县人。景泰二年，知新宁今湖南新宁县，时县治毁于兵燹，荣奏徙今治。城池、坛庙、学校、道路，皆其创造。百废俱兴，规画咸当。

《广西通志》卷二百五十七《列传二》引《明统志》：唐荣，全州人。宣德乙卯举人。正统十年，知新宁县，时县治毁于兵火，奏徙县治。城池、坛庙、学校、道路，皆其创造。百废俱兴，规画咸当。

杨麒［补遗］

杨麒，字仁甫，明上饶今江西上饶县人。正德间，历官工部尚书。尝建卢沟桥。

《（光绪）江西通志》卷一百五十八《列传二十五·广信府》：杨麒，字仁甫，上饶人。正德进士。历官工部尚书。积学能文，随事辄办。尝建卢沟桥。今往来者德之。

秦梁 [补遗]

秦梁，字子成，明无锡今江苏无锡县人。嘉靖进士。累拜吏科给事中。京师筑外城，梁董其役，劾罢宦官奸工事者。官至江西右布政。

《（康熙）无锡县志》卷十七《宦望二·明》：秦梁，字子成。所居有金匮山，一日虹起，上属于天，因自号虹州。嘉靖二十六年进士。授南昌府推官，有盗平十二者，负险时出剽劫，监司苦之。梁察尉某阴与盗通，出不意以危言诘之。尉股栗搏颡请命。乃曰："尔能说离其党，而以酋来，为乞尔命。"尉如教缚至，磔于市。上官才之，委行属邑及他傍郡殆遍。每丙夜治牍，不得休。拜吏科给事中。京师筑外城，梁被命董其役，劾罢宦官奸工事者。进通政司参议、南京太仆少卿，历鸿胪卿、右通政。时严世蕃以工事久器梁，使客谓曰："公一岁再迁，亦知所自乎？"梁谬曰："不知也，将无以久次耶。"出为浙江参议、山东副使。寻督学浙江，会试期甚迫，五阅月而历十一郡。时中式者九十五人，而梁所首拔士居五十有六。历迁江西右布政使。以浙事者。有《续修无锡县志》。

朱宽 [补遗]

朱宽，明桂林今广西桂林县人。万历五年，知西宁今广东郁南县。时邑始建，宽锐精擘画，凡筑城凿池，分里制里，皆身所经历。

《（雍正）广东通志》卷四十一《名宦》：朱宽，桂林人。由举人为三水令，抚臣知其有治剧才。万历五年，疏调西宁，时邑始建，宽锐精擘画，筑城凿池，分里制里，皆身经险阻，上下川原。为政宽和，招徕新附，劝课教养，悉得其宜。以瘴疾卒于官。西宁之民无不悲泣者。

谭继统［补遗］

谭继统，字宗道，明建水今云南建水县人。万历举人。官工部主事，督修京城，省费巨万，而坚固逾于往昔。

《临安府志》：谭继统，字宗道，建水人。万历己卯举人。授元氏教谕。擢国子监助教，为祭酒李廷机所重。擢刑部主事。寻改工部，督修京城，省费巨万，而坚固逾于往时。迁贵州副使，却独山蒙氏、水西安氏馈金，剿平野寇阿包等，以功闻。会廷机为阁学，言者攻之，并及继统，遂归。

卢学礼　王侠吉［补遗］

卢学礼，明东明今河北东明县人。万历二十年，任山东兖州知府。王侠吉，明河州今甘肃临夏县人。万历二十年，任山东兖州府通判。二十二年，重修阙里孔林庙——新其殿阁，饰其廊庑，立重城皋门以象朝阙，楣楶甓筑之，有朽者易之，丹雘髹漆之，有墁者涂之。又恢享祠，创斋室，立石阙六楹，以广神路，缭垣十里，墺垣千步，有版筑焉。经始于四月二十六日，迄十一月三日，厥功乃成。学礼赞襄谋画其事，俴吉董其役。

明于慎行《重修阙里林庙碑》：圣上膺箓御天二十有二祀，岁在甲午，山东巡按御史颍川连公格奉命省方至于阙里，祗谒孔庙，拜于杏坛之墀，仰视者三。继谒孔林，拜于洙水之阳，环视者三。乃揖诸大夫而诹曰："惟天子祗若典训，经纬八埏，用必祀于先师孔子。我二三执事胥受简书，以来敷化于东土。兹惟圣作之邑，亦越庙庭林域，自弘治鼎新以迄于今，历载滋久，无乃有所颓敝，以亵大观。若在先圣周公，弘启国宇，以开厥绪。若在复圣颜子，潜心道奥，以衍厥传。咸有烝尝于兹，亦其何可弗饬。时惟我二三执事之责。"乃白于巡抚都御史括苍郑公汝璧，郑公曰："咨。时惟予责，中丞奉上明命抚有大东，罔不惟肃，若圣灵翊襄文化是图，曷敢曰执事之不闲，以须异日。"乃相与下记所司，使相厥功，计当用金三千，以两台之赎锾，当三之一；以岳祠之香税与将作之余，当三之一；以管库之羡金，当三之一。于是策日揆景，庀徒鸠材，以其十之三营于孔庙，乃新殿阁，乃饰廊庑，乃立重城皋门，以象朝阙，楣楶甓甃之，有朽者易之，丹雘髹漆之，有墁者涂之，煌煌如也，眈眈如也。以其十之五营于孔林，乃恢享祠，乃创斋室，乃立石阙六楹，以广神路，缭垣十里，堧垣千步，有版筑焉，峣峣如也，郁郁如也。则以其一营于周庙，坊诸其间，榜曰元圣。则以其一营于颜庙，坊诸其间，榜曰陋巷，巘巘如也，翼翼如也。经始于四月二十六日，至十一月三日厥功告成，霞驳云蔚，鼎立星罗，埒如钧天之宫，帝者之宇。于戏都哉，凫绎之岑若增而峻，洙泗之流若浚而深矣……于戏远哉，役之兴也，度支经费，则左布政使中山王公藻、右布政使晋阳田公畴；综理工程，则分守参政四明杨公德政、摄守参议贵阳邵公以仁、分巡副使汝南赵公寿祖；而河道参政梅公淳、分巡佥事李公天植、兵备佥事戴公爔，咸乐观其成，而立石焉。至于赞襄谋画，则兖州府知府卢侯学礼，专董工役，则兖州府通判王侯俟吉……

《（康熙）兖州府志》卷十一《职官志·明·知府》：卢学礼，直隶东明人，进士。万历二十年任。又明通判王彝吉，陕西河州人，选贡。万历二十年任。

贺盛瑞 [补遗]

贺盛瑞，字凤山，明河南获嘉人，万历进士。精敏有心计，清介能服人。初授工部，修景陵、献陵及永宁公主坟，共省帑金以万计。迁缮司郎中。万历二十四年，乾清、坤宁两宫重构，盛瑞以缮郎董其役。事体既巨，经费复繁，鉴于嘉靖三殿大工之冒滥骚扰，乃苦心擘画经营，将本部堂司储贮嘉靖以来大小工程题议疏稿，悉数检阅，手录四五百纸，参以独断，殚精竭力，任怨任谗，省员省费，倍蓰于昔——如采木川、广，则责成抚按，一官不遣。采石大石窝，则止一主事，余官不遣。采浙、直鹰架平头，采烧金皇砖，一官不添设。夫匠只给值召募，颜料只招商买办。中道阶级石创用十六轮大车，用骡一千八百头，仅二十二日而抵京。如是节缩调停，不可胜计，遂仅以二年之工，七十万两之费竣役。惟以峻节孤忠，忌多而谤兴，反不容于朝右，竟以赍志汶汶而没。盛瑞自具《辨京察疏》，其子仲轼泣血为《两宫鼎建记》即《冬官纪事》，华亭陈继儒为之作序。

明陈继儒《凤山贺公传》：贺公，讳盛瑞，号凤山，河南获嘉人。祖春以次子国定贵，赠自在州知州。父国清以公贵，封工部营缮司郎中，母王、继母崔皆封安人。乙酉，以《礼记》举乡试第四。己丑成进士。壬辰授工部屯田司主事，历升员外郎。戊戌，升湖广参议兼佥事，未任，调陕西河西道。己亥，京察降泰州知州，未任，丁父艰。服阕，补山西泽州府守。丁未，复降长芦运司判官。癸丑，升刑部主事，奉差还里，卒。公通籍三十年，拮据八载，大约经营土木之事居多。初授工部，修景陵，节省七千余金，奉旨下部纪录。又修献陵，节省一万三千余金，移赈河南饥。又修永宁公主坟，估价一万四千更加万金，公竣事，止费三百三十两有奇。圣母特遣勋戚来视，覆奏称善。钦赐银、币。嗣后考满，封父母如其官。会乾清、坤宁两宫灾，公以缮郎董其役。役起仓卒，大司空鲜所折衷。公检嘉靖时三殿往例及工垣诸疏稿，手缉浥蠹，参伍斟酌之。独谓三殿、两宫职掌同，经费同，而今昔之物力、民力大不同，若使当事者容容多福，唯唯惟命，狐鼠窟其中，蝇蚁膻其外，溪壑一开，漏卮何极？惟有任怨任谗，省官省事，挺身经始，以俟后人之借手而已。三殿故事，采木、采石总理有侍郎、都御史，分理有两郎中，司理副之。公于川、湖木，责之抚按；大窝石，责之主事，余官不遣也。故事采浙、直鹰架平头，烧金皇砖，公责之同署郎，一官不添设也。夫匠给值召募，不必调之河南、山东西。颜料召商，不必烦南直、滇、粤。中道阶级石用一千八百骡运，十六轮车，两旬可以抵京，不必曳以二万夫，督以郡县长吏。大工银取之事例，不必岁派省直丁地者百余万，亦不必分檄之四御史。凡三年六阅月，自乾清、坤宁、交泰殿、暖殿、神霄殿披房斜廊，日精、月华、景和、隆福等门，及东裕库、芳玉轩，瓦盖通全，业已得要领权舆之五六矣。总计费工银止六十万有奇，而以十二万铸钱，又得子钱四万，即在六十万之中。其借与屯田、都水、虞衡二十四万，未偿也。其户、兵协济三十万，未支也。凡籍记贮库者积银九十三万余，以需殿门之用，皆赖公不肯援三殿例，铢积寸累，故至此。有甚省必有甚执，有甚执必有甚怨，有甚怨必有甚毒。如请差官采木蜀中，有李纶请。改临清窑于武清，有林朝栋请。采五台山沿边大树，有西河王揑文，渎奏有王天俊，公皆坚拒不行，垂首切齿而去。此蜚语之所繇起也。参藩未赴，俄而谪泽州矣。又俄而谪长芦矣。稍迁比部，竟以赍志汶汶而没。没后，光宗登极，覃恩其子。仲轼比部君上疏曰：两宫之役，臣父苦心节缩以百万计，不病民，亦不病商，不遣一大臣，亦不多设一小臣，费省而功倍，忌多而谤兴，今以执法为骫法，以廉吏为墨吏，以考察拾遗代众人报复之资。生则白简见诬，死则青史垂玷。悠悠泉壤，含恨何时？此臣日夜念之，不觉掩涕而伤怀也。谨乘修史之会，辑其大略，仰于天聪，宣付史馆，使天下知土木鄙事，郎署卑官，圣明不忍沉埋，尚留一线之□□□□□□□□□□□□□□□□□□□□者兵垣胡公□栋、工垣张公凤彩、刑垣□公□□、侍御毕公懋康、户部许公如兰，或条陈指及，或阐发□明，皆生平绝不识其人而心迹皎然著于朝听矣。于是仲轼始乞恩复职，下吏部覆题，奉旨贺盛瑞准复参议致仕，朝野积为公不平者闻而快之。公少贫，所居数椽，困于风雨，毁于回禄，就试无车，凶年无食。既为孝廉，几不能举火，而未尝关说公府以自润。释褐入部，空橐还家，薄有常俸，悉与诸昆弟窭人共之。子孙无美田，宅如故也。去部之后，中使有手批缮郎冠覆眉者。郎恚曰："贺某在，敢尔耶。"中使笑曰："汝何敢比贺君。"其清介服人如此。公谪濩泽，不以讦客自处，限婚丧，禁妖党，礼贫宗，崇孝秀，修天井关夫子庙，操文祭郎节妇，旌其庐，种种行事皆出簿书筐箧外，不具述。述两宫始末之大者，若夫部署分明，综理精密，详仲轼《冬官纪事》中。仲轼，字景瞻，宰醴泉、青浦，不取一缣，亦不持一帕谒要人之门。识者叹为真清白吏子孙云。

陈子曰：易取大壮，诗咏方中，春秋书新作南门，新作两观，岂非示鼎建特创之艰难乎！圣人慎于厥初，凡民难与虑始，有善作，而后有善成，自古记之矣。顷者大工告成，皇居巍焕，试问二十年前，鼎新创始者谁？自开工讫盖瓦，仅用六十余万者谁？留九十万贮库者谁？储办物料以留后用者谁？今日之善成，因公前日之善作耳！假令公尚在，适逢圣天子综核叙功，追维首事，虽不敢望彻侯之封，延世之赏，然岂遽出冬官子大夫后哉。仲轼曰："此非先子志也。"子姑传之，以求直于兰台之载者而已。是为传。

华亭陈继儒《冬官纪事序》：冬官纪事者，纪工曹事也。万历二十四年，鼎建乾清、坤宁二宫，缮郎贺凤山先生实董其役。先生没，而次公景瞻公纪之，志痛也。初两宫事起特创，上自政府以至大司空率仓卒计无所出。公乃取肃皇帝朝三殿故牍覆阅之，而牍已半渍半腐，半饱蠹鱼之腹。又借工垣诸疏稿，亲为补缉，手录其最要四百余言，而其事稍稍始有纲领。先生之言曰："三殿两宫皆朝廷万不得已之役，而劳费亦相当。第肃皇帝峻急，分宜忤旨，几得罪。稍称旨，则徐杲一大匠，爵以上卿，不吝赏，不惜费，不许诸执事议论搜索，故当时缮郎宽然有从容展布之地。今朝野物力诎于曩时，而主上节俭过于肃庙，比不当以三殿例例两宫也。"先生六年擘画，八面经营，如采木川、湖，责成抚按，一官不遣也，视三殿总理则侍郎、都御史，分理则两郎中、两副使者何如？如采石大石窝，止一主事，余官不遣也，视三殿总理则侍郎，分理则二主事，又加理刑者何如？采浙、直鹰架平头，采烧金皇砖，一官不添注也，视三殿差两郎中者何如？夫匠只给值召募，视三殿调之河南、山东、山西者何如？颜料只召商买办，视三殿取之滇、粤、南直者何如？中道阶级石止用十六轮大车，用骡一千八百头，仅二十二日而抵京，视三殿所造旱船，督以郡县官，曳以顺天等民夫二万，一里凿一井者何如？旧例大工银两，概加省直丁地，令民间分毫无泒，视三殿岁泒一百万，差四御史催督者何如？其他内官之监督，武弁、西河王之奏请，先生一切奏罢。节缩调停不可胜计，总计费工银止六十万有奇，而以十二万银铸钱，又得子钱四万，即在六十万之中。其借与屯田、都水、虞衡二十四万，未偿也；其户、兵协济各三十万，未用也。非惟毫发不取之民，抑且毫发不取之库，去部之日，库中存留尚积九十三万余。使人人如先生，即三门绰有余用，岂至帑藏若扫哉。先生肩此大工，既竭全副之精神，复具通身之手眼。巨珰笑其酸不顾，政府怪其抗不顾，奸商巨贾恨其执，迫以明旨特旨亦不顾，盖衡身于城狐社鼠猬磔虎口之间，舌几敝，颖几秃，心血几枯，寝食几耗，而须发几化为霜雪矣。若先生援三殿故例，染指余财，外媚权贵，内结中涓，而退为子孙田宅计，华实两收，身名俱泰，岂不甚休？而先生宁以萋斐归，以清白死，决不私工曹一铢一黍，以负圣明，以玷职守。夫土木非细事也，遣官则有送迎供帐之扰，调夫则有离乡井，枕道路，逃窜死亡之忧，病民，病商，病郡县，病驿递，病畿辅，一不当而群害丛焉。梁武浮山之堰，担者肩上皆穿。隋文仁寿之宫，役夫殒者相半。岂惟虚掷金钱，即数百万生灵填于泥沙沟壑者，又不知几许。今先生为皇上惜财力，又为皇上惜民力，此怨府中司命，金穴中伯夷，上帝纪功当书第一。而秉国成者乃以考功法中之，宁有天乎？先生之贫著在人听，生不求叙功，没不求雪谤。独是两宫之役，关系于工曹甚巨，异日朝廷无兴建则已，有则必将取衷于先生之书。赵充国曰："国之大事，当为后法。老臣卒死，谁当复言之者。"则此纪在凤山先生不可无也。韩昌黎叙淮西功不及李愬，愬子曳碑仆之，诉于朝，命段文昌更撰，以旌其伐。则此纪在景瞻公，亦不可无也。嗟乎！是书所在，识者怜其苦节苦心，而巧吏则更嗤其似迂似拙。后有大工索先生不得，而后索先生此书，则晚矣。余野史也，请笔而存之，使人知臣为君子为父贤者，为后事之君子，其用意盖如此。若命修景陵、献陵、永宁长公主坟，以及鄘、泽诸善政，半居土木，非其大者不具书。

清

梁九

梁九，顺天在今河北省境人。自明末迄清初，凡大内兴造，皆九董其事。康熙三十四年，重建太和殿，九手制木殿一区，献于尚书所，以寸准尺，以尺准丈，不逾数尺，而四隅重室，规模悉具。工作以之为准，无爽，殆绝技也。初，明时有工师冯巧者，董造宫殿，至崇祯间老矣。九往执业门下，数载，终不得其传，而服事左右不懈，益恭。一日，九独侍，巧顾曰："子可教矣。"于是尽授其奥。

巧死，九遂隶籍工部，代执营造之事。

清王士禛《梁九传》（见《带经堂集·蚕尾续文》卷七）：康熙三十四年，重建太和殿，有老工师梁九者，董匠作，年七十余矣。自前代及本朝初年，大内兴造，梁皆董其事。一日，手制木殿一区，献于尚书所，以寸准尺，以尺准丈，不逾数尺许，而四阿重室，规模悉具，殆绝技也。初，明之季，京师有工师冯巧者，董造宫殿，自万历至崇祯末，老矣。九往执役门下数载，终不得其传，而服事左右不懈，益恭。一日，九独侍，巧顾曰："子可教矣。"于是尽传其奥。巧死，九遂隶籍冬官，代执营造之事。予因叹夫一技之必有师承，不妄授受如此，矧道德文章之大者乎。柳子厚作《梓人传》，谓"画宫于堵，盈尺而曲尽其制，计其毫厘而构大厦，无进退焉"。殆类是欤？乃为之传。

雷发达 子金玉　金玉季子声澂　声澂长子家玮，次子家玺，三子家瑞　家玺三子景修　景修三子思起　思起长子廷昌

雷发达，字明所，江西南康府建昌县今改名永修县人，生于明万历四十七年，卒于清康熙三十二年（1619—1693）。清初以艺应募，赴北京，是为样式雷家发祥之始。康熙中叶，营建三殿，发达以南匠供役其间。据故老传闻云，时太和殿缺大木，仓猝拆取明陵楠木旧梁柱充用，上梁之日，圣祖亲临行礼，金梁高举，卯榫凡剡木相入，以虚入盈谓之卯，以盈入虚谓之榫，亦曰笋悬而不合。工部从官相顾愕然，皇恐失措，所司乃私畀发达冠服，使袖斧猱升，斧落榫入。

礼成，上大悦，面敕授工部营造所长班。时人为之语曰：“上有鲁般，下有长班，紫微照命，金殿封官。”年七十，始解役。后四年，殁，葬金陵。

金玉，字良生，生于顺治十六年，卒于雍正七年（1659—1729），发达长子也。继父业任营造所长班，供役圆明园楠木作样式房掌案。以内廷营造功，钦赐内务府七品官，并食七品俸。有子五人，独稚子声澂世其业。

声澂，字藻亭，生于雍正七年，卒于乾隆五十七年（1729—1792）。生三日而金玉就木，奉旨驰驿归葬江苏江宁县。四兄尽室南行，声澂母张氏独抚幼子留居北京，继承父业。

家玮，字席珍，生于乾隆二十三年，卒于道光二十五年（1758—1845），声澂长子也。乾隆中，曾奉派查办外省各路行宫及堤工。与其弟家玺、家瑞，先后继武，承办营建事业于乾、嘉两朝。

家玺，字国贤，生于乾隆二十九年，卒于道光五年（1764—1825）。乾隆五十七年，承办万寿山、玉泉山、香山园庭，热河避暑山庄及昌陵等工程。又承办宫中年例灯彩、西厂焰火，及乾隆八十万寿典景楼台工程。嘉庆中又承值圆明园东路工程，及同乐园演剧之切末、鳌山、珠灯、屉画等。

家瑞，字征祥，生于乾隆三十五年，卒于道光十年（1770—1830），声澂幼子也。随其两兄承办内廷工程，任样式房掌案头目。嘉庆中大修南苑，家瑞承办楠木作内檐硬木装修，尝至南京采办紫檀、红木、檀香等料，并开雕于南京。

景修，字先文，号白璧，生于嘉庆八年，卒于同治五年（1803—1866），家玺三子也。年十六，即随父在圆明园样式房学习世传差务，勤奋自励，克绍祖业。惟年仅廿二即失怙，以差务繁重，恐办理失当，乃遵遗命将掌案名目倩其伙伴郭九代办，而自居其下。至咸丰二年，郭九死，乃收回自办。家中裒集图稿、烫样、模型甚多，世守之家法赖之以不坠。

思起，字永荣，号禹门，生于道光六年，卒于光绪二年（1826—1876），景修三子也。同治四年，营建定陵，思起以力作之功，以监生赏盐大使衔。十三年，时有修复圆明园之议，思起与其子廷昌因进呈园庭工程图样，蒙召见五次。

廷昌，字辅臣，又字恩绶，生于道光二十五年，卒于光绪三十三年（1845—1907），思起长子也。光绪三年，惠陵金券合龙，隆恩殿上梁，廷昌适供差样式房，以候选大理寺丞列保，赏加员外郎衔。同时，普祥、普陀二陵大工亦方起，而三海、万寿山庆典工程又先后踵兴，廷昌均与其役。

朱启钤《样式雷考》：雷发达，字明所，江西南康府建昌县人，生于明万历四十七年，卒于清康熙三十二年（1619—1693）。雷氏本江右巨族，本枝蕃衍，子孙分居豫章各郡县者不一籍。北山支起于元延祐初，有雷起龙者自千秋岗移居县城之新乡北山社，遂自号北山翁。按《雷氏大成族谱》，谱称雷氏以方雷公得姓受世，故自雷公始以周易六十四卦纪世系，至焕公已六十四世，乾元再周，至起龙，适为百世（谱以再周之口卦计，则三十六世）。起龙三子在元代皆以儒显，长曰洪，科举中选拔进士，官吏部右丞。次曰溥，举进士，任峡州儒学教谕。三曰源，任陵路东山书院山长。分居三宅。洪之子善性，始称北山支。善性之子宗正，元末遭乱，避居新奉。其子文达，以明洪武元年只身回籍，自号东山翁，娶妻复业，晚年生本庄，乃以继子本端应役于国家，见于《东山翁自记》。所谓役者，殆别于儒与匠耶。在明季，本庄之子景常又称北山前房支，景升则称北山上房支。景升生子中义、孙正轰、曾孙永虎。景升之玄孙玉成，避明末流寇之乱，与子振声、振宙徙家于金陵之石城，而玉成遂为迁金陵之支祖。发达，振声子，清初与其堂兄发宣（振宙子）以艺应募，赴北京，又为样式雷家发祥之始祖。康熙中叶，营建三殿大工，发达以南匠供役其间。故老传闻云，时太和殿缺大木，仓猝拆取明陵楠木梁柱充用。上梁之日，圣祖亲临行礼，金梁举起，卯榫悬而不下。工部从官相顾愕然，皇恐失措。所司私畀发达冠服，袖斧猱升，斧落榫合。礼成，上大悦，面敕授工部营造所长班。时人为之语曰："上有鲁般，下有长班，紫微照命，金殿封官。"年七十解役，殁葬金陵。长子金玉继其业。雷金玉，字良生，发达长子，生于顺治十六年，卒于雍正七年（1659—1729）。先以监生考授州同，继父业营造所长班，后投充内务府包衣旗，供役圆明园楠木作样式房掌案。以内廷营造功，钦赐内务府七品官，并食七品俸。年七十时，蒙太子赐“古稀”二字匾额。初娶刘氏，无出；继娶柏氏，生长子声沛；又娶潘氏，生二子声清、声洋；又娶钮氏，无出；继又娶吴氏，生子声浹，及张氏生子声澂。蒙恩赏盘费银一百两，奉旨驰驿归葬江苏江宁府江宁县安德门外西善桥。声沛、声清、声洋、声浹，初均遣归。惟张氏所生幼子声澂，独留居北京海甸槐树街。张氏抚幼子，继其业，故《雷氏家谱》以金玉为迁北京之支祖。样式房一业，终清之世最有声于匠家，亦自金玉始也。刘氏、柏氏、潘氏、钮氏俱合葬江宁，张氏殁葬北京。

雷声澂，字藻亭，金玉幼子，生于雍正七年，卒于乾隆五十七年（1729—1792）。生三日而金玉就木，奉旨归葬金陵，诸子尽室南行，独张氏抚幼子留居北京，继承父业。初，方声澂之幼孤也，样式房掌案为其伙伴所攘夺。其母张氏出而泣诉于工部，迨声澂成年乃得嗣业（其母张氏抱子诣工部声诉恩准，以声澂嗣业，乃雷氏子孙传述者，谱中不载）。按其生卒年而定其生存年代，则知彼承值内廷正在乾隆中叶土木繁兴之际，而谱中于声澂一生遭遇及所执艺事略无纪载，亦可异也。惟其孙景修笔记云，同治四年，于张氏墓上立石表扬祖妣盛德，或有所本欤。

雷家玮，字席珍，声澂长子，生于乾隆二十三年，卒于道光二十五年（1758—1845）。乾隆中，曾奉派查办外省各路行宫及堤工等处，及滩内盐务、私开官地等事。随銮供奉或一年二载，不时归还。盖南巡盛时，各省备办行宫样式，雷氏奉派南行，事所必然。而淮上盐商竞献供张，沿途点景争妍斗靡，清客匠作奔走于其间，皆有奇赢。李斗《扬州画舫录》之工段营造录，师承出于内廷工程作家，可为斯时确证也。

雷家玺，字国贤，声澂次子，生于乾隆二十九年，卒于道光五年（1764—1825）。于乾隆五十七年，承办万寿山、玉泉山、香山园庭工程及热河之避暑山庄，中间因办昌陵工程出外，以弟家瑞领圆明园掌案，其长兄家玮则时赴外省查看行宫、堤工。兄弟先后继武，供事于乾、嘉两朝工役繁兴之世。又承办宫中年例灯彩及西厂焰火，乾隆八十万寿典景楼台工程，争妍斗靡，盛绝一时。其家中藏有嘉庆□年圆明园东路档案一册，手纪承值同乐园演剧、鳌山、切末、灯彩、屉画、雪狮等工程，汉宫旧事犹见一斑。

雷家瑞，字征祥，生于乾隆三十五年，卒于道光十年（1770—1830），声澂幼子。其兄家玺因昌陵吉地出差办理陵工，家瑞在样式房料理一切官事，蒙内务府苏大人添派为样式房掌案头目。后因嘉庆中大修南苑工程，家瑞承办楠木作内檐硬木装修，至南京采办紫檀、红木、檀香等料，并开雕于南京。家玺陵工告竣，仍归圆明园办楠木作事。家瑞雕工完亦回京，办理料木归公安拢，工竣，始辞退堂差回家。盖当乾嘉盛时，样房工作内外兼营，家玮、家玺、家瑞兄弟三人通力合作，是以家道繁昌。家瑞又于南行时赴江西建昌祖籍，重修《大成宗谱》。

雷景修，字先文，号白璧，又号鸣远，家玺三子，生于嘉庆八年，卒于同治五年（1803—1866）。年十六即随父在圆明园样式房学习世传差务，奋力勤勉，不辞劳瘁。道光五年，父故，以差务繁重惟恐办理失当，谨遵遗言，将掌案名目倩伙伴郭九承办者十余年，而自居其下。后于咸丰二年，郭九逝世，乃争回自办。迨至咸丰十年八月，圆明园被焚，档房停止，乃移居西直门内东观音寺。景修一生中，工作最勤，家中裒集图稿、烫样、模型甚夥。筑室三楹，为储藏之所。经营生理，积赀数十万，并修谱录、茔舍，规画井然，世守之工，家法不坠者，赖有此耳。子思起，孙廷昌，于同光之间，因缘时会，以陵工蒙异数，得貤封通奉大夫，赠二品封典。

雷克修，字雨田，行五，金玉胞弟金鸣之曾孙，与景修同辈，实共高祖之兄弟也，生于乾隆三十七年，卒于道光三十年（1772—1850），隶顺天宛平民籍。入学为庠生，由四库馆议叙，选授河南信阳州州同。于嘉庆十四年，自海甸槐树街祖宅迁出，别居东直门北新仓。于道光七年，撰有《雷氏支谱》，世系图录，序例谨严，边栏刊有龙剑堂三字。龙剑堂为北山支本宗之堂号。其时各房子孙有以争充样式房世业。又有槐树堂者，为雷家蓄养奴婢所生子孙异姓冒宗，更成一派。克修自好之士，乃以业儒自别。家谱跋云，槐树街老宅几不能容，余别有执业，常居京师，遂迁居北新仓云云。克修故能文，而于其家艺术事，谱中皆略而不言，岂门户之分，寓有隐痛欤。

雷思起，字永荣，号禹门，景修三子，生于道光六年，卒于光绪二年（1826—1876）。同治四年以定陵工程出力，以监生赏盐大使衔。思起自记同治十三年，因园庭工程进呈图样，与子廷昌蒙召见五次，盖其时有修复圆明园之议也。雷廷昌，字辅臣，又字恩绶，思起长子，生于道光二十五年，卒于光绪三十三年（1845—1907）。光绪三年，惠陵金券合龙，隆恩殿上梁，廷昌适供差样式房，以候选大理寺丞列保，赏加员外郎衔。后纳赀为祖父母、父母捐请二品封典，匠家子孙遂列在缙绅。斯时大工正当，普祥、普陀陵工方起，三海、万寿山庆典工程又先后踵兴。内而王公贵胄，外而疆吏富商，捐赀报效，辇金请益者，踵接于门。样式雷之声名至思起、廷昌父子两代而益彰，亦最为朝官所侧目。

贾汉复

贾汉复，字胶侯，别号静庵，清山西曲沃县今名同**大庄里人。明季为淮安副将。顺治二年，降清。十三年，官工部右侍郎，督修诸陵，累升副都御史，兵部尚书。两抚豫、秦。汉南栈道为寇所毁，公捐赀募工，且授以开凿之法，自宝**即今陕西宝鸡县**至褒**今县名，在陕西南郑县西北四十里**六百余里间，补葺如旧。浚长安之龙首**渠名，在陕西大荔县西、**通济**渠名，在今陕西长安城西南**二渠，以为民利。又补刻西安学宫《孟子》石经，重葺关中书院。**

《碑传集》卷六十二《国初督抚下·贾公汉复墓志铭》：公讳汉复，字胶侯，别号静庵，曲沃县大庄里人。明季时为淮安副将。顺治二年，豫王下江南，归命入京，隶籍正蓝旗，为牛录章京。甲午，简授都察院理事官，掌京畿道事。丙申，升工部右侍郎。丁酉，以兵部右侍郎、都察院右副都御史巡抚河南，晋兵部尚书。庚子，谢事。

康熙壬寅，以原官再起巡抚陕西。戊申，改用，回京候补。丁巳七月十五日，卒于私第，享年七十有二。公之在工部也，方修治关左诸陵，公于风雪中驰数千里，经营相度，告厥成功。复由喜峰、古北口巡视边墙，为绸缪固圉之计，仆夫告痛弗顾也。适三殿大工并兴，公洁己厘奸，省金钱巨万计。有昌平灰户挟私请以西山老虎洞为煅地者，奉旨命公往画地界，公至其地，大惊曰："此为玉泉山，乃都城龙脉，何物奸民，妄言敢尔。"与主其事者力争，上卒从公言，事得已。中州当四方之冲，兵燹孑遗，凋残未复，公一意与民休息，平刑简赋，拊循而噢咻之。然念安民必先察吏，饬有司惩胥役，龂龂持三尺法。由是民乐公之宽，而吏惮公之严。驿递久困，疏请与东省分路，民得以息肩。劝垦荒地至一万八千余顷，温旨优叙，然卫辉实荒地一千四百余顷，积岁赔累者，则又未尝不题请豁免也。抚秦七载，民安吏肃，如其抚豫时。民力稍暇，以其时修废举坠。汉南栈道为寇所毁，公捐赀募工，授以廾凿之法，自宝至褒六百余里间，补葺如旧，公私便之。浚长安龙首、通济二渠，以为民利。昔人所称"且溉且粪，长我禾黍"者，迄于公再见焉。尤留意文学事，其在豫省以私钱创造贡院，延儒开馆，各成两省通志全书。嗣后卫文清相国奏请天下通行修辑，实自公启之。又补刻西安学宫《孟子》石经，重葺关中书院……

《曲沃县志·人物志》：贾汉复，字胶侯，少负奇气，有大志。怨家造非言中害，濒死不屈。明崇祯末，汉复奉檄征高杰兵，杰署汉复副总兵。王师南下，汉复单骑北指，豫王见而奇之，招隶麾下，辞不获。世祖章皇帝知其才，授都察院理事官。迁工部侍郎，督修奉先殿。特命抚豫，加官保戴。命抚秦，其所兴举皆关大计。比卒，奉旨归葬，赐祭如例。先是碑洞石经缺，汉复毅然镌补。又平云栈，复龙首，修苍龙岭，秦人称之。

《陕南视察记》（见民国廿一年十一月十二日《大公报》）：……观音碥，昔名阎王碥。顺治中，中丞贾汉复因架木支栈，修理不易，乃用火煅石，以醋沃之，石碎路成，临水危崖，护以木石栏杆，其工今尚存在……

姚之夔

姚之夔，字龙友，清直隶宣化县今名同。民十七改隶察哈尔**人。顺治初，官柳州州判。州滩河有三十六斗、七十二滩者，水石冲激。上官知之夔能，檄视之，筑堤凿石，险者以平。**

《（乾隆）宣化府志》卷二十九《人物志下》：姚之夔，字龙友，宣化人。由廪生入国学，授柳州判州。滩河名三十六斗、七十二滩者，水石冲激，屡坏舟。之夔奉檄往视，筑堤凿石，险者以平。上官知其才，屡委署篆。在南宁，详免省饷远解，在东兰，亲诣蛮洞谕输积逋。丙寅，调任太平，按伪札时多胁从。之夔力言于上官，令自首付火，保全者众。寻升广东提举，亲理场灶，疏通脚引，商民便之。以丁艰不复出，居家以孝友称。

高第

高第，清直隶阜平县今河北阜平县人。顺治二年，由拔贡授巩昌同知、理刑推官。三年，大兵入川平贼，奉檄开秦州至汉中栈道七百里，亲裹粮入山，悬立赏示，劝慰交至，夫役踊跃，一月而工竣。复造三百余舟以资挽运，饷糈赖以无误。叙劳迁河南彰德府同知，踏勘西华荒田五千余顷，详请蠲免，百姓感之。

《（光绪）畿辅通志》卷二百三十七《列传四十五·国朝十二·正定府阜平县》：高第，顺治二年，由拔贡授巩昌府同知、理刑推官。时陕右初定，讼牒纷纭，第部决如流，民情悦服。三年，大兵入川平贼，奉檄开秦州至汉中栈道七百里，亲裹粮入山，悬立赏示，劝慰交至，夫役踊跃，一月而工竣。复造三百余舟以资挽运，饷糈赖以无误。叙劳迁河南彰德府同知，踏勘西华荒田五千余顷。详请蠲免，百姓感之。

马鸣萧

马鸣萧，字和銮，号子乾，清直隶青县今河北青县人。顺治四年进士。授工部主事，监修乾清宫，暴身烈日中。上见悯之，赐以御用雨盖。

《大清畿辅书征》卷二十一《天津府一》：马鸣萧，

字和銮，号子乾，青县人。顺治四年进士。历官浙江湖州府推官。内授工部主事，监修乾清宫，暴身烈日中。上见悯之，赐以御用雨盖。工竣，赐表里银马有差。后监督芜湖关，抽分溢额二万一千六百余两，商民怀之，立去思碑。升员外郎，三年告归。

张自德

张自德，字元公，别号洁源，顺天丰润今河北丰润县人。顺治初，由庆都令累官右副都御史，巡抚河南，工部尚书。性伉直，谙习河务，所著《四要六弊》诸篇，与所修筑遥堤缕堤之属，所言若合符契，允为治河之准的。

《碑传集》卷六十二《国初督抚下》毛际可《张中丞公自德传》：公讳自德，字元公，姓张氏，洁源其别号也，世为顺天丰润人……谙习河务，所著《四要六弊》诸篇，与莅任时修筑遥堤缕堤之属，所言若合符契，工程省什之三，帑金省什之一，允为治河之准的云。

黄攀龙

黄攀龙，清湖南桂东县今名同人。精于攻木。康熙初，武昌黄鹤楼势倾斜，攀龙曳而正之。桂阳县在湖南，今名同下濠有桥，地峻水急，植木为基，不旋踵即毁。延攀龙至，桥遂就。邑有溪堰，屡修屡决，攀龙亲凿石架木修复之，遂不复坏。

清李元度《黄攀龙传》（见《国朝耆献类征初编》卷四百八十一《方技一》）：黄攀龙，桂东人。精于攻木。康熙初，武昌黄鹤楼势倾倚，攀龙牮整如旧，省费万计，人皆神之。桂阳下濠有桥，地峻水急，植木为基，不旋踵毁。延攀龙至，桥遂就。邑泉溪有田，资灌，上堰屡修辄坏。攀龙亲凿石架木，出人意表，至今永固。

余忱

余忱，字士元，清康熙初浙江龙游县今名同人。嗜学好古，淹贯经史百家言。又喜营建，尝筑藏书楼，颜曰“书种”。又于城西北隅筑镜园，穿池引流，结构闲雅，晚年优游其中，赋诗为乐。

余绍宋《龙游县志》卷十九《人物传》：余忱，字士元，亦嗜学好古，每刻阴程课，至耄年犹不懈。淹贯经史百家言。作为诗文，沉雄高古，天真烂然。尤善交结名流，尤侗、韩菼、李渔诸人咸有赠答。至其仁孝友爱，则一门性习攸同，人无间然。待人接物，恺悌慈祥，接其言笑者，皆如坐春风中，如饮醇不觉致醉也。好施与，告以急难，辄倾心营助，惟恐不及，亦无德色。远近皆敬爱之。性喜营建，曾筑楼，藏书甚富，颜曰“书种”。又于城西北隅筑镜园。穿池引流，结构闲雅，晚年优游其中，赋诗为乐。

程兆彪

程兆彪，字慰书，清安徽休宁县今名同人。康熙间佐相国张公治河。在河工先后二十余年，淮黄利害多所赞画。每兴筑，与河卒均劳苦，寒暑不辍。如期工竣，坚致永固。有《治河书》十八卷、《黄运两河图》二卷，皆适于用。

清钱陈群《程兆彪墓志铭》（见《国朝耆献类征初编》卷百四十四）：君姓程氏，讳兆彪，字慰书，徽之休宁人……君弱冠入太学。遭母丧，服除，乡举不遇。因谒选，授兵部司务，擢刑部云南清吏司主事。所至以才著，曹长咸器之。时年未三十也，念父大耋，而兄远仕陕，遂请急省亲归里，生养病医，死葬尽其孝。当是时，相国遂宁张公方督治河，请于朝，择才以佐，遂举君兄弟。君自服阕莅事，在河工先后二十余年，淮黄利害多所赞画。每兴筑，与河卒均劳苦，暑雨冻雪指挥河壖。竣工如期，坚致不坏。若高堰石工，安东汛土埽工，抢护安山、宿虹、陈湾、蔡道口诸险工，挑山清口河，筑柳园、范庄诸土埽工，隤竹楗石以丈计，且逾万。积劳久，至手颤耳鸣，病归于吴，以老可惜也。然自仁皇帝视河，召君傍辇，行五六里，顾问详备，赐宸翰宠之。以至河督大臣相次奏君功绩为河员最，因数增秩，不为不知君矣。尝摄怀庆河防通判，不以部曹贵轻倅事，曰："为人臣安往不可尽职，且吏治吾好也。"于是葺学校，清鹾法，整捕务，罢供给扰民者，修坝牐以利挽输而资灌溉。甫三月，以大工旋河上，民思之，若习久安之一旦失之者。事兄谨，终兄身不析箸，于河于家事必谘兄。兄殁后，为同官诬累，君命子仁锐身白冤，卒得白。昔诚亲王书“孝友”二字诒君，为不愧云。既宦而贫不能归，寓吴养病，受子养以卒，雍正十年冬也，年六十又三……君所著《治河书》十八卷、《黄运两河图》二卷皆适于用……

张衡

张衡，字友石，清景州今河北景县**人。康熙初，官工部郎中，充琉璃窑厂监督。时值造筑陵工、瀛台及内殿门观，约百余所，衡亲勘督建，费少而功倍。**

《大清畿辅先哲传》卷十九《文学》：张衡，字友石，又字羲文，号晴峰，景州人。父培贞，字存之，顺治三年举人。有孝行，母丧，三年不履中门，不茹荤酒，居垩室，颜曰“负劬”，作鲜民之生文述哀，读者流涕。衡年十二，通经史，能诗文，尤精钟王笔法。顺治十八年，成进士。授内阁中书舍人。康熙十一年，典试山西，称得士。由户部主事，历升工部郎中。以才能荐督窑厂，时造筑陵工、瀛台、内殿门观，约百余所，衡亲勘督建，费少而功倍……

嵇曾筠

嵇曾筠，字松友，清江苏江宁县今名同**人。康熙四十五年进士。雍正元年，河决河南中牟县**今名同**十里店，诏曾筠**

驰往堵筑，逾数月工竟。五年兼管山东黄河堤工。七年，授河南山东河道总督。八年，署江南河道总督。任河务十余年。其治水用引河杀险之法，故动奏奇绩。又善建坝，每于迎溜顶冲之处，辄为矶以挑之，至今有“嵇坝”之称。累官文华殿大学士兼吏部尚书。有《防河奏议》雍正十一年刻本，为治河名论。曾筠卒，其第三子璜，亦由治河有功，官大学士，继其武。

《清史稿·列传》九十七本传：嵇曾筠，字松友，江南长洲人。父永仁，诸生，从福建总督范承谟死事；母杨守节，抚曾筠成立，事分见《忠义》《列女传》中。曾筠，康熙四十五年进士，选庶吉士，授编修，累迁侍讲。雍正元年，直南书房，兼上书房。擢左佥都御史，署河南巡抚，即充乡试考官，迁兵部侍郎。河决中牟刘家庄、十里店诸地，诏往督筑，逾数月，工竟。二年春，奏言：黄、沁并涨，漫溢铫期营、秦家厂、马营口诸堤，循流审视，穷致患之由。见北岸长沙滩逼水南趋，至仓头口，绕广武山根，逶迤屈曲而下。官庄峪又有山嘴外伸，河流由西南直注东北，秦家厂诸地顶冲受险。请于仓头口对面横滩开引河，俾水势由西北而东南，毋令激射东北，并培钉船帮大坝，更于上下增筑减水坝，秦家厂诸地险势可减。又与河督齐苏勒会奏，培两岸堤，北起荥泽至山东曹县，南亦起荥泽至江南砀山，都计十二万三千余丈，皆从之。授河南副总河，驻武陟。疏言：郑州大堤石家桥迤东大溜南趋，应下埽签桩。复于埽湾建矶嘴坝一。中牟拉牌寨黄流逼射，应下埽护岸，建矶嘴挑水坝二。穆家楼堤工坐冲，亦应下埽加镶。阳武北岸祥符珠水、牛赵二处堤工，近因中牟迤下，新长淤滩，大溜北趋成冲，应顺埽加镶。又言：小丹河自辛句口至河内清化镇水口二千余里，昔人建闸开渠，定三日放水济漕，一日塞口灌田。日久闸夫卖水阻运，请严饬。仍用官三民一之法，违治其罪。又言：祥符南岸回回寨对面淤滩直出河心，致河势南趋，逼省城。请于北岸旧河身浚引河，导水直行。上谘齐苏勒，用曾筠议。四年，奏卫河水盛，请于汲、汤阴、内黄、大名诸县筑草坝二十七。又请培郑州薛家集诸处埽坝。五年，命兼管山东黄河堤工。寻转吏部侍郎，仍留副总河任。六年，疏言：仪封北岸因水势冲急，雷家寺上首滩崖刷成支河。请将旧堤加帮，接筑土坝，跨断支河，以防掣流侵堤。青龙冈水势萦纡，将上湾淘作深兜，与下湾相对。请乘势开引河，导水东行。寻擢兵部尚书，调吏部，仍管副总河事。奏请培兰阳耿家寨北堤，下埽签桩筑坝。七年，授河南山东河道总督，疏请开荆隆口引河。八年，署江南河道总督，疏言：山水异涨，汇归骆马湖，溢运浮黄，河湖合一。请于山盱周桥以南开坝泄水，并启高、宝诸堰，分水入江海。高堰山盱石工，察有桩腐石欹，顺砌卑矮者，应筑月坝，加高培实；其年久倾圮者，全行改筑。兴工之际，筑坝拦水，留旧石工为障。俟新基筑定，再除旧石，仍留旧底二层，以御风浪。又奏：禹王台坝工为江南下游保障，沭水源长性猛，坝工受冲。请于现有竹络坝二十七丈外，依顶冲形势，建石工六百余丈，接连冈阜，仍筑土堤，并浚沭河口门，使循故道直趋入海。十年，奏扬州芒稻河闸商工草率，改归官辖，并增设闸官。十二月，加太子太保。十一年四月，授文华殿大学士兼吏部尚书，仍总督江南河道，予一品封典。十二月，丁母忧，命在任守制。曾筠奏恳回籍终制，温诏许之。以高斌暂署，仍谕曾筠本籍距淮安不远，明岁工程，就近协同经理。十二年四月，同高斌奏增筑海口辛家荡堤闸，同副总河白钟山奏修清江龙王闸，浚通凤阳厂引河。十三年，谕曾筠葬母事毕赴工。高宗御极，命总理浙江海塘工程。乾隆元年，兼浙江巡抚，寻命改为总督，兼管盐政。曾筠条奏盐政，请改商捕为官役，严缉私贩，定缉私赏罚。地方有抢盐奸徒，官吏用盗案例参处。又疏请于海宁筑尖山坝，建鱼鳞石塘七千四百余丈。入觐，加太子太傅。二年，疏请筑淳安淳河石磡。三年疏请修乐清滨海堤，又疏请发省城义仓运温、台诸县平粜，并从之。寻召入阁治事，以疾请回籍调治。上令其子璜归省，又遣医诊视。卒，赠少保，赐祭葬，谥文敏，祀浙江贤良祠。又命视靳辅、齐苏勒例，一体祠祀。曾筠在官，视国事如家事，知人善任，恭慎廉明，治河尤著绩，用引河杀险法，前后省库帑甚巨。第三子璜，亦由治河有功，官大学士，继其武。

清陆耀《嵇曾筠小传》（见《国朝耆献类征初编》卷十六）：嵇曾筠，字松友，无锡人……著有《防河奏议》。

陈仪

陈仪，字子翙，清直隶文安县今河北文安县人。康熙五十

四年进士，官至侍读学士，善治水。雍正三年，直隶大水，诸河泛滥，坏田庐。仪以谙习直隶省水利，赞襄怡亲王相度浚治，教令章奏，皆出仪手。五年，任天津水利营田局，兼督文安大城堤工。直隶大小诸河七十余，疏故浚新，仪所勘定者殆什六七。

《清史稿·列传》七十八本传：陈仪，字子翙，顺天文安人。康熙五十四年进士，改庶吉士，散馆授编修。为古文辞，治经世学，大学士朱轼器之。雍正三年，直隶大水，诸河泛滥，坏田庐。世宗命怡亲王允祥偕轼相度浚治，王求谙习畿辅水利者，轼以仪对。延见，谘治河所宜先，仪曰："朱子言治河先低处。天津为古渤海逆河之会，百川之尾闾，今南北二运河、东西两淀盛涨，争趋三岔口，而强潮复来拒之，抵牾洄漩，而不时下，下隘则上溢，其势宜然。故欲治河，莫如先扩达海之口。欲扩海口，莫如先减入口之水，入口之水减，则达海之口宽。北永定、南子牙、中七十二沽，皆得沛然入三岔口而东注矣。"四年春，从王行视水利，教令章奏皆出仪手。轼以忧归，王荐于朝，命以侍讲署天津同知，转侍读，擢庶子，仍署同知如故。五年，王奏设水利营田四局，仪领天津局，兼督文安、大城堤工。二县地卑下，积潦不消，是秋复大水，堤内外皆巨浸。仪购秫秸十余万束，立表下楗以御水。堤本民工，仪言于王，请发帑兴修，招民就工代赈，堤得完固。南运河长屯堤地隶静海，吏舞法，岁调发霸州、文安、大城民协修，百里裹粮，咸以为苦。仪为除其籍。

畿辅大小诸河七十余，疏故浚新，仪所勘定殆十六七云。八年，擢侍讲学士。时议设营田观察使二员，分辖京东西，以督率州县。命仪以佥都御史充京东营田观察使，营田于天津。仿明汪应蛟遗制，筑十字围，三面开渠，与海河通，潮来渠满，闭渠蓄水，以供灌溉，白塘、葛沽间斥卤尽变膏腴。丰润、玉田地多沮洳，仪教之开渠筑圩，皆成良田。十一年，大雨，山水暴发，没田庐。仪疏闻，谕筹赈，即命仪董其事，凡赈三十四万余口。十二年，转侍读学士，寻罢观察使，还京师。仪笃于内行，先世遗田数百亩，悉推以让兄。既仕，分禄畀昆弟，周诸故旧。有故人子贫甚，属门生为谋生业，事为人所讦，吏议当降调。乾隆二年，授鸿胪寺少卿。仪以老乞归。七年，卒，年七十三。子玉友，雍正八年进士，官台湾知府，勤其官，有惠政。

俞兆岳

俞兆岳，字岱祯，清浙江海宁县今名同人。康熙中，由宣平教谕选大田知县。乾隆间官至吏部左侍郎。善筑塘。雍正初，筑苏松海塘，叠层石而中贯以铁笋，犬牙相衔，熔铁灌之，胶结众石为一。即巨涛冲击，海潮怒撼，亦不摇动。先后督抚如李卫、尹继善皆奏上其法，为筑海塘式。

李文藻《吏部左侍郎俞公兆岳传》（见《碑传集》卷二十九）：俞公，讳兆岳，字岱祯，浙江海宁人。父宣琅，官大竹知县。公生十一岁而孤，母吴知书有志节，陈说古事教督公。公循蹈义法，童而知方。康熙中，由廪生捐贡，肄业国子监，期满授宣平教谕。选大田知县，喜曰："庶几乎少白吾母之教乎。"则徒步微服抵县，一童襆被随寓逆旅，中访利病数十日，始出片纸召胥隶，一县大惊。自是无留狱，县以治，调台湾县……迁开州知州，遭母忧去官。服阕，补松江同知……言海塘易溃，宜易土以石，上官是其言，俾督其役。大学士高安朱公出视海塘，奇公才，特疏荐之，且曰："兆岳如苦行头陀，年向衰矣，及早用犹可得其死力。"有旨召见，入对，上甚壮之。授青州知府。是时，雍正五年也。是年山东旱，公以事至省城，谒大府，大府召，优觞公。公曰："久不雨，天子减膳撤乐矣。为人臣子，忍对歌舞，安坐终宴乎。"立饮三爵，趋而出。大府怒，思中伤之。公即引疾去，疏入，召诣阙，上望见公曰："强项吏，上官所不便，朕知其非病也。"顾宰相曰："此人可何官？"宰相据例对，上曰："俞兆岳非常士也，亦拘以例乎。"授通政司参议。适江南海水溢决，坏海塘数处，惟公所筑塘屹如旧。督抚言诸朝，特擢公太仆寺卿，总理海塘。时崇明湮没，死者相枕藉，公出赏格募人掩胔骼，招流民赴工就食。阅七载，成石塘七千一百二十八丈，自柘林城至金山城，凡四十五里。复于金山漴缺险要地，捐俸筑片石小塘五百五十丈以卫之，民得安堵。乾隆改元，今上即位，擢都察院右副都御史，巡抚江西……七阅月而召为吏部左侍郎。疏请便省墓，至里……时海宁方大筑塘，阁部无锡嵇公总其事。

公为嵇门生，闻公至，使使候公，公进使者曰："天子发内府钱筑塘，而派夫扰及七县，沿堤取土，坏民田墓，怨声流道路，吾厌闻之矣。今日吾不言于师，则负师，不言于朝，则负君，其何以处我？"使者兼程返告。厥明，则马上传箭，诸不便事悉罢。到部未久，江西巡抚岳公奏公前解关税较常年缺额九万余两，下刑部鞫之，实浮减免银二万五千两，除赏官兵，其无款可销者才三百八十两。事在赦前，得免议。奉特旨昭雪，而公已卒，年七十有七。公天性耿介，能劳苦，勇于有为……而筑海塘，则功在苏松。其法叠层石而中穿之，贯以铁笋，其横犬牙相衔，熔铁灌之，胶结众石为一，水即甚怒，不可动。先后督抚如李公卫、尹公继善皆奏上其法，为筑海塘式……

僧祖印

祖印，清四川眉州今改眉山县洪塔寺僧。乾隆二十一年，重修洪塔寺石桥，祖印罄其所蓄，鸠工庀材，自经营度始，一丝一粟，不仰于众，一木一石，不假于人。凡所选之材，必坚固完好可垂久者，然后用之。且亲董其役，科头跣足，策杖指挥。八越月而长桥成。

清王我师《重修洪塔桥记》（见《（嘉庆）四川通志》卷三十三《舆地志·津梁·眉州》）：乾隆丙子秋，余莅彭庠之九越月，邑侯张公治彭之六载也。凡关国计民生，纲维备举，惟彭志未修，以草创委余，因携庠弟子一人为乡导，遍观夫桥梁、道路、山川、名胜，已见除道成梁，收场畚挶，不蔑民功，有优无匮矣。十月，有金刚山之游，至洪塔桥，群功负石，喧声四达，一僧科头跣足，策杖指挥于其间。余已心异之。桥工未毕，马不能渡，因溯堰沟而上，但见沿沟傍塍者，争开渠道。余曰：“当此筑场纳稼，正宜朋酒为欢，何由亟亟如是也？”弟子曰：“自邑侯新开通济堰，以故水得导引，是以如是其急也。”是夜宿文子庄，具灯火，扶伊父拜于前。余见是叟也，吐属清朗，叙及所见修桥事。叟曰：“是僧也，是桥也，是僧之桥也。是僧之修也，自经营始度，一丝一粟，不仰于众，一木一石，不假于人，必期坚固完好，可垂久远而后已。”余曰：“僧何故而发此大愿力也？”叟曰：“僧殆悟彻菩提于见闻中而得冥慧者也。”僧名祖印，本洪雅县祝氏子，家世甲科，以业儒不就，弃而为僧。洪塔寺为前僧败，乡人接祖印为香火主，甫一稔，积所获为合殿庄严，至今金碧流辉，佛光高耀，依然一古刹也。厥后博游城市，归则瞑目跏趺，锱铢必谨，出纳愈慎。诮者曰：“僧欲携资上西天也。”印曰：“吾始以刻木塑泥为功德府，吾今而后乃知利物利人为功德梯航也。自历忠孝双江桥上，见奔流浩浩，来往嬉嬉，坐可避风，日行无惮褰裳，此宰官身先事于民者也。吾何舍此而他求哉。”因是悉出所蓄，鸠工选材，八越月而长桥落成矣。余不禁兴叹曰：“古必择二千石贤牧令者，为其呼吸相通、好恶相同耳。不意浮屠氏一经感触，如影随形，逃墨归儒，所谓豚鱼吉，不言而信存乎！德行诚不虚矣！异日侯为霖雨舟楫，僧将甘露垂滋，一苇西渡，理有然也。”次日，立马金刚山顶，举头放眼，动荡空明，俯视全邑，了如指掌，第见村庄、篱落、桑麻、鸡犬，宛然作息天民，遗风未远，愈识贤侯之六载辛勤，治化翔洽也。而彭山之志稿已半脱于心目间矣。兹于黄钟月廿四日，乡人魏云龙以修桥碑记请余，录此以应，谓为余之游记也可，谓为碑记也可，俾勒诸石。

姚蔚池　史松乔　谷丽成　潘承烈　文起　黄晟　黄履暹　黄履昊　黄履昴

姚蔚池，清乾隆间苏州人，有异才，善图样。

史松乔，清乾隆间人，出样异常。

谷丽成，清苏州人。乾隆间，由两淮制造之内府装修，图样、尺寸皆出丽成手。

潘承烈，字蔚谷，清乾隆间人。精宫室装修之制。

文起，字鸿举，清乾隆间江苏江都县今名同人。精于工程做法。

黄氏兄弟，晟字东曙，履暹字仲升，履昊字昆华，履昴字中荷。本徽之歙县今名同潭渡人。清乾隆间，寓居扬州，以盐策起家。好构名园，尝以千金购得秘书一卷，为营造之法。每一造作，虽淹博之才，不能考其所从出。

《扬州画舫录》卷二《草河录下》：姚玉调，苏州人……子蔚池有异才，善图样，平地顽石，构制天然。又史松乔出样异常。又卷十二《桥东录》：谷丽成，苏州人。精宫室之制，凡内府装修出两淮制造者，图样、尺寸皆出其手。又潘承烈，字蔚谷，亦精宫室装修之制，而画得董、巨天趣。又文起，字鸿举，江都人。博学，精于工程做法，所见古器极多，称赏鉴家。又黄氏兄弟，好构名园。尝以千金购得秘书一卷，为造制宫室之法。故每一造作，虽淹博之才，亦不能考其所从出……黄氏本徽州歙县潭渡人，寓居扬州，兄弟四人，以盐策起家，俗有四元宝之称。晟字东曙，号晓峰，行一，谓之大元宝，家康山南，筑有易园……易园中三层台，称杰构。履暹字仲升，号星宇，行二，谓之二元宝。家倚山南，有十间房花园……四桥烟雨，水云胜概二段，其北郊别墅也。履昊字昆华，行四，谓之四元宝，由刑部官至武汉黄德道，家阙口门，有容园。履昴字中荷，行六，谓之六元宝，家阙口门，有别圃。改虹桥为石桥，其子为蒲筑长堤春柳一段，为荃筑桃花坞一段。

李毓德

李毓德，清乾隆间人。直隶乐亭县南有大慈寺，年久失修，瓦砾倾颓，惟正殿一间，摇落仅存。毓德谋诸住持，图恢宏之。毓德亲董其役，计储砖瓦，构木石，去除旧腐物，而悉易以新，层基亘地，高阁摩空。毓德往返督监，年逾七十不倦。

张作霖《大慈寺记》（见《乐亭县志·寺观》）：乐

邑之坤隅三十里曰马头营，之南一里许旧有东西两寺。西寺入于河，观音浮归南海。东大慈寺，厥昉不可考，稽诸弘治四年碑记，僧人真良等尝于天顺、成化时重加缮葺云，今岁几三百。瓦砾倾颓，惟正殿一间摇落仅存。李公毓德见而悯之，谋及住持，图为恢宏之计。储砖瓦，构木石，一切腐物概置不用，乃于其左广数丈许，合观音寺建之。层基亘地，高阁摩空，历年于兹，积费数千金，往返督监，年逾古稀不倦，即谓今之须达长者可也。虽然此地滨于河，素患湔湃，自为招提胜境，当必遣庚辰驱支，祈永作一方保障，则斯寺之建，公其尤有深心乎。余客兹土，闻其事最悉，爰备志之，以垂不朽。乾隆五十年，因湾河逼近，形将冲塌，李君维藩移建于营东。维藩，毓德子。

李斗

李斗，字艾塘，清江苏仪征县今名同**人。博学工诗，通数学、音律。所著《扬州画舫录》十八卷，于名胜、园亭、寺观、风土人物，搜采详赡，末附《工段营造录》**即《画舫录》之第十七卷**，于清代工程做法，提要钩玄，颇多心得。**

《续纂扬州府志》卷十三《人物志·文苑·仪征》：李斗，字艾塘，诸生。博学工诗，通数学、音律，著有《永报堂诗集》八卷、《艾塘乐府》一卷。晚年以疾食防风而愈，名所居曰防风馆。所作《扬州画舫录》十八卷，于名胜、园亭、寺观、风土人物，搜采详赡，阮文达公为序其集。

吴学成按人物志之次，此人似为乾嘉间人

吴学成，江西义宁州今改修水县人。性好善。州西燕子崖沿河最险处，路仄不逾尺，上临绝壁，下瞰深渊，顽石碍道，路行者危之。学成鸠工凿山，经营弥年，行者称便。

《（同治）南昌府志》卷五十《人物志·义宁州·善士》：吴学成，太学生，义宁州人。性好善。州西燕子崖十余里，沿河最险处，路仄不逾尺，上临绝壁，下瞰深渊，顽石碍道，路行者危之。学成鸠工凿山，经营弥年，行者称便。兄徒梁修梅店石桥，兄子仪宾亦于要津修桥，不求名，凡所修建不为碑碣。

王明颁按人物志之次，此人似为乾嘉间人

王明颁，字三锡，清江西武宁今县名人。里中羊肠滩，石险坏舟，人多溺毙，里人咸病之。明颁输金督工凿平之。又凿洋坑石栈数里。

《（光绪）江西通志》卷一百四十《列传·南昌府》：王明颁，字三锡，诸生，武宁人。里中羊肠滩，石险坏舟，人多溺。明颁输金凿之，夜梦神人戒止，不听，神复降于庭，兽面狰狞，围屋作金铁声，家人震骇。明颁不为动，督工凿益急，竟平其险。又凿洋坑石栈数里。

胡绍箕按人物志之次，此人似为道光间人

胡绍箕，清湖南安化县今名同人。都有鹿角寨，峭壁斗绝，中通鸟道一线，行者攀岩而过，目不能瞬。绍箕凿险成夷，往来称便。又高陇矶水驶如箭，险滩也，岸仄不容一足，挽舟逆水而上，插足不定则水陆命悬。绍箕凿平之。其他艰险处，莫不竭力经营。

《（光绪）湖南通志》卷一百八十二《国朝人物·安化》：胡绍箕，性好济利。本都鹿角寨，峭壁斗绝，中通鸟道一线，行者攀岩而过，目不能瞬。绍箕凿险成夷，往来称便。高陇矶水驶如箭，险滩也，岸仄不容一足，挽舟逆水而上，插脚不定则水陆命悬。绍箕凿平之。其他艰险处，莫不竭力经营。

袁保龄

袁保龄，清河南项城县今名同人。光绪间以直隶候补道督筑旅顺军港，开山浚海，筑拦潮坝，工程浩大。保龄于冰雪风雾中督工役，昼夜无倦色。又跋山涉海，测地鸠工以筑炮台，不数月东西两岸七台成，坚致曲折，险冠华北。

章梫《袁保龄传》（见《一山文存》卷五）：袁保龄，甲三次子，同治元年举人……光绪五年……赏二品顶戴，保龄历官内阁中书、侍读十有三年，于天下要闻博考远览，

熟悉掌故……八年……直隶总督疏请以道员留直隶补用，乃益锐请整顿军实。是年冬，赴奉天旅顺口督海防工，兼办水陆军防务。先是，奉檄履勘沿海，通筹形势，无以易旅顺者，跨金州半岛，突出大洋，水深不冻，山列屏障，口门五十余丈。口内两澳，四山围拱，形胜天然，诚海军之奥区也。于此浚浅滩，展口门，创建船坞，分筑炮台，广造库厂，设外防于大连湾，屯坚垒于南关岭，与威海各岛遥为声援，远驭朝鲜，近蔽辽沈，实足握东亚海权，匪第北洋要塞也。至是规画建筑九年，李鸿章奏饬驻工督率，称北洋防务以旅顺最为繁巨，西国遇此天险可为水师窟穴，必以全力驻之。北洋岁收经费有限，只可就现在财力逐段竭蹶经营，开山浚海，工大费巨，购料运器于西洋，派员雇夫于直省，与内地工程迥异。初，旅顺于七年间，试办筑坝浚澳，久无成功，滩地沮洳，海潮怒撼，百计不足捍御。保龄受任，迭与提督宋庆、丁汝昌、臬司周馥、道员刘含芳等，察勘妥筹，次第兴作。其筑拦潮坝一役，于冰雪风雾中督工役，植立坝上四十口，仿栗毓美石圳，纯用块石护之，始获坚稳。时荒岛初辟，海声硠硠，内地宾僚率相视裹足。保龄昼督洋匠、土夫工作，夜则篝灯草文书，恒以一身兼数任，其劳苦非常人所能耐。法越构衅，法人声言北犯，旅顺口仅成黄金山炮台一座。保龄跋山涉海，测地鸠工，不数月而东西两岸七台成。又设备战土台无数，分置克虏伯大炮，添置防营环营数十丈，植梅花桩、阱，沿岸伏旱雷，海口伏水雷，以防敌兵暗袭。其时津沽旅顺陆路二千里未设电线，急请兴建，联络防军，节节布置，声势俱壮……

陈璧

陈璧，字玉苍，福建闽县民二并闽县、侯官为闽侯县人。生于清咸丰二年，卒于民国十七年（1852—1928）。官至邮传部尚书。性长综核，好营造，所至辄兴土木，皆工坚而矩度有法，财亦无虚糜。光绪庚子之役，乘舆西幸，各国联军犯京师，辇毂骚然。璧以御史巡视五城，适当其冲，设协巡局，徼循市廛，实导京城市政之先。继任顺天府尹，规复宫禁，修缮跸路，及时辟治，无役不从。回銮以后，又奉旨修葺东西两陵工程，及重建正阳门城楼、箭楼。凡所勘估，绝不假手胥吏，而所费皆省于旧例。宣统初元，命估修监国摄政王府及崇陵工程，以省费不中王意，忤旨，去职。有《望岩堂奏议》十二卷行世。

《清史·本传》（清史馆待刊稿）：陈璧，字玉苍，福建闽县人。光绪三年进士，授内阁中书……改御史，旋管街道，疏沟渠，平道路，众称便……二十六年，命巡视中城，拳匪乱作，奏请立团练，力主剿匪，兼护民教，全活甚众……联军既入，官吏尽走，独衣冠乘马出巡，手缮示谕安民，密书请全权大臣李鸿章入京。时联军画地分守，越问民事，乃挺身出与抗议……设总理公所……全权大臣咨步军统领、顺天府尹，三署同集，自十月朔始，八十余日不辍，三署推璧主其事……擢顺天府丞。二十七年，迁太仆寺少卿，全权大臣奏留会办五城事宜。和议成，联军陆续归国，充接收五城地面专员……擢顺天府尹，首裁吏，设立善后派办处，遴员分科办事，积蠹一清……开办工艺局，兴工业，设织纺局，教女工……乱后兴举，时论翕然称之。两宫回銮，召见，颇嘉勉，命充政务处总办。西陵园寝被兵蹂躏，特派为估修大臣。正阳门毁于拳匪，并命估修，皆工坚而费省……三十三年，擢邮传部尚书兼参预政务大臣，规画路电航邮四政大纲……璧精核，任劳怨，勤于职事，最为孝钦皇太后所倚畀……逮两宫升遐，朝局一变……革职罢官后，仍居京师，于西城辟苏园，日以莳花，种蔬，课孙诵读为事……戊辰年卒，年七十有七。

叶恭绰《清故邮传部尚书陈公玉苍墓志铭》（见《遐庵汇稿》）：……公讳璧，字玉苍，晚号苏斋，福建闽县人。曾祖登、祖春芳、父鸿英，潜德不耀。公少慧。弱冠以廪生举于乡，中光绪三年进士，授内阁中书……公性长综核，好营造，所至辄兴土木而矩度有法，财无虚费，政府有大建筑，悉以命公，若六陵七园寝之修理，惠陵、景陵、裕陵及正阳门楼之恢复，所费皆倍省于昔。向主其事者深惎焉。及两宫崩，命公估计陵工。公犹狃前事，估计甚廉，遂有人腾说谓公薄待大行皇帝，而估建摄政王府第，亦以费省，不中王意。

陈宗蕃《清故邮传部尚书陈公玉苍年谱》：清咸丰二年壬子六月十九日，公生于福州城外之苏坂乡孝友第，公讳璧，字玉苍，晚号苏斋，福建闽县人。先世自明万历间迁于苏坂。六世祖天南公以农兼读，家境渐裕，有祭田五十亩，世守其业。曾祖登、祖春芳、父鸿英俱儒读，潜德不耀。光绪三年丁丑，公年二十六岁成贡士……以内阁中书用。十八年壬辰，公年四十一岁，升授礼部铸印司员外郎……南苑、天坛等处工程监督，稽查京通十七仓事务，万寿庆典总办。二十年甲午，公年四十三岁……六月，奉派充醇贤亲王园寝宫门围墙工程监督。二十二年丙申，公年四十五岁，二月奉命管理街道事务，前三门外官沟自乾隆十八年奉旨派王大臣修浚以后，久已淤塞，公建议修复，用款八千两，开通一万余丈，商民称便。二十六年庚子，公年四十九岁，二月奉旨巡视中城，时拳匪事起，城面不靖，五城会奏开办团练事宜，得旨报可……设局于仓场内宝义仓，五城各设分局……七月二十日，有两宫西巡之变，城中秩序大乱，抢劫纷起，公率团勇百名分守平粜局、练勇局，捕杀抢犯十余名，人心赖以稍定……二十三日，公骑马衣冠巡于市，并出示晓谕居民，谓和好在即，官商居民照常安业，人心因而大定……十月，特旨升署顺天府府丞。二十七年辛丑，公年五十岁……巡视中城御史任满，奉旨留任一年。七月捕授太仆寺少卿，同月补授顺天府府尹，并会办五城事宜……十二月，奉派估修西陵工程，亲往勘估，不带算房书吏人等，一改从前积弊。二十八年壬寅，公年五十一岁，正月，奉派估修东陵……五月，亲往西陵验工。六月，奏设京师工艺局于外城下斜街，并附设农工学堂……十一月，往西陵查工。十二月，奉派估修正阳门工程。二十九年癸卯，公年五十二岁，三月，往西陵查工，奏修左翼节孝祠。五月，西陵工程告竣，前往验工。闰五月初七日，正阳门工程开工，所有大楼、箭楼一切工作，共估价银四十二万九千九百余两，较从前工程估价约减三分之二……八月，奏请工艺局附设农科。工艺局开办以来，募致外洋外省专门工师来京，分科制造器物，教习艺徒，计农务则有凿井、铁工二科，织工则有洋毛巾、斗文布二科，漆工则有画漆、雕漆二科，木工则有华、洋式木器各一科，藤工则有华、洋式藤器各一科。此外又有绣工、箱工、镌磁、胰皂、玻璃各科，多系京中未有之工艺。又于南苑领出荒地，招农开垦，先开稻田，教以种法，余种葡萄、桑麻以备酿酒、缫丝、打索之用，规模粗备。京师工艺之增进自兹始……九月卸顺天府尹任……三十年甲辰，公年五十三岁……五月，往惠陵验工并奉派估修景陵工程。三十一年乙巳，公年五十四岁……八月，东陵岁修开工，驰往验视……九月，奉派查勘东陵工程，亲往勘估并验收西陵岁修工程。三十二年丙午，公年五十五岁……四月，往惠陵勘工并验收东陵岁修工程……是月，奉派承修裕陵圣德神功碑亭工程……惠陵隆恩殿工程完竣，亲往验收……三十三年丁未，公年五十六岁……六月十九日正阳门工程告竣……同月，奏呈筹画全国铁路轨线图说，分画经纬支干，全国铁路规模始定于此……三十四年戊申，公年五十七岁……十一月，派绘估承修监国摄政王府第工程……宣统元年己酉，公年五十八岁，公自京尹历跻卿贰，皆以兴利除弊为主，不避嫌怨，一意孤行，嗛之者久欲排挤以为快。摄政王当国，亲贵干政，俱不满于公。于是御史谢远涵摭拾蜚语以入告。朝命孙家鼐、那桐查办，遂以事出有因查无实据复奏，部议革职……民国十七年戊辰，公年七十七岁，闰二月初五日，卒于家……民国十九年庚午，葬于北平阜成门外田村之原。

杨斯盛

杨斯盛，字锦春，清江苏川沙今县名人。幼失怙恃，家贫，业圬于上海，以工自给。然颖敏有巧思，为侪辈所重。光绪中叶，江海关建新楼，税务司悬求最新西洋建筑图式，招华人构筑，无敢应者，斯盛独应之。落成，西人叹赏不置。厥后，业日盛而积蓄亦日增，遂出资规筑洋泾、陆家渡、六里桥南诸路。又自以少年失学，识字无多，见贫苦儿童无力从师就学，恻然怜之，乃捐资创设学校于沪及川沙厅。晚年又捐资改筑严家桥，以士敏土为桥身，以钢铁为骨干，日亲往指挥，甫匝月，以积劳卒。群匠遵其遗法，犹能完成其工。性孝友，与人交，然诺不欺。凡工人有一技之长，必加奖拔，或出资助之，故人皆乐为之用云。

《清史稿·列传》二百八十五《孝义三》本传：杨斯盛，字锦春，江苏川沙人。为圬者至上海，上海既通市，商于此者咸受廛焉。斯盛诚信，为侪辈所重，三十后稍稍有所蓄，乃以廉值市荒土营室，不数年地贵，利倍蓰。善居积，择人而任，各从所长，设肆以取赢，迭以助赈叙官。光绪二十八年，诏废科举，设学校，出资建广明小学、师范传习所。越三年，又建浦东中、小学，青墩小学，凡縻金十八万有奇。上海业土木者以万计，众议立公所，设义学，斯盛已病，力赞其成，事立举。海滨潮溢，居民多死者，斯盛出三千金以赈，又集资数万，全活甚众。浦东路政局科渡捐急，民大哗，官至，群毁其舆。斯盛力疾往，挥众散，捐亦罢。又出资规筑洋泾、陆家渡、六里桥南诸路，改建严家桥，创设上海南市医院，诸事毕举。建宗祠、置义田、佽故友族人，咸有恩纪。及卒，遗命散所蓄助诸不给，遗子孙者仅十一。

《中国人名大辞典》：杨斯盛，清川沙人，字锦春。幼孤，业圬于上海。光绪中叶，江海关建新屋，税务司悬最新之西式，招华人构筑，无敢应者，斯盛独应之。落成，大为西人叹赏，业遂日盛。晚年积资四十万，折其大半创设中小学校于黄浦江之东，成就甚多。

章梫《杨斯盛传》（见《一山文存》卷五）：……浦东严家桥日久将圮，斯盛谋新之，又捐银六千圆，筑塞门德土为桥身，以钢铁为骨干，日往指挥，甫一月，而斯盛卒。群匠遵其遗法，桥竟成功。

谢甘棠

谢甘棠，字寄云，江西建昌府南城县今名同人。光绪十三年，郡北郭万年桥毁于水，桥跨旴水上，长一百十八丈三尺，为瓮二十有三，阔一丈八尺三寸，为江右稀有巨工。十七年，知县洪汝濂集官绅议修复。甘棠时以兵部主事居家，被推董其役。是年夏始工，凡四年，蒇事。复以余材筑西岸堤五里，浚城内外沟濠，葺留衣、大成坊二桥，及文武庙、小桥亭路等二十余处。所著《万年桥志》八卷，于堰水筑基诸法，图释详明，曲尽其制，末卷《桥工日记》约四万言，循名核实，尤多经验之谈，清代言桥工者，当推此书为巨擘。

洪汝濂《重修万年桥序》：郡城北郭十里有万年桥，绵亘百十余丈，诚合郡山水一大关键也。叠奉恩诏桥池道路令有司不时修理，余忝乏斯任，下车后，接见绅耆，适李穆门比部将有入都之行，以桥事请，曰：“斯桥倾圮于丁亥三月，前此屡欲修复未果，危君子垣有倡捐万元之说，卒无承其事者。斯桥上通闽浙，下达豫楚，为往来必经之地，失此不修，后更难为力矣。惟工巨费繁，非得人望素优，能任劳怨者，惧勿克胜。”谆以谢君寄云为言。越日谢君答拜。余即以桥事奉商，辞之者再，且曰：“当此时艰，筹费难，同人襄事不能和衷难，非为贤有司始终镇定，议论多而成功少，难之尤难。”余强之曰：“天下事移山塞海非不难也，亦视任之者何如耳。”寄云迫于大义，爰集同事诸君，择吉会议于三皇宫，禀请大府，详定规章。四月八日，与诸绅盟心告庙，时观者数百人，欣欣然有喜色。余亦私心窃喜，事可期成也。八月水涸兴工，司事诸君经营无间，日夜振袂欢呼，几忘其为公家事。余公暇，常亲临其地，与诸君慰劳苦。惜向无桥志，水底工程难于臆度，猝遇洪水，冲破数次。余与诸绅虔诚叩祷，屡现神镫于工次。其尤异者，计匠数百之多，在工五年之久，无一损伤颠仆，非所谓诚则能感欤。西岸长堤计五里，崩啮数十丈，居民患之，复为修筑保堤，即以护桥也。他如社稷坛、先农坛、上谕亭、文武庙、城内外濠沟、界山关隘以及小桥亭路计二十余所，复为善后，计造店屋百余间，可谓百废皆兴，有善必举矣。今大工告成，回忆寄云任事之劳，诸君襄事之苦，烈日凄风，备尝艰阻，卒能不私于己，不扰于民。余得借是而稍为免过，虽曰天幸，岂非人事哉。且因此而益服穆门之先见，寄云之先虑，诸君之乐从，即此工役小道，而各尽乃心，始终坚忍，推其所为，至于远大，又何所施而不可也。是役也，经始于辛卯四月，告成于乙未八月，计用白金四万有奇。至诸君之姓氏与考工理财，寄云日记已详言之，无待赘述，谨撮其大要，弁之于端。

詹天佑

詹天佑，字眷诚，广东南海县今名同人，生于清咸丰十一年，卒于民国八年（1861—1919）。心计精敏，留学美国，毕业于耶路大学。归国后，充福建船政局、广东博学馆各教授。光绪中叶以后，历充天津、津卢、锦州、萍醴、新易、潮汕各铁路工程师及京张、张绥、川汉、粤汉各铁路总工程师。最后任汉粤川铁路督办。论其一生功绩，以京张路工为最卓著。京张路者，即今平绥铁路之自北平达张家口之一段也，路长仅三百七十余里，然自南口以北层峦叠嶂，巨壑纵横，故地险而工艰。天佑乃茧足履勘，绘图计工，引轨循山麓曲折而上，辟峡为路，复凿洞三千五百余尺。阅四年，而全路告成。

徐世昌《故交通部技监汉粤川铁路督办詹君之碑》(见《碑传集补》卷末)：……君之游美国也，年甫十二，时清同治十一年，为国派学生出洋之始。至光绪七年，毕业始归，其所入学校为美之威士哈吩小学、弩哈吩中学、耶路大学。其充教员则为福州船政局、广东博学馆、广东海图水陆师学堂。其充工程师则为天津、津卢、锦州、萍醴、新易、潮汕各铁路。其充总工程师则为京张、张绥、川汉、粤汉各铁路。最后任汉粤川铁路督办。而以京张路工为尤著。京张路者，自京师达张家口，长三百七十余里，南口以北冈峦重叠，溪涧纷歧，地险而工艰，出居庸关，则八达岭横蔽于前，其上为古长城，峭壁百寻，骇心怵目。君初履勘，拟由石佛寺向西北，当凿洞六千余尺，其后乃改由东面斜行就青龙桥，施工辟峡，仅凿洞三千五百余尺耳。当是时，君所携习工程学者仅二人，昼则茧足登山，夜则绘图计工，无一息之安。既而，其二人者或以事他调。议者窃以谓吾国人未有当此任者，益冥心孤往，不以无助而少弛其志。凡十八月，而山洞蒇事，四年而全路告成。开车之日，王公士庶及东西人士观者数万，咸啧啧叹为前古所未有……君遽以民国八年四月二十四日，殁于漠上，年五十有九。其遗呈三事，语不及私，知与不知，罔不嗟悼，铁路同人呈于八达岭立祠铸像，以志景行……君名天佑，字眷诚，广东南海人。所著有《京张工程纪略》及图各一卷（铭略）。

《京绥铁路旅行指南·路线情形》：全路大势，由东南而西北渐入高原，行于平原者十之七八，行于山岳者十之二三。全路坡度为百三十分之一，惟南口岔道城之间，冈峦重叠，峭壁参天，最为险峻。原测居庸关一带，以阻隔关沟，拟建巨桥，傍山直上，后虑行车出险，经往复测勘，凡数易，始定今线。其间开辟坚巨石峒凡四处，共长一千七百二十七公尺。路线绕山腰，蛇行弯曲，半径有至一百九十公尺，坡度有三十公尺内竟高一公尺者。掘山凿崖，辄深至三十公尺。循沟筑堤，辄高至二三十公尺。其工程之困难，概可想见。此外，沿路尚有艰巨桥工、山坡与堤工多处，赖我国工程名家悉心经营，措置咸宜，绝未借才异国。当鸠庀之日，外人均疑华人弗克胜任。及成功后，欧美人士远来瞻观，莫不惊叹，斯诚我国路界一异彩也。

熊罗宿

熊罗宿，字绎元，江西丰城今县名人。本故家子，先世藏书甚富，罗宿博览群籍，兼通百家。光绪丙申、丁酉间，以高材生从善化皮鹿门讲经于章门之景陆堂，尝以明堂制度相难。罗宿尝谓《考工》五室，恐是先儒误句，观下言"内有九室，外有九室"可知，师甚然之，因著《明堂图说》一卷，疏证《考工记》句读尺度，后世注解之误。其自序及自绘明堂图步算释文，概除诸家纷说，自成一贯，盖以经师兼畴人，而究心于营造者也。丙戌党禁，皮鹿门被黜去国，罗宿亦窜迹日本，曾习图绘印刷。返国，乃僦居沪上，从事制图刻书，以丧资倾其家。晚年来北平，参观故宫制度，流连客邸，老病且死，犹于斗室中伸纸作绘，欲毕其说。不幸于民国廿年物故。著作颇多，丛稿皆毁于兵火，刊本仅存《明堂图说》一卷，而最后所绘之图幅，广盈丈，更不知遗落何所。

熊罗宿《明堂图说序》：明堂之说，言人人殊。余旧著通考盈卷，未携行箧，且未有图，因作此补之。悟前书仍有未是，复约略为之说。前人巨谬都在误读《考工》，疏剔隐滞，揭于左首。戴记及逸礼遗文，既是先秦古书，并录附参检，示非孤证，诸家纷说，概置弗道，不欲以群言淆本义也，好古君子，其以为何如？说才什一，适岁暮散假南旋，匆匆付印，中多未是，不及修改，然距创稿时已二旬有奇，上距发议时更十有四年矣。忆丙申、丁酉间，侍先师皮鹿门先生谈经于章门之景陆堂，师尝以明堂制度相难。宿当谓《考工》五室恐是先儒误句，观下言“内有九室，外有九室”可知。师甚然之，屡促成书，未就。嗣后频年奔窜，复羁身异国，经义一道，久荒而不治矣。迩来重理旧业，增衍成篇，虽瑕瑜不掩，仍俟磋磨，其大致尚云不谬，惜师已归道山，无从请益。全书卒业又不知定在何时，宿之有负于先师，滋不堪言耳。书此以警方来，冀他日终有以续成，毋再为半途之废，宿又记。又《明堂图说》附录，《大戴礼·盛德篇》曰：明堂者，古有之也，凡九室一室，而有四户八窗三十六户七十二牖，以茅盖屋，上圆下方。明堂者，所以明诸侯尊卑。外水曰辟雍，南蛮、东夷、北狄、西戎。明堂月令，赤缀户也，白缀牖也。二九四、七五三、六一八。堂高三尺，东西九筵，南北七筵，上圆下方。九室十二堂，室四户，户二牖。其宫方三百步，在近郊，近郊三十里。《通典》引《明堂月令》云：堂方百四十四尺，坤之策也。屋圆径二百一十六尺，乾之策也。太庙明堂方三十六丈，通天屋径九丈，阴阳九六之变，圆盖方，载六九之道。八闼以象八封，九室以象九州，十二宫以应十二辰，三十六户七十二牖，以四户八窗乘九室之数也。户皆外设而不闭，示天下不藏也。通天屋高八十一尺，黄钟九九之实也。二十八柱列于四方，亦七宿之象也。堂高三尺，以应三统。四向五色，各象其行。外博二十四丈，以应节气也。《周礼·考工记》曰：夏后氏世，室堂修二七，广四修一。五室，三四步，四三尺，九阶。四旁两夹窗，白盛。门堂三之二，室三之一。殷人重屋，堂修七寻，堂崇三尺，四阿重屋。周人明堂，度九尺之筵，东西九筵，南北七筵，堂崇一筵。五室，凡室二筵。室中度以几，宫中度以寻，堂上度以筵，野度以步，涂度以轨。庙门容大扃七个，闱门容小扃三个，路门不容乘车之五个，应门二辙三个。内有九室，九嫔居之。外有九室，九乡朝焉。谨按明堂制度见于先秦古书者，只此三处，余悉后人臆度，兹不备载。前人就此三说，稽别同异，咸以《考工》五室与九室之说大相径庭，聚讼数千年，莫能考正。愚谓《考工》明言内有九室，外有九室，本无五室之言，言五室者出自后人误句，曾不思下有明文，何可诬妄。又不思《考工》立义，本是言修，解家谬以广求之，宜其不可通耳。今以三书互相雠勘，尺度实较若画一，因据图之，而别说《考工》于左，数千年之误，一旦昭若发蒙，确不可易，得不为之狂喜乎。

某甲［补遗］

某甲，清吴县香山名匠。以造海棠亭著于时。亭式如海棠，四面窗槛，亦就其式为之，钩心斗角，雕镂精细，东西两门，均自能开阖。入者相距一步余，门即豁然洞开，既入，即砰然自阖，不烦人力，出亦如之。年久机坏，遍征工匠仿修，无敢应者。

《（民国）吴县志》卷七十五上《艺术》：某甲，以造海棠亭著名。谈者云某园假山上有亭翼然，式如海棠，四面窗槛，亦就其式为之，钩心斗角，雕镂精细，东西两门均自能开阖。入者相距一步余，门即豁然洞开，即入，即砰然自阖，不烦人力，出亦如之。人以为异，四顾审谛，莫知所由。年久机坏，遍征工匠仿修，举无从措手。或曰其机埋于假山，不敢发视，恐不能还旧观也。西园罗汉堂旧有疯僧像，痴容可掬，笑态如生，近视之颠动不已，若欲迎人，然未知亦即某甲所为否？今虽修造完竣，无此巧作矣。

姚承祖［补遗］

姚承祖，字汉亭，号补云，江苏吴县人。其祖灿庭，有《梓业遗书》五卷。承祖世其业，凡邑中大营造，胥出其手。民元后，年逾知命，任苏州工业专门学校教授。本家传矩矱，编课艺曰《营造法原》，叙住宅、祠庙、佛塔、泊岸及量木计围诸法颇详，足补官书之不备。又以历年经营之建筑，绘为长卷，名《补云小筑图》，遍求名宿题咏，吴县刘传福为之跋。

刘传福《补云小筑图跋》：韩昌黎作《圬者传》，柳子厚作《梓人传》。执业虽微，而两贤津津乐道之，诚以工居六职之一，缵承先业为不及也。吾吴姚君汉亭，自祖父以下世为工师，凡邑中大营造悉出其手，曾将历年建筑之所绘成形式，以贻子孙。今特装拓长卷，遍求题咏，《汉书》有云“工用高曾之规矩”，其姚君之谓乎。余嘉其克绍前人，且以见孝思之无穷也。

姚承祖《补云小筑图自记》：梓匠一业，亦工艺之一也，而建筑方法实有无穷之研究，不独工料坚固即为尽其能事，而地势之相度、构造之形式，无一不须考究，务使土木各工极尽其精美变化，而不失乎规矩而后已。古者考工以工艺之优劣而给廪饩之多寡，是上之重视乎？工艺即欲使凡为工者，交相奋勉，庶工业日有进步，则吾人岂可不悉心向学，加意研究乎？际此科学时代，智识日新，土木一科，有非旧日之学说所能尽。然既置身世工，又焉能不保其固有以勉求新学乎？仆尝读先祖灿廷公所著《梓业遗书》，凡恭宽信敏惠五卷，又《梓业论文》一篇，敬绎书意，洵字字金玉也。以先人之心思，为梓业之标准，从可知作者用心良苦。此书增人智识不浅，实于梓业义理多所阐发，再详味论文语意，直欲使后人上继乎古人，下启乎来者，亦以古人之心为心，而使高曾之规矩世守勿失也。仆从事梓业，年届知非，怅光阴之虚度，叹成绩之毫无，每欲以继续先人之心为心，而才力实有未逮，谨勉将平生经手建筑图式，并所见原有房屋式样，汇摹图卷，留贻于后，非敢之克继先业也，亦欲本祖训以垂示后人而已。

附　识

一、清代营建事业视历代初无逊色，然营造工师独寥寥无几者，何也？擘揆厥由，可区为四：

1. 燕京之营建，肇自辽代，以迄明季，规模大备。清承明后，顺治、康熙二朝，仍依明制起役。雍正以后，敕六部九卿议定物料价值。乾隆中复颁行《工部工程做法则例》及《内廷工部则例》，条律繁密，严禁浮报。监修大员往往有赔修之例。职是之故，廉正之士不敢轻预土木，而司工事者，不一其官，不一其人，互相钳制，以杜弊端。即有一二特出之士，厕身其间，其名亦不彰。其内廷工程，多出自内旨，用料、用工归之钦定。匠作献技者，一切取决旨意，不敢自居其名。迨清之季，陵寝、宫苑大工，辄付之木厂商人承修，等于唐宋之和雇，今世之包工，王公贵胄主持其间，幸进者流，附名保案，碌碌多不足纪。

2. 本编取材，多采自官书，间及私家文集、碑传、笔记之属，第大臣言行每不涉土木，名工巧匠亦鲜收录。而晚近方志付刊者甚鲜，搜集资料，尤感困竭。逆知清季哲匠，遗珠尚多，补充遗漏，尚有待乎博雅君子。

3. 清代有样式房、销算房，书办制度，皆世守之工，分董营造事业。凡兴作，首由样房进呈图样、烫样，仰决旨意，再发工部或内务府算房，编造各作做法与估计工料。样房雷氏受职于康熙中季，绾样式房掌案二百余年。近承其裔孙雷献瑞、雷献华以家谱见示，得以编入本录。其算房刘，有名者有刘廷瓒、刘廷琦、刘廷琳。算房梁传为梁九之裔，有梁椿、梁宇安。算房高有高芸、高芬。又有吕德山、陈文焕、王云汉诸人，其名偶见载记，而事迹不明，姑悬以俟补。

4. 清康乾间，西洋教士马国贤、艾启蒙、郎世宁、潘廷璋、安德义、王致诚、蒋友仁等，以善画供奉画院，相传谓圆明园中之西洋 Baroque 式建筑，构图监工者，即郎世宁、蒋友仁、王致诚诸人。彼等虽属外籍，然受清政府官职，终身服务掖庭，本可收入清代《哲匠录》。奈考诸载籍，亦有同一之失望，故虚悬以俟补者，尚有上述诸外卿也。

二、清代以治河名家者，颇不乏其人，前此以此类人才无多，暂归入营建类，至是附庸已蔚为大国，似有另设“河海工”一专类之必要。惟中途变例，有所未便，故择其工程与建筑相近者，仍羼录之，一俟全书编竣，再行改属。

三、清儒名物考据之学，迈越前古。顾炎武、任启运、江永、戴震、张惠言、焦循、阮元、洪颐煊、黄以周、王国维诸人，于古代宫室制度，各有考证，虽悬解尚多，未能定谳，然惠我致力于营建学者，抑亦多矣。本录暂收熊罗宿一人，余俟补。

第二
叠山

⊙汉
⊙三国—魏
⊙晋
⊙北魏
⊙隋
⊙唐
⊙宋
⊙元
⊙明
⊙清

汉

刘武

刘武，汉孝文帝次子也。以孝文十二年立为梁王。性喜营建苑囿、宫室，尝筑东苑方三百余里于睢阳今河南商丘县，名曰“兔园”。园中有百灵山，山有肤寸石、落猿岩、栖龙岫。山下有雁池，池间有鹤洲、凫渚。又有曜华宫与诸宫观相连，延亘数十里，奇果异树，瑰禽怪兽毕备。

《史记》卷五十八《梁孝王世家》：梁孝王武者，孝文皇帝子也，而与孝景帝同母。母，窦太后也。孝文帝凡四男，长子曰太子，是为孝景帝；次子武；次子参；次子胜。孝文帝即位二年，以武为代王，以参为太原王，以胜为梁王。二岁，徙代王为淮阳王，以代尽与太原王，号曰代王。参立十七年，孝文后二年卒，谥为孝王……孝王筑东苑，方三百余里。广睢阳城七十里。大治宫室，为复道，自宫连属于平台三十余里。

《汉书》卷四十七《文三王传》：孝王筑东苑，方三百余里。广睢阳城七十里。大治宫室，为复道，自宫连属于平台三十余里。《西京杂记》卷二：梁孝王好营宫室苑囿之乐，作曜华之宫，筑兔园。园中有百灵山，山有肤寸石、落猿岩、栖云岫。又有雁池，池间有鹤洲、凫渚。其诸宫观相连，延亘数十里，奇果异树，瑰禽怪兽毕备。王日与宫人、宾客弋钓其中。

《三辅黄图》卷三《曜华宫》：梁孝王好营宫室、苑囿之乐，作曜华宫，筑兔园。园中有百灵山，有肤寸石、落猿岩、栖龙岫。又有雁池，池间有鹤洲、凫渚。其诸宫观相连，延亘数十里，奇果异树，珍禽怪兽毕有。王日与宫人、宾客弋钓其中。

《元和郡县图志》卷七：汉梁孝王大治宫室，为复道，自宫连属于平台三十余里。与邹枚、相如之徒并游其上。

《史记索隐》：平台又名修竹苑。

《太平御览》百五十九引《史记》：梁孝王筑东苑三百里，是曰兔园。案：今本《史记》无“是曰兔园”四字。

《（康熙）商丘县志》卷三《古迹》：梁园在城东，一作梁苑，或云即兔园。或云梁孝王筑东苑，方三百里。大治宫室，为复道，自宫连属于平台三十余里。《西京杂记》曰：兔园中有百灵山、落猿岩、栖龙岫、望秦岭。又有雁池，池间有鹤洲、凫渚诸胜。

袁广汉

袁广汉，汉茂陵富民。于北邙山下筑园，东西四里，南北五里，激流水注其中，构石为山，高十余丈。

《三辅黄图》卷四《苑囿》：茂陵富民袁广汉，藏镪巨万，家童八九百人。于北邙山下筑园，东西四里，南北五里，激流水注其中。构石为山，高十余丈，连延数里。养白鹦鹉、紫鸳鸯、牦牛、青兕，奇兽珍禽，委积其间。积沙为洲屿，激水为波涛，致江鸥、海鹤，孕雏产彀，延漫林池。奇树异草，靡不培植，屋皆徘徊连属，重阁修廊，行之移晷，不能遍也。

《西京杂记》卷三：茂陵富民袁广汉，于北邙山下筑园，东西四里，南北五里，激流水注于中。构石为山，高十余丈，连延数里。

案：《西京杂记》虽托名汉刘歆所撰，晋葛洪所录，实出于梁吴均之手，然所载汉代故事必皆出于汉故老传闻，非均所能凭空伪造，兹姑引以为据。

三国—魏

曹丕

魏文帝曹丕，性喜营宫室苑囿，雕饰观阁。黄初元年，取白石英、紫石英、五色大石于太行谷城之山，构叠景阳山于芳林园中，树以松竹，实以禽兽。二年，构筑凌云台。于时百役繁兴，丕每躬自掘土，故群臣莫不参与其役。

《三国志·魏志》卷二《文帝》：文皇帝，讳丕，字子桓，武帝太子也。中平四年冬，生于谯……黄初二年，筑凌云台。

晋孙盛《魏春秋》：黄初元年，文帝愈崇宫殿，雕饰观阁。取白石英及紫石英、五色大石于太行谷城之山，起景阳山于芳林园，树松竹草木，捕禽兽以充其中。于时百役繁兴，帝躬自掘土，率群臣，三公以下，莫不展力。

晋

石虎

石虎，字季龙，晋五胡后赵主勒之从子也。迅捷凶暴，所向无敌。勒死，虎废其子弘，自立为大赵天王。尝起太武殿，于邺造东西宫，皆漆瓦、金铛、银楹、金柱、珠帘、玉壁，穷极技巧。又使尚书张群发近郡男女十六万人，车万乘，运土筑华林苑，周围十里。苑中有千金堤，上有两铜龙相向，引漳水出龙口，以注天泉池。

《晋书》卷一百六《后赵载记·石季龙上》：石季龙，勒之从子也。名犯太祖庙讳，故称字焉……咸康元年，季龙废勒子弘，群臣已下劝其称尊号。季龙下书曰："王室多难，海阳自弃，四海业重，故俯从推逼。朕闻道合乾坤者称皇，德协人神者称帝，皇帝之号非所敢闻，且可称居摄赵天王，以副天人之望。"于是赦其境内，改年曰建武……起太武殿，于邺造东西宫，至是皆就。太武殿基高二丈八尺，以文石綷之，下穿伏室，置卫士五百人于其中，东西七十五步，南北六十五步，皆漆瓦、金铛、银楹、金柱、珠帘、玉壁，穷极伎巧。又起灵风台九殿于显阳殿后。

晋陆翙《邺中记》（四库本）：石虎以五月发五百里内民万人筑华林苑，垣在宫西，周环数十里。群臣或谏，虎不从。华林苑在邺城东二里。石虎使尚书张群发近郡男女十六万人，车万乘，运土筑华林苑，周回数十里，又筑长墙数十里。张群以烛夜作，起三观四门。又凿北城，引漳水于华林园。虎于园中种众果。民间有名果，虎作虾蟆车，箱阔一丈，深一丈四，搏掘根面去一丈（按《说郛》引此条句下有"深一丈"三字），合土载之，植之无不生。华林园中千金堤上作两铜龙，相向吐水，以注天泉池，通御沟中。三月三日，石季龙及皇后百官临中宴赏。

北魏

茹皓

茹皓，字禽奇，北魏吴人。宣武帝时历官肆州大中正，领华林诸作。皓性微工巧，多所兴立，为山于天渊池西天渊池《北史》作天泉池，采掘北邙及南山佳石，徙竹汝、颍，罗莳其间，经构楼馆，列于上下，树草栽木，颇有野致。

《魏书》卷九十三本传：茹皓，字禽奇，旧吴人也……为肆州大中正，府、省以闻，诏特依许。迁骁骑将军，领华林诸作。皓性微工巧，多所兴立。为山于天渊池西，采掘北邙及南山佳石，徙竹汝、颍，罗莳其间，经构楼馆，列于上下，树草栽木，颇有野致。世宗心悦之，以时临幸。

张伦

张伦，字天念，北魏上谷沮阳人。孝明帝时官大司农少卿。性豪侈，好为园林山池，胜绝之景，诚非邦君诸王所能比拟。尝叠作景阳山，重岩复岭，嵚崟相属，深溪洞壑，逦迤连接，高林巨树，足使日月蔽亏，悬葛垂萝，能令风烟出入，崎岖石路，似壅而通，峥嵘涧道，盘纡复直，人工景物，有若天成。

《洛阳伽蓝记》卷二：司农张伦……最为豪侈，斋宇光丽，服玩精奇，车马出入，逾于邦君。园林山池之美，诸王莫及。伦造景阳山，有若自然，其中重岩复岭，嵚崟相属，深溪洞壑，逦迤连接，高林巨树，足使日月蔽亏，悬葛垂萝，能令风烟出入。崎岖石路，似壅而通；峥嵘涧道，盘纡复直。是以山情野性之士，游以忘归。天水人姜质，志性疏诞，麻衣葛巾，有逸民之操，见偏爱之，如不能已，遂造《亭山赋》，行传于世。

《魏书》卷二十四《张衮传》：张衮，字洪龙，上谷沮阳人也……子度，度曾孙白泽，白泽长子伦，字天念。年十余岁入侍左右，稍迁护军长史、员外常侍，转大司农少卿……

隋

杨广

隋炀帝广，尝辟地周二百里，役民以百万数，而营造西苑。苑内分十六院，聚土石为山，凿地为五湖四海。诏天下贡鸟兽、鱼虫、草木、花卉以实之。又凿北海，周环四十里，中有三山，效蓬莱、方丈、瀛洲。台榭回廊，错列其间。湖水深数丈，开沟道通五湖四海，以利龙凤舸之往还。

《隋书》卷三《炀帝纪》：炀皇帝讳广，一名英，小字阿麼，高祖第二子也。母曰文献独孤皇后。上美姿仪，少敏慧，高祖及后于诸子中特所钟爱。

隋炀帝《海山记》（见《唐宋传奇集》）：……乃辟地周二百里为西苑，役民力常百万数。苑内为十六院，聚土石为山，凿池为五湖四海。诏天下所有境内鸟兽、草木，驿至京师……天下共进花卉、草木、鸟兽、鱼虫，莫知其数，此不具载。诏起西苑十六院：景明一、迎晖

二、栖鸾三、晨光四、明霞五、翠华六、文安七、积珍八、影纹九、仪风十、仁智十一、清修十二、宝林十三、和明十四、绮阴十五、绛阳十六，皆帝自制名。每院有二十人，皆择宫中嫔丽，谨厚有容色美人实之。每一院选帝常幸御者为之首，每院有宦者主出入市易。又凿五湖，每湖方四十里，南曰迎阳湖，东曰翠光湖，西曰金明湖，北曰洁水湖，中曰广明湖。湖中积土石为山，构亭殿，曲屈盘旋，广袤数千间，皆穷极人间华丽。又凿北海，周环四十里，中有三山，效蓬莱、方丈、瀛洲，上皆台榭回廊，水深数丈。开沟通五湖四海，沟尽通行龙凤舸……大业六年，后苑草木、鸟兽繁息茂盛，桃蹊李径，翠荫交合，金猿青鹿，动辄成群。自大内开为御道，通西苑，夹道植长松高柳。帝多幸苑中，去来无时，侍御多夹道而宿，帝往往中夜即幸焉。

唐

杨务廉

杨务廉，唐中宗时将作大匠。素以工巧见用。尝为长宁公主造第于东都。右属都城，左俯大道，累石为山，浚土为池，旁构三重之楼以凭观，极园庭之美。

《新唐书》卷八十三《诸公主传·中宗八女》：长宁公主，韦庶人所生，下嫁杨慎交。造第东都，使杨务廉营总。第成，府财几竭。乃擢务廉将作大匠。又取西京高士廉第、左金吾卫故营合为宅，右属都城，左频大道，作三重楼以凭观，筑山浚池。帝及后数临幸，置酒赋诗。

赵履温

赵履温，唐中宗时司农卿。尝为安乐公主缮治定昆池，延袤数里，累石像华山，磴彴横邪，回渊九折，以石瀵水，引清流穿罅而出，淙淙然下注如瀑布。

《新唐书》卷八十三《诸公主传·中宗八女》：安乐公主，最幼女。帝迁房陵而主生，解衣以褓之，名曰裹儿。姝秀辩敏，后尤爱之。下嫁武崇训。帝复位，光艳动天下，侯王柄臣多出其门……尝请昆明池为私沼，帝曰："先帝未有以与人者。"主不悦，自凿定昆池，延袤数里，定，言可抗订之也。司农卿赵履温为缮治，累石肖华山，蹬彴横邪，回渊九折，以石瀵水。又为宝炉，镂怪兽、神禽，间以璖贝珊瑚，不可浑计。

《资治通鉴》卷二百九《唐纪》：安乐公主与长宁公主竞起第舍，以侈丽相高，拟于宫掖，而精巧过之。安乐公主请昆明池，上以百姓蒲鱼所资，不许。公主不悦，乃更夺民田作定昆池，延袤数里，累石像华山，引水像天津。

李德裕

李德裕，字文饶，唐赵郡人。少力学，卓荦有大节。武宗时为相，当国六年，弭藩镇之祸，决策制胜，威权独重。其私第在长安安邑坊东南隅。别构起草院，院有精思亭。舍宇虽不甚宏丽，而制度奇巧。庭际之怪石、珍松、嘉树、芳草，俨若图画。其平泉别墅则在洛阳城外三十里伊阙之南，乃文饶未仕事时讲学之所也。周围十里，有台榭百余所，清流翠篠，奇石幽林，环绕其间。初履其境者，宛如身造仙府。

《旧唐书》卷一百七十四本传：李德裕，字文饶，赵郡人……德裕幼有壮志，苦心力学，尤精《西汉书》《左氏春秋》，耻与诸生同乡试，不喜科试。年才及冠，志业大成……在长安私第别构起草院。院有精思亭，每朝廷用兵，诏令制置，而独处亭中，凝然握管，左右侍者无能预焉。东都于伊阙南置平泉别墅，清流翠篠，树石幽奇。初未仕时，讲学其中。及从官藩服，出将入相，三十年不复重游，而题寄歌诗，皆铭之于石。今有《花木记》《歌诗篇录》二石存焉……

《剧谈录》卷下《李相国宅》：朱崖李相国德裕宅在安邑坊东南隅。桑道茂谓为玉椀，舍宇不甚宏侈，而制度奇巧。其间怪石、古松，俨若图画。在文宗、武宗朝，方秉化权，威势与恩泽无比，每好搜掇殊异，朝野归附者，多求宝玩献之。

《贾氏谭录》：李德裕平泉庄怪石名品甚众，多为洛城有力者取去。唯礼星石及狮子石今为陶学士徙置梁园别墅。又赞皇公平泉庄周围十里，构台百余所，今基址犹存，天下奇花、异草、珍松、怪石，靡不毕致其间，故德裕自制《平泉草木记》。今悉芜绝，唯雁鸣翅桧、珠子柏、莲房玉藻等，盖仅有存焉。

白居易

白居易，字乐天，唐太原人。贞元进士。迁左拾遗。贬江州司马。后召还，官至刑部尚书。谪居湓城时，立隐舍，构草堂于庐山遗爱寺香炉峰之间。致仕后，退居洛下之履道坊，疏沼种树，以营新第。重修洛都之香山寺，构石楼于其间。又凿龙门潭南之八节滩，以利舟楫。尝自述曰："从幼迨老，若白屋，若朱门，凡所止，虽一日二日，辄覆篑土为台，聚拳石为山，环斗水为池。"其喜山水病癖如此。

《白氏长庆集》卷二十六《草堂记》：匡卢奇秀，甲天下山。山北峰曰香炉，峰北寺曰遗爱寺。介峰寺间，其境胜绝，又甲庐山。元和十一年秋，太原人白乐天见而爱之，若远行客过故乡，恋恋不能去，因面峰腋寺，作为草堂。明年春，草堂成，三间两柱，二室四牖，广袤丰杀，一称心力。洞北户，来阴风，防徂暑也。敞南甍，纳阳日，虞祁寒也。木斫而已，不加丹，墙圬而已，不加白。砌阶用石，幂窗用纸，竹帘纻帏，率称是焉。堂中设木榻四、素屏二、漆琴一张，儒道佛书各两三卷。乐天既来为主，仰观山，俯听泉，旁睨竹树云石，自辰及酉，应接不暇。俄而物诱气随，外适内和，一宿体宁，再宿心恬，三宿后，颓然嗒然，不知其然而然。自问其故，答曰：是居也，前有平地，轮广十丈，中有平台，半平地。台南有方池倍于台。环池多山竹野卉，池中生白莲、白鱼。又南抵石涧，夹涧有古松、老杉，大仅十人围，高不知几百尺。修柯戛云，低枝拂潭，如幢竖，如盖张，如龙蛇走。松下多灌丛萝茑，叶蔓骈织，承翳日月，光不到地。盛夏风气，如八九月时。下铺白石，为出入道。堂北五步，据层崖积石，嵌空垤堄，杂木异草，盖覆其上。绿阴蒙蒙，朱实离离，不识其名，四时一色。又有飞泉，植茗就以烹燀。好事者见，可以永日。堂东有瀑布，水悬三尺，泻阶隅，落石渠，昏晓如练色，夜中如环佩琴筑声。堂西倚北崖右趾，以剖竹架空，引崖上泉，脉分线悬，自檐注砌，累累如贯珠，霏微如雨露，滴沥飘洒，随风远去。其四旁耳目杖屦可及者，春有锦绣谷花，夏有石门涧云，秋有虎溪月，冬有炉峰雪。阴晴显晦，昏旦含吐，千变万状，不可殚纪。覼缕而言，故云甲庐山者。噫！凡人丰一屋，华一篑，而起居其间，尚不免有骄稳之态。今我为是物主，物至致知，各以类至，又安得不外适内和，体宁心恬哉！昔永、远、宗、雷辈十八人，同入此山，老死不返。去我千载，我知其心以是哉！矧余自思，从幼迨老，若白屋，若朱门，凡所止，虽一日二日，辄覆篑土为台，聚拳石为山，环斗水为池，其喜山水病癖如此。一旦蹇剥，来佐江郡，郡守以优容抚我，庐山以灵胜待我，是天与我时，地与我所，卒获所好，又何求焉？尚以冗员所羁，余累未尽，或往或来，未遑宁处。待余异日，弟妹婚嫁毕，司马岁秩满，出处行止，得以自遂，则必左手引妻子，右手抱琴书，终老于斯，以成就我生平之志。清泉白石，实闻此言。时三月二十七日，始居新堂。四月九日，与河南元集虚、范阳张允中、南阳张深之、东西二林长老凑公、朗、满、晦、坚等凡二十有二人，具斋施茶果以乐之，因为《草堂记》。又卷五十九《修香山寺记》：洛都四郊，山水之胜，龙门首焉。龙门十寺，观游之胜，香山首焉。香山之坏久矣！楼亭骞崩，佛僧暴露。士君子惜之，予亦惜之。佛弟子耻之，予亦耻之……因请悲智僧清闲主张之，命谨干将士复掌治之。始自寺前亭一所，登寺桥一所，连桥廊七间；次至石楼一所，连楼一所，连廊六间；次东佛龛大屋十一间；次南宾院堂一所，大小屋共七间，凡支坏补缺，垒隤覆漏，圬镘之功必精，赭垩之饰必良……又卷七十一《开龙门八节石滩诗序》：东都龙门潭之南有八节滩、九峭石，船筏过此，例及破伤。舟人楫师，推挽束缚，大寒之月，裸跣水中，饥冻有声，闻于终夜。予尝有愿，力及则救之。会昌四年，有悲智僧道遇，适同发心，经营开凿，贫者出力，仁者施财。于戏，从古有碍之险，未来无穷之苦，忽乎一旦尽除去之。兹吾所用适愿快心拔苦施乐者耳！岂独以功德福报为意哉？

《旧唐书》卷一百六十六本传：白居易，字乐天，太原人……居易幼聪慧绝人，襟怀宏放。年十五六时，袖文一编，投著作郎吴人顾况。况能文，而性浮薄，后进文章无可意者。览居易文，不觉迎门礼遇曰：“吾谓斯文遂绝，复得吾子矣。”贞元十四年，始以进士就试，礼部侍郎高郢擢升甲科，吏部判入等，授秘书省校书郎。元和元年四月，宪宗策试制举人，因才识兼茂、明于体用科，策入第四等……二年十一月，召入翰林为学士。三年五月，拜左拾遗……十年，授江州司马……在湓城，立隐舍于庐山遗爱寺。尝与人书言之曰：“予去年始游庐山，到东西二林间香炉峰下，见云木泉石，胜绝第一。爱不能舍，因立草堂。前有乔松十数株，修竹千余竿，青萝为墙援，白石为桥道，流水周于舍下，飞泉落于檐间，红榴白莲，罗生池砌。”居易与凑、满、朗、晦四禅师，追永、远、宗、雷之迹，为人外之交。每相携游咏，跻危登险，极林泉之幽邃。至于偷然顺适之际，几欲忘其形骸。或经时不归，或逾月而返。

《新唐书》卷一百十九本传：……东都所居履道里，疏沼种树，构石楼香山，凿八节滩，自号醉吟先生，为之传。

李漼

唐懿宗李漼，于苑中取石造山，崎危诘屈，有若天成。又命取终南草木植之，山禽野兽，纵其往复。造屋如庶民家，未及半年，奇花异草，自然生满宫殿。

《池北偶谈》卷二十二引《学圃萱苏》：唐懿宗于苑中取石造山，崎危诘屈，有若天成。又命取终南草木植之，山禽野兽，纵其往复。造屋如庶民家，未及半年，奇花异草，自然生满宫殿。识者以为丘墟之象，与宋徽宗艮岳事绝相类。

案：《学圃萱苏》六卷，见《四库存目·子部·杂家类》，云明陈耀文撰，《八千卷楼书目》同。

宋

梁师成

梁师成，字守道。思精志巧，多才多艺。宋徽宗时官至太尉。徽宗性喜花石苑囿，筑寿山艮岳于汴京禁城上清宝箓宫之东，师成董其役。舟以载石，舆以辇土。朱勔、蔡攸辈，穷搜太湖、灵璧、林虑等地之花石以实之，驱散军万夫以役之，尽天下之巧工绝技以营之。按图缔构，累土积石而为山，阙地引泉而为池。山周十余里，其最高峰高约九十步，上有亭，界分东西二岭，直接南山，冈连阜属，峥嵘环合，怪石复叠，崭岩参嵯，千状万态，巧侔造化。南山之外又有小山，横亘二里，名芙蓉城。峰之北为景龙江，江外有大池名曲江池，导江水穿石出罅，喷激溅注，缅缅如贯珠，霏微如雨露。宫室台榭之最著者，有琼津殿、绛霄楼、萼绿华堂。其余岩壑、洞峡、涧溪、沼沚，珍禽奇兽，瑰花异木，括天下之美，藏古今之胜，月增日益，不可殚纪。经始于政和七年，迄宣和四年，越六载乃成。始名“凤凰山”，后以山在国之艮位，遂更名“艮岳”。宣和六年，以金芝产于艮岳之万寿峰，复改称“寿岳”。又以岳之正门曰华阳，故亦号“华阳宫”。

宋徽宗《御制艮岳记》：……太尉梁师成董其事。师成博雅忠荩，思精志巧，多才可属。乃分官列职曰雍、曰琮、曰琳，各任其事。遂以图材付之，按图度地，庀徒僝工，累土积石，畚插之役不劳，斧斤之声不鸣。设洞庭、湖口、丝溪、仇池之深渊，与泗滨、林虑、灵璧、芙蓉之诸山，取瑰奇特异瑶琨之石，即姑苏、武林、明、越之壤，荆楚、江湘、南粤之野，移枇杷、橙柚、橘柑、榔栝、荔枝之木，金蛾、玉羞、虎耳、凤尾、素馨、渠那、末利、含笑之草，不以土地之殊，风气之异，悉生成长养于雕栏曲槛，而穿石出罅，岗连阜属，东西相望，前后相续。左山而右水，后溪而旁陇，连绵弥满，吞山怀谷。其东则高峰峙立，其下则植梅以万数，绿萼承趺，芬芳馥郁，结构山根，号“萼绿华堂”。又旁有承岚昆云之亭，有屋外方内圆如半月，是名书馆。又有八仙馆，屋圆如规。又有紫石之崖，祈真之嶝，揽秀之轩，龙吟之堂，清林修出。其南则寿山嵯峨，两峰并峙，列嶂如屏。瀑布下入雁池，池水清泚涟漪，凫雁浮泳水面，栖息石间，不可胜计。其上亭曰噰噰，北直绛霄楼，峰峦崛起，千叠万复，不知其几千里，而方广无数千里。其西则参术、杞菊、黄精、芎䓖，被山弥坞，中号药寮。又禾麻、菽麦、黍豆、粳秫，筑室若农家，故名西庄。上有亭曰巢云，高出峰岫，下视群岭，若在掌上。

自南徂北，行冈脊两石间，绵亘数里，与东山相望。水出石口，喷薄飞注，如兽面，名之曰白龙沜，濯龙峡，蟠秀、练光、跨云亭，罗汉崖。又西，半山间楼曰倚翠。青松蔽密，布于前后，号万松岭。上下设两关。出关，下平地，有大方沼，中有两洲，东为芦渚，亭曰浮阳，西为梅渚，亭曰雪浪。沼水西流，为凤池；东出为雁池。中分二馆，东曰流碧，西曰环山。馆有阁曰巢凤，堂曰三秀，以奉九华玉真安妃圣像。东池后，结栋山下，曰挥云厅。复由磴道，盘行萦曲，扪石而上。既而山绝路隔，继之以木栈，木倚石排空，周环曲折，有蜀道之难。跻攀至介亭最高诸山，前列巨石凡三丈许，号排衙。巧怪崭岩，藤萝曼衍，若龙若凤，不可殚穷。麓云半山居右，极目萧森居左。北俯景龙江，长波远岸，弥十余里。其上流注山间，西行潺湲，为漱玉轩。又行石涧，为炼丹、凝亭观、圜山亭。下视水际，见高阳酒肆、清斯阁。北岸万竹，苍翠蓊郁，仰不见明，有胜云庵、蹑云台、萧闲馆、飞岑亭，无杂花异木，四面皆竹也。又支流为山庄，为回溪。自山蹊石罅，搴条下平陆，中立而四顾，则崖峡洞穴，亭阁楼观，乔木茂草，或高或下，或远或近，一出一入，一荣一凋，四向周匝。徘徊而仰顾，若在重山大壑幽谷深崖之底，而不知京邑空旷坦荡而平夷也。又不知郛郭寰会纷华而填委也。真天造地设，神谋化力，非人所能为者。此举其梗概焉。

宋蜀僧祖秀《华阳宫纪事》：政和初，天子命作寿山艮岳于禁城之东陬。诏阉人董其役，舟以载石，舆以辇土，驱散军万人，筑冈阜，高千余仞，增以太湖、灵璧之石，雄拔峭峙，功夺天造。石皆激怒抵触，若踶若啮，牙角口鼻，首尾爪距，千态万状，殚奇尽怪。辅以蟠木、瘿藤，杂以黄杨，对青荫其上。又随其旋斡之势，斩石开径，凭险则设磴道，飞空则架栈阁，仍于绝顶，增高榭以冠之。搜远方珍材，尽天下蠹工绝技而经始焉。山之上下，致四方珍禽奇兽，动以亿计，犹以为未也。凿地为溪涧，叠石为堤捍，任其石之性，不加斧凿，因其余土，积而为山。山骨虢露，峰棱如削，飘然有云姿鹤态，曰飞来峰。高于雉堞，翻若长鲸，腰径百尺，植梅万本，曰梅岭。接其余冈，种丹杏、鸭脚，曰杏岫。又增土叠石，间留隙穴，以栽黄杨，曰黄杨巘。筑修冈以植丁香，积石其间，从而设险，曰丁嶂。又得赪石，任其自然，增而成山，以椒兰杂植于其上，曰椒崖。接众山之末，增土为大坡，徙东南侧柏，枝干柔密，揉之不断，枝叶纽结，为幢盖、鸾鹤、蛟龙之状，动以万数，曰龙柏坡。循寿山之西，移竹成林，复开小径至数百步，竹有同本而异干者，不可纪极，皆四方珍贡，又杂以对青，竹十居八九，曰斑竹麓。又得紫石，滑净如削，面径数仞，因而为山，贴山卓立，山阴置木柜，绝顶开深池，车驾临幸，则驱水工登其顶，开闸注水而为瀑布，曰紫石壁，又名瀑布屏。从艮岳之麓，琢石为梯，石皆温润净滑，曰朝真磴。又于洲上植芳木，以海棠冠之，曰海棠川。寿山之西，别治园囿，曰药寮。其宫室台榭，卓然著闻者，曰琼津殿、绛霄楼、萼绿华堂。筑台高九仞，周览都城，近若指顾。造碧虚洞天，万山环之，开三洞，为品字门，以通前后苑。建八角亭于其中央，榱椽窗楹，皆以玛瑙石间之。其地琢为龙础，导景龙江东出安远门，以备龙舟幸东西撷景二园，西则溯舟造景龙门，以幸曲江池亭。复自潇湘江亭，开闸通金波门北，幸撷芳苑。堤外筑垒卫之，濒水莳绛桃、海棠、芙蓉、垂杨，略亡隙地。又于旧地作野店，麓治农圃，开东、西二关，夹悬岩，磴道隘迫，石多峰棱，过者胆战股栗。凡自苑中登群峰，所出入者，此二关而已。又为胜游六七，曰跃龙涧、漾春陂、桃花闸、雁池、迷真洞，其余胜迹，不可殚纪。工已落成，上名之曰华阳宫。然华阳大抵众山环列，于其中得平芜数十顷，以治园囿，以辟宫门于西，入径广于驰道，左右大石皆林立，仅百余株，以神运、昭功、敷庆、万寿峰而名之。独神运峰广百围，高六仞，锡爵磐固侯，居道之中，束石为小亭以庇之，高五十尺，御制记文，亲书，建三丈碑，附于石之东南陬。其余石若群臣入侍帏幄，正容凛若不可犯，或战栗若敬天威，或奋然而趋，又若偻取布危言以示庭诤之姿，其怪状奇态，娱人者多矣。上既悦之，悉与赐号，守吏以奎画列于石之阳。其他轩榭庭径，各有巨石，棋列星布，并与赐名。惟神运峰前群石，以金饰其字，余皆青黛而已，此所以第其甲乙者也。乃命群峰，其略曰朝日升龙、望云生龙、矫首玉龙、万寿老松、栖霞扪参、喊日吐月、排云冲斗、雷门月窟、蹲螭坐师、堆青凝碧、金鳌玉龟、叠翠独秀、栖烟亸云、风门雷穴、玉秀、玉窦、锐云巢凤、雕琢浑成、登峰日观、蓬瀛须弥、老人寿星、卿云瑞霭、溜玉、喷玉、蕴玉、琢玉、积玉、叠玉、丛秀，而在于渚者曰翔鳞，立津涘者曰舞仙，独踞洲中者曰玉麒麟，冠于寿山者曰南屏小峰。而附于池上者曰伏犀、怒猊、仪凤、乌龙，邸于沃泉上者曰留云、宿雾。又为藏烟谷、滴翠岩、搏云屏、积雪岭。其间黄石仆于亭际者，曰抱犊天门。又有大石二枚，配神运峰，异其居以压众石，作亭庇之。置于环春堂者，曰玉京独秀太平岩。置于绿萼华堂者，曰卿云万态奇峰。括天下之美，藏古今之胜，于斯尽矣。善致万钧之石，徙百年之水者，朱勔父子也。善理百工之绝艺，辨九州之珍产者，阉人梁师成也……

宋龚明之《中吴纪闻》卷六：……朱勔因赂中贵人，以花石得幸，时时进奉不绝，谓之花纲。凡林园亭馆，以至坟墓间，所有一花一木之奇怪者，悉用黄纸封识，不问其家，径取之。有在仕途者，稍拂其意，则以违上命文致其罪。浙人畏之如虎。花纲经从之地，巡尉护送，遇桥梁则撤以过舟，虽以数千缗为之者，亦毁之不恤……初勔之进花石也，聚于京师艮岳之上，以移根日远，为风日所残，植之未久即槁瘁，时时欲一易之，故花纲旁午于道……

宋王明清《挥麈余话》卷二：政和建艮岳，异花奇石来自东南，不可名状。忽灵璧县贡一巨石，高二十余丈，周围称是，舟载至京师，毁水门楼以入，千夫舁之不动。或启于上云，此神物也，宜表异之。祐陵亲洒宸翰云“庆云万态奇峰”，仍以金带一条挂其上，石即遂可移，省夫之半，顷刻至苑中。

《枫窗小牍》卷上：寿山艮岳在汴城东北隅，徽宗所筑，初名凤凰山，后改寿山艮岳。周围十余里，其最高一峰九十步，上有介亭分东西二岭，直接南山之东，有萼绿华台。家大夫尝承命作颂曰：玉皇御天，金母嫁女。雕璧成车，载瑛作尘。龙驭昆丘，鸟发玄圃。笑月光微，看云色阻。荷露添华，柳烟生妩。九重欢眷，六宫逊处。乃构椒房，用当金宇。碌碌宜阶，瑟瑟为户。碧落深沉，青霞墉堵。小臣献颂，庶叶万舞。书馆、八仙馆、紫石岩、栖真磴、览秀轩、龙吟堂。山之南，则寿山两峰并峙，有雁池、噰噰亭。山之西有药寮、西庄、巢云亭、白龙沜、濯龙峡，蟠秀、练光、跨云三亭，罗汉岩。又西有万松岭，岭畔有倚翠楼，上下设两阁，阁下有平地凿大方沼。沼中作两洲，东为芦渚浮阳亭，西为梅渚雪浪亭。西流为凤池，西出为雁池，中分二馆，东曰流碧，西曰环山。有巢凤阁、三秀堂。东池后有挥雪亭，复由磴道上至介亭。亭左有极目亭、萧森亭，右有丽雪亭，半山北俯景龙江。引江之上流注山涧。西行为漱琼轩，又行石间为炼丹、凝观、圜山三亭。下视江际，见高阳酒肆及清澌阁。北岸有胜筠庵、蹑云台、萧闲阁、飞岑亭。支流别为山庄，为回溪。又于南山之外，为小山横亘二里，曰芙蓉城，穷极巧妙。而景龙江外则诸馆舍尤精。山之西北有老君洞，为供奉道像之所。其地又因瑶华宫火，取其地作大池，名曲江。中有堂曰蓬壶。东尽封丘门而止，西则是天波门桥。引水直西殆半里，江乃折南，又折北，折南者过阊阖门，为复道通茂德帝姬宅；折北者四五里，属之龙德宫。既成，帝自为《艮岳记》，以为山在国之艮位，故名艮岳。岳之正门名曰华阳，故亦号华阳宫。宣和五年，朱勔于太湖取石，高广数丈，载以大舟，挽以千夫，凿河断桥，毁堰折闸，数月乃至。会初得燕山之地，因赐号“敷庆神运石”。石旁植两桧，一夭矫者，名朝日升龙之桧；一偃蹇者，名卧云伏龙之桧，皆玉牌金字书之。徽宗御题云：拔翠琪树林，双桧植灵囿。上稍蟠木枝，下拂龙髯茂。撑拿天半分，连卷虹南负。为栋复为梁，夹辅我皇构。嗟乎！桧以和议作相，不能恢复中原，已兆于“半分南负”，而一结更是高庙御名，要皆天定也。岩曰“玉京独秀太平岩”，峰曰“庆云万态奇峰”。又作绛霄楼直山北，势极高峻，复出云表，尽工艺之巧。其后群阉兴筑不已。四方花竹奇石，悉萃于斯。珍禽异兽，无不毕集，命市人薛翁豢扰驯狎。驾至，迎立鞭扇间，名万岁山珍禽，命局曰“来仪所”。及金芝产于艮岳万岁峰，又改名寿岳。

宋张淏《艮岳记》：徽宗登极之初，皇嗣未广，有方士言京城东北隅地协堪舆，但形势稍下，傥少增高之，则皇嗣繁衍矣。上遂命土培其冈阜，使稍加于旧矣，而果有多男之应。自后海内乂安，朝廷无事，上颇留意苑囿。政和间，遂即其地大兴工役，筑山号寿山艮岳。命宦者梁师成专董其事。时有朱勔者，取浙中珍异花木竹石以进，号曰花石纲，专置应奉局于平江，所费动以亿万计。调民搜岩剔薮，幽隐不置，一花一木曾经黄封，护视稍不谨，则加之以罪。斫山辇石，虽江湖不测之渊，力不可致者，百计以出之，至名曰“神运”，舟楫相继，日夜不绝……灵璧、太湖诸石，二浙奇竹异花，登莱文石，湖湘文竹，四川佳果异木之属，皆越海渡江，凿城郭而至。后上亦知其扰，稍加禁戢，独许朱勔及蔡攸入贡。竭府库之积聚，萃天下之伎艺，凡六载而始成，亦呼为万岁山。奇花美木，珍禽异兽，莫不毕集。飞楼杰观，雄伟瑰丽，极于此矣。越十年，金人犯阙，大雪盈尺，诏令民任便斫伐为薪。是日，百姓奔往，无虑十万人，台榭宫室，悉皆拆毁，官不能禁也。

《癸辛杂识前集·艮岳》：艮岳之取石也，其大而穿透者，致远必有损折之虑。近闻汴京父老云，其法乃先以胶泥实填众窍，其外复以麻筋杂泥固济之，令圆混，日晒极坚实，始用大木为车，致于舟中，直俟抵京。然后浸之水中，旋去泥土，则省人力而无他虑。此法奇甚，前所未闻也。又云万岁山大洞数十，其洞中皆筑以雄黄及卢甘石。雄黄则辟蛇虺，卢甘石则天阴能致云雾，滃郁如深山穷谷。后因经官拆卖，有回回者知之，因请买之，凡得雄黄数千斤，卢甘石数万斤。

《宋史》卷八十五《地理志·万岁山艮岳》：政和七年，始于上清宝箓宫之东，作万岁山。山周十余里，其最高一峰九十步，上有介亭，分东西二岭，直接南山。山之东有萼绿华堂，有书馆、八仙馆、紫石岩、栖真嶝、览秀轩、龙吟堂。山之南则寿山两峰并峙，有雁池、噰噰亭，北直绛霄楼。山之西有药寮，有西庄，有巢云亭，有白龙沜，濯龙峡，蟠秀、练光、跨云亭，罗汉岩。又西有万松岭，岭畔有倚翠楼，上下设两关，关下有平地，凿大方沼。沼中作两洲，东为芦渚，亭曰浮阳，西为梅渚，亭曰雪浪。西流为凤池，东出为雁池，中分二馆，东曰流碧，西曰环山。有阁曰巢凤，堂曰三秀。东池后有挥雪亭。复由嶝道上至介亭，亭左复有亭曰极目，曰萧森。右复有亭曰丽云，曰半山，北俯景龙江。引江之上流注山涧。西行为漱琼轩，又行石间为炼丹、凝真观、圜山亭，下视江际，见高阳酒肆及清澌阁。北岸有胜筠庵、蹑云台、萧闲馆、飞岑亭。支流别为山庄，为回溪。又于南山之外为小山，横亘二里，曰芙蓉城，穷极巧妙。而景龙江外，则诸馆舍尤精。其北又因瑶华宫火，取其地作大池，名曰曲江，池中有堂曰蓬壶，东尽封丘门而止。其西则自天波门桥引水直西，殆半里，江乃折南，又折北，折南者过阊阖门，为复道通茂德帝姬宅；折北者四五里，属之龙德宫。宣和四年，徽宗自为《艮岳记》，以为山在国之艮，故名艮岳。蔡绦谓初名凤凰山，后神降，其诗有“艮岳排空霄”，因改名艮岳。宣和六年，诏以金芝产于艮岳之万寿峰，又改名寿岳。蔡绦谓南山成，又改名寿岳。岳之正门名曰阳华，故亦号阳华宫。自政和迄靖康，积累十余年，四方花竹奇石，悉聚于斯。楼台亭馆，虽略如前所记，而月增日益，殆不可以数计。宣和五年，朱勔于太湖取石，高广数丈，载以大舟，挽以千夫，凿河断桥，毁堰拆闸，数月乃至，赐号“昭功敷庆神运石”……

朱勔

朱勔，宋苏州人。父冲以善治园囿名。蔡京器其能，遂以冲父子之名属童贯窜置军籍中，皆得官。徽宗垂意花石，勔取浙中珍异花竹石以进。后岁岁增加，舳舻相衔于淮汴间，号花石纲。勔之采石也，搜岩剔薮，斫山辟道，虽在江湖不测之渊，巉岏难跻之巅，百计以出之，必得而后已。尝于太湖鼋山取巨石，高四丈有奇，广得其半，玲珑嵌空，窍穴千百，专造大舟以载之，挽以千夫，凿河断桥，毁堰拆闸，数月方至京师，赐号“昭功敷庆神运石”，立于艮岳之上。勔缘此授节度使，父子俱建节钺，乃起私第曰双节堂。盘门内有园极广，植牡丹数千本，园中有水阁，作九曲路，入之游者多迷其途。又辟绿水园于苏州，内有鱼池十八处。勔卒，其子孙多能世其业，尚以种艺叠石游于权贵之门，俗呼为花园子。

宋龚明之《中吴纪闻》卷六：朱冲微时以买卖为业，后其家稍温，易为药肆，生理日益进，以行不检，两受徒刑。既拥多资，遂交结权要，然亦能以济人为心。每遇春夏之交，即出钱米药物，募医官数人，巡门问贫者之疾，从而周之。又多买弊衣，择市妪之善缝纫者，成衲衣数百，当大寒雪，尽以给冻者。诣延寿堂病僧，日为供饮食药饵，病愈则已。其子勔因赂中贵人，以花石得幸，时时进奉不绝，谓之花石纲。凡林园亭馆以至坟墓间，所有一花一木之奇怪者，悉用黄纸封识，不问其家，径取之。有在仕途者，稍拂其意，则以违止命文致其罪，浙人畏之如虎。花石纲经从之地，巡尉护送，遇桥梁则撤以过舟，虽以数千缗为之者，亦毁之不恤。初江淮发运司于真、扬、楚、淮有转般仓，纲运兵各据地分，不相交越。勔既进花石，遂拨新装运船，充御前纲以载之，而以余旧者载粮，运直达京师。而转般仓遂废粮运，由此不继，禁卫至于乏食，朝廷亦不之问也。勔之宠日盛，父子俱建节钺，即居第创双节堂，又得徽庙御容，置之一殿中，监司郡守必就此朝朔望。勔尝预内宴，徽宗亲握其臂与语，勔遂以黄帛缠之，与人揖，此臂竟不举。弟侄数人皆结姻于帝族，因缘得至显官者甚众。盘门内有园极广，植牡丹数千本，花时以绘彩为幕帟，带覆其上，每花标其名，以金为标榜，如是者里所。园夫、畦子，艺精种植，及能叠石为山者，朝释负担，暮纡金紫，如是者不可以数计。圃之中又有水阁，作九曲路入之。春时，纵妇女游赏，有迷其路者，朱设酒食招邀，或遗以簪珥之属，人皆恶其丑行。一日勔败，检估其家资，有黄发勾者，素与勔不协，既被旨，黎明造其室，家人妇女尽驱之出。虽闾巷小民之家，无敢容纳。不数日，已墟其圃，所谓牡丹者皆析以为薪，每一扁榜，以三钱计其直。勔死，又窜其家于海岛，前日之受诰身者，尽褫之。当时有謔词云：作园子得数载，栽培得那花木，就中堪爱，时将介保义酬劳，反作了今日殃害。诏书下来，索金带，这官诰看看毁坏，放牙笏便担屎担，却依旧种菜。又曰：叠假山，得保义，幞头上带著百般材气，作模样，遍得人憎，又识甚条制。今日伏惟安置，官诰又来索气，不如叠更叠个盆山，卖八文十二。初勔之进花石也，聚于京师艮岳之上，以移根日远，为风日所残，植之未久，即槁瘁，时时欲一易之，故花石纲旁午于道。一日内宴，诨人因以讽之，有持梅花而出者，诨人指以问其徒曰：“此何物也？”应之曰：“芭蕉。”有持松桧而出者，复设问，亦以芭蕉答之。如是者数四，遂批其颊曰：“此某花，此某木，何为俱谓之芭蕉。”应之曰：“我但见巴巴地讨来，都焦了。”天颜亦为之少破。太学生邓肃有进花石诗，大寓规谏之意，至今传于世。

《宋史》卷四百七十《佞幸》本传：朱勔，苏州人。父冲，狡狯有智数。家本贱微，庸于人，梗悍不驯，抵罪鞭背。去之旁邑乞贷，遇异人，得金及方书归，设肆卖药，病人服之辄效，远近辐凑，家遂富。因修莳园圃，结游客，致往来称誉。始，蔡京居钱塘，过苏，欲建僧寺阁，会费巨万，僧言必欲集此缘，非朱冲不可。京以属郡守，呼冲见京，京语故，冲愿独任。居数日，请京诣寺度地，至则大木数千章积庭下。京大惊，阴器其能。明年，召还，挟勔与俱，以其父子姓名属童贯窜置军籍中，皆得官。徽宗颇垂意花石，京讽勔语其父，密取浙中珍异以进。初致黄杨三本，帝嘉之。后岁岁增加，然岁率不过再三贡，贡物裁五七品。至政和中，始极盛，舳舻相衔于淮、汴，号花石纲，置应奉局于苏。指取内帑如囊中物，每取以数十百万计。延福宫、艮岳成，奇卉异植充牣其中。勔擢至防御使，东南部刺史、郡守多出其门。徐铸、应安道、王仲闳等济其恶，竭县官经常以为奉。所贡物，豪夺渔取于民，毛发不少偿，士民家一石一木，稍堪玩，即领健卒直入其家，用黄封表识，未即取，使护视之。微不谨，即被以大不恭罪。及发行，必撤屋抉墙以出。人不幸有一物小异，共指为不祥，惟恐芟夷之不速。民预是役者，中家悉破产，或鬻卖子女以供其须。斸山辇石，程督峭惨，虽在江湖不测之渊，百计取之，必出乃止。尝得太湖石高四丈，载以巨舰，役夫数千人，所经州县，有拆水门、桥梁，凿城垣以过者。

既至，赐名“神运昭功石”。截诸道粮饷纲，旁罗商船，揭所贡暴其上，篙工、柁师倚势贪横，陵轹州县，道路相视以目。广济卒四指挥尽给挽士犹不足。京始患之，从容言于帝，愿抑亦其太甚者。帝亦病其扰，乃禁用粮纲船，戒伐冢藏，毁室庐，毋得加黄封帕蒙人园囿花石，凡十余事。听勔与蔡攸等六人入贡，余进奉悉罢，自是勔小戢。

《吴风录》：自朱勔创以花石媚进建节钺，而太湖石一座得银碗千，役夫赐郎官金带，石封为磐固侯，叠为艮岳。至今吴中富豪，竞以湖石筑峙奇峰阴洞。至诸贵占据名岛以凿，而嵌空妙绝，珍花异木，错映阑圃。虽闾阎下户亦饰小小盆岛为玩，以此务为饕贪积金，以充众欲。而朱勔子孙居虎丘之麓，尚以种艺叠山为业，游于王侯之门，俗呼为花园子。其贫者，岁时担花鬻于吴城，而桑麻之事衰矣。

《（光绪）苏州府志》卷一百四十五《杂记》引《顾丹五笔记》：宋朱勔驻扎苏州虎阜，采办花石纲，置田三十万亩，建瑞光寺浮图。今胥门内朱家园，园名“绿水”，其废园也。相传中有鱼池十八处，其弃田坏室可知矣。

俞澂 澂或作征

俞澂，字子清，号且轩，宋吴兴人。光宗时任大理少卿。筑室与浮玉山对，号曰“无尘”。又叠土石为山，峰之最高者至二三丈，大小凡百余，群峰之间，萦以曲涧，甃以五色小石，旁引清流激石，高下使之有声，淙淙然下注大石潭，上荫巨竹、寿藤，苍寒茂密，不见天日。潭旁横石作杠，下为石渠，潭水涨溢，即自此泻出。潭中多文龟、斑鱼，夜月下照，光景零乱，如穷山绝谷间也。盖俞澂本工画，胸中自有丘壑，故能出心匠之巧，至于此极。

《图绘宝鉴》卷四：俞澂（一作征），字子清，吴兴人。作竹石得文苏二公遗意，清润可爱。光宗朝任大理少卿，号且轩。

《癸辛杂识前集·假山》：前世叠石为山。未见显著者。至宣和，艮岳始兴大役，连舻辇致，不遗余力。其大峰特秀者，不特侯封，或赐金带，且各图为谱。然工人特出于吴兴，谓之山匠，或亦朱勔之遗风。盖吴兴北连洞庭，多产花石，而弁山所出，类亦奇秀，故四方之为山者，皆于此中取之。浙右假山最大者，莫如卫清叔吴中之园，一山连亘二十亩，位置四十余亭，其大可知矣。然余生平所见秀拔有趣者，皆莫如俞子清侍郎家为奇绝。盖子清胸中自有丘壑，又善画，故能出心匠之巧。峰之大小凡百余，高者至二三丈，皆不事饾饤，而犀珠玉树，森列旁午，俨如群玉之圃，奇奇怪怪，不可名状，大率如昌黎南山诗中，特未知视牛奇章为何如耳？乃于众峰之间，萦以曲涧，甃以五色小石，旁引清流，激石高下，使之有声，淙淙然下注大石潭。上荫巨竹、寿藤，苍寒茂密，不见天日，旁植名药、奇草、薜荔、女萝、菟丝，花红叶碧。潭旁横石作杠，下为石渠，潭水溢，自此出焉。潭中多文龟、斑鱼，夜月下照，光景零乱，如穷山绝谷间也。今皆为有力者负去，荒田野草，凄然动陵谷之感焉。

元

倪瓒

倪瓒，字元镇，元无锡人。工诗，善书画。所居有云林堂、萧闲馆、清閟阁，阁如方塔，三层，疏窗四眺，遥峦远浦，云霞变幻，弹指万状。至正间，与僧天如等共商叠成长洲城东北隅之狮子林，瓒为之图。中有狮子峰、含晖峰、吐月峰、立云堂、卧云室、问梅阁、指柏轩、玉鉴池、冰壶井、修竹谷、小飞虹、大石屋诸胜。湖石玲珑，洞壑宛转，上有合抱大松五株，故又名五松园。

《明史》卷二百九十八本传：倪瓒，字元镇，无锡人也。家雄于资，工诗，善书画。四方名士日至其门，所居有阁曰清閟，幽回绝尘。藏书数千卷，皆手自勘定。古鼎法书，名琴奇画，陈列左右。四时卉木，萦绕其外，高木修篁，蔚然深秀，故自号云林居士。时与客觞咏其中。

《（民国）吴县志》卷三十九中《第宅园林》：狮子林在城东北隅潘儒巷。元至正间，僧天如惟则延朱德润、赵善良、倪元镇、徐幼文共商叠成，而元镇为之图，取佛书狮子座名之。近人误以为倪云林所筑，非也。中有狮子峰、含晖峰、吐月峰、立云堂、卧云室、问梅阁、指柏轩、玉鉴池、冰壶井、修竹谷、小飞虹、大名屋诸胜。湖石玲珑，洞壑宛转，上有合抱大松五株，故又名五松园……又卷七十六下《流寓》：倪瓒，字元镇，无锡人。家雄于资，工诗，善书画。四方知名士日至其门，所居有云林堂、萧闲馆、清闷阁，阁如方塔，三层，疏窗四眺，遥峦远浦，云霞变幻，弹指万状。阁中藏书数千卷，手自勘定。古鼎法书，名琴奇画，陈列左右，四时卉木，萦绕其外，高木修篁，蔚然深秀，时与客觞咏其中，自号云林居士。

明

米万钟

米万钟，字仲诏，以性好奇石，故又以“友石”自号。其先陕西安化县人，由锦衣籍家于顺天宛平县。生有异质，驰骋翰墨，癖于好石，故善画石。工画山水，备极妍洁，亦自足名家。尝构漫园、勺园、湛园于燕京城近郊。漫园在德胜门积水潭东，中有楼阁三层。勺园在城西之海淀，取海淀一勺之意，署之曰勺，又署曰风烟里。其景有五：一色空天，二太乙叶，三松坨，四翠葆榭，五林于澨。园大仅百亩，穿池叠山，山峻湖广，登高俯瞰，四面尽水，长堤曲桥，经纬其间，堤径乱石磊砢，垂柳乔松荫之，丘壑亭台，棋布其间。又绘园景为灯，都人称为米家灯。湛园成于万历二十五年，仲诏自题其园诗有“主人心本湛”

句，遂以湛名其园。园有石丈斋、石林仙籁馆、绣佛居、竹渚、敲云亭、饮光楼、猗台。

明李维桢《米仲诏诗序》（见《大泌山房集》卷二十一）：米仲诏，秦北地人也。其大人始徙家京师，自为诸生，能古文辞诗歌。庶子黄昭素读其试卷奇之，举南宫高第……家有湛园，水石花竹之胜，图史琴尊之适，恒与高人韵士共之。余坐计典待决，不鄙夷而招入社，尝与修禊事，仲诏手为之图。

《野获编》卷二十四：米仲诏进士园，事事模效江南，几如桓温之于刘琨，无所不似。其地名海淀，颇幽洁，旁有戚畹李武清新构亭馆，大数百亩，穿池叠山，所费已巨万，尚属经始耳。

《长安客话》卷四：北淀有园一区，水曹郎米仲诏新筑也，取海淀一勺之意，署曰勺，又署曰风烟里。中所布景曰色空天，曰太乙叶，曰松坨，曰翠葆榭，曰林于澨。种种会心品题不尽，都人士啧啧称米家园，从而游者趾相错。仲诏复念园在郊关，不便日涉，因绘园景为灯，丘壑亭台，纤悉备具，都人士又诧为奇，啧啧称米家灯。

《帝京景物略》卷五：水所聚曰淀。高梁桥西北十里平地出泉焉，滮滮四去，潨潨草木泽之，洞洞磬折以参伍，为十余奠潴。北曰北海淀，南曰南海淀，或曰巴沟水也。水田龟坼，沟塍册册，远树绿以青青，远风无闻而有色。巴沟自青龙桥东南入于淀。淀南五里，丹棱沜。沜南，陂者六，达白石桥，与高梁水并。沜而西，广可舟矣……米太仆勺园，百亩耳，望之等深，步焉则等远。入路，柳数行，乱石数垛，路而南陂焉。陂上桥高于屋。桥上望园，一方皆水也。水皆莲，莲皆以白。堂楼亭榭，数可八九，进可得四。覆者皆柳也，肃者皆松，列者皆槐，笋者皆石及竹。水之使不得径也，栈而阁道之，使不得舟也。堂室无通户，左右无兼径，阶必以渠，取道必渠之外廓。其取道也，板而槛，七之。树根槎牙，二之。砌上下折，一之。客从桥上指，了了也。下桥而北，园始门焉。入门，客懵然矣。意所畅穷目，目所畅穷趾，朝光在树，疑中疑夕，东西迷也。最后一堂，忽启北窗，稻畦千顷，急视，幸日乃未曛。

明陈衎《米氏奇石记》（见《春明梦余录》）：米氏万钟，心清欲澹，独嗜奇石成癖。宦游四方，袍袖所积，惟石而已。其最奇者有五，因条而记之。为灵璧者二：一高四寸有奇，延袤坡陀，势如大山，四面皆蹸踆磊砢，如绘画家皴法，岩腹近山脚，特起一小方台，凝厚而削，台面刻伯原二字，小篆佳绝。伯原，胜国人杜本之字也。本能诗工书，尤以篆籀知名，所著有《篆诀》，此其遗物也；其一，块然，非方非圆，浑璞天成，周遭望之，皆如屏嶂。有脉两道作殷红色，一脉阔如小指，一细如缕丝，自项上凹处垂下，如湫瀑之射朝日也。石可高八寸许，围将径尺，其声视前石尤铿亮，色皆纯黑，凝润如膏，俱磬山产也。更三石：一英德产，如双虬盘卧，玲珑透漏，千溪万径，穿孔钩连，云烟宛转，欲兴雷雨，高四寸许，长七寸有奇；一兖州产，又曰出峄山深谷中，灰褐色，巉岩浑雅，坚致有声，大如拳；一韶州产，即仇池石也，铁色靓晶，声如响磬，大亦如拳，而峰峦洞壑，层叠窈窕，奇巧殊绝。

姜绍书《灵岩子石记》（见《韵石斋笔谈》卷上）：万历丙申岁，米友石来尹兹邑，簿书之暇，觞咏于灵岩山，见溪流中文石累累，遣舆台褰裳掇之，则缤纷璀璨，发缕丝萦，其色白如霏雪，紫若蒸霞，绿映远山之黛，黑涸瀚海之波，黄琮可荐于虞廷，赤文曾藏于禹穴。更有天成鱼鸟竹石暨大士应真，如镜涵影，自成文采。友石得未曾有，诧为奇观。更具畚锸，采之重渊。邑令所好，风行影从，源源而来，多多益善，自兹以往，知音竞赏，珍奇琳琅。想米颠袖中无此一种，即坡老怪石供，亦不必取之齐安江上矣。

《无声诗史》卷四：米万钟，字友石，元章之裔也。由锦衣籍家于京师，驰骋翰墨，以风雅自命。其于天机秀发，尚有间然。多蓄奇石，有襄阳遗风。绘事楷模。北宋以前，施为巧赡，位置渊深，不作残山剩水观。盖与中翰吴彬朝夕探讨，故体裁相仿佛焉。万历乙未成进士，由县令历藩臬，仕至太仆少卿。

《日下旧闻》卷十一《城市二》引《燕都游览志》：湛园，即米仲诏先生宅之左。先生自叙曰：岁丁酉，居长安之苑西，为园曰湛。有石丈斋、石林、仙籁馆、茶寮、书画船、绣佛居、竹渚、敲云亭，曲水绕亭可以流觞，即以灌竹。竹外转而松关，又转而花径，则饮光楼在望，众香国盖其下也。别径十数级，可以达台，俯瞰蔬园。又卷十五《城市六》引：漫园在德胜门外积水潭之东，米仲诏先生所构。中有楼阁三层。先生尝为湛园、勺园，及此而三。又卷二十二《郊坰四》引：勺园径曰风烟里，入径乱石磊砢，高柳荫之。南有陂，陂上桥曰缨云，集苏子瞻书。下桥为屏墙，墙上石曰雀滨，勒黄山谷书。折而北为文水陂，跨水有斋曰定舫。舫西高阜题曰松风水月。阜断为桥曰逶迤梁，主人所自书也。逾梁而北，为勺海堂，吴文仲篆。堂前怪石蹲焉，栝子松倚之。其右为曲廊，有屋如舫，曰太乙叶。周遭皆白莲花也。东南皆竹，有碑曰林于澨，有高楼涌竹林中曰翠葆楼，邹迪光书。下楼北行，为槎枒渡，亦主人自书。又北为水榭。最后一堂，北窗一拓，则稻畦千顷，不复有缭垣焉。

《春明梦余录》卷六十五：海淀米太仆勺园，园仅百亩，一望尽水，长堤大桥，幽亭曲榭，路穷则舟，舟穷则廊，高柳掩之，一望弥际。傍为李戚畹园，巨丽之甚，然游者必称米园焉。

《明史》卷二百八十八《文苑·董其昌传》：米万钟，字友石。万历二十三年进士。历官江西按察使。天启五年，魏忠贤党倪文焕劾之，遂削籍。崇祯初，起太仆少卿，卒官。

《历代画史汇传》卷四十五：米万钟，字仲诏，号友石，关中人。以锦衣籍京师，芾裔。万历乙未进士。历官江西按察使。天启乙丑，魏党倪文焕劾之，遂削籍。崇祯初，起太仆少卿，卒。山水得倪迂法，花卉似陈淳，多蓄奇石，故善画石，有襄阳风。行草得家法，尤善署书。时邢、张、米、董，俱以书见称。又有南董北米之称。万钟擅名四十年，书迹遍天下。著《隶篆考讹》。

《（康熙）宛平县志》卷五《人物下·人才》：明米

万钟，字仲诏，宛平人。生有异质，性孝友，嗜学。少时即以文章翰墨之名驰誉天下……公生平嗜石，人称友石先生。著有《澄澹堂文集》十二卷、《诗集》十二卷、《易义》四卷、《兵钤》十二卷、《石史》十六卷，及其他著述甚富，行于世。

高倪

高倪，明万历间人。燕京宣武门内武功卫桂杏农宅，其园有池，池中砌石为山，中有一石，屹然苍古，为群石冠，石阴刻有“万历三十年三月起堆叠石子高倪修造”十六字。

《竹叶亭杂记》卷七：宣武门内武功卫胡同，桂杏农观察莒卜居焉。宅西有园，曲榭方亭之前凿小池，砌石为小山，有一石屹然苍古，为群石冠，苔藓蒙密，摩娑石阴，得“万历三十年三月起堆叠石子高倪修造”十六字。

林有麟

林有麟，字仁甫，明江苏华亭人。万历间，官至四川龙安府知府。工画山水。于所居素园辟玄池馆，以聚奇石，因采宣和以后之石见于往籍者，凡百种，俱绘为图，缀以前人题咏，为《素园石谱》四卷。又著《青莲舫琴雅》四卷，凡古琴之制度、名称、典故、赋咏，悉为采录。

《素园石谱》自序：石之大崒嵂尽于五岳，而道书所称洞天福地灵踪化人之居，则皆有怪青奇碧焉。余性好游，鹿裘螭杖，岁入五湖杳霭间。然西至于石城，远极于瀑梁湫雁而止，所谓荡胸层云决眦归鸟者，如少文卧见之。而家有先人敝庐，玄池石二拳，在逸堂左个。少时弦诵之暇，便居起之。每焚香静对，肃然改容，如见尊宿。已于素园辟玄池馆，供礼石丈，而三吴之残崖断壁，堑崿窿坳者，稍具焉。两深苔屋，秋爽长林，风入棱波，哀玉自奏，一编隐几，莞尔不言，一洗人间肉飞丝语境界。余尝谓法书、名画、金石、鼎彝，皆足令人自远，而石尤近于禅，生公点头，箭机莫逆，而南宫、九华谓可神游其际。此老颠书纵横千古，或从此中悟入。虽然九州之外，复有九州，五岳一拳犹可芥纳。若作是观，则齐安小儿，江头数饼，已具有嵩华衡岱微体矣。因检缃篇，自宣和帝而后，有绘图哦咏者，手汇集之，凡得四卷。

《四库全书总目》卷一百十四《子部·艺术类·琴谱之属存目》：《青莲舫琴雅》四卷，明林有麟编。有麟，字仁甫，华亭人。太仆寺卿景旸之子，以父荫，官至龙安府知府。凡古琴之制度、名称、典故、赋咏，是编悉为采录……又卷一百十六《子部·谱录类存目》：《素园石谱》四卷，明林有麟撰。有麟有《青莲舫琴雅》已著录。是编乃有麟于所居素园辟玄池馆以聚奇石，因采宣和以后石之见于往籍者，凡百种，俱绘为图，缀以前人题咏，始蜀中永宁石，终于松江普照寺达摩石。大抵以意摹写，未必能一一肖其真也。

计成

计成，字无否，明吴江县唐名松陵镇人。生于万历十年。工画，好蓄奇石，尤能以画意筑园。誉之者谓与荆、关绘事无异。崇祯间，为吴又予造园于晋陵。又为汪士衡筑园于銮江。复为郑元勋作影园。著有《园冶》三卷。于装折、门窗、铺地、掇山诸作，力避流俗剿袭之弊，尤重相地借景，发前人所未发，海内论园林者，唯此一书而已。

《园冶》自序：不佞少以绘名，性好搜奇，最喜关仝、荆浩笔意，每宗之。游燕及楚，中岁归吴，择居润州，环润皆佳山水，润之好事者，取石巧者置竹木间为假山。予偶观之，为发一笑。或问曰："何笑？"予曰："世所闻有真斯有假，胡不假真山形，而假迎勾芒者之拳磊乎？"或曰："君能之乎？"遂偶为成壁，睹观者俱称俨然佳山也，遂播闻于远近。适晋陵方伯吴又予公闻而招之。公得基于城东，乃元朝温相故园，仅十五亩。公示予曰："斯十亩为宅，余五亩可效司马温公'独乐'制。"予观其基形最高，而穷其源最深，乔木参天，虬枝拂地。予曰："此制不第宜掇石而高，且宜搜土而下，合乔木参差山腰，蟠根嵌石，宛若画意。依水而上，构亭台，错落池面，篆壑飞廊，想出意外。"落成，公喜曰："从进而出，计步仅四里，自得谓江南之胜，惟吾独收矣。"别有小筑，片山斗室，予胸中所蕴奇，亦觉发抒略尽，益复自喜。时汪士衡中翰延予銮江西筑，似为合志，与又予公所构，并驰南北江焉。暇草式所制，名《园牧》尔。姑孰曹元甫先生游于兹，主人偕予盘桓信宿，先生称赞不已，以为荆关之绘也，何能成于笔底？予遂出其式视先生。先生曰："斯千古未闻见者，何以云牧，斯乃君之开辟，改之曰冶可矣。"崇祯辛未之秋杪，否道人暇于扈冶堂中题。

《园冶》题词：古人百艺，皆传之于书，独无传造园者何？曰："园有异宜，无成法，不可得而传也。"异宜奈何？简文之贵也，则华林；季伦之富也，则金谷；仲子之贫也，则止于陵片畦。此人之异宜，贵贱贫富，勿容倒置者也。若本无崇山茂林之幽，而徒假其曲水；绝少鹿寨文杏之胜，而冒托于辋川，不如嫫母傅粉涂朱，只益之陋乎？此又地有异宜，所当审者。是维主人胸有丘壑，则工丽可，简率亦可。否则强为造作，仅一委之工师、陶氏，水不得潆带之情，山不领回接之势，草与木不适掩映之容，安能日涉成趣哉？所苦者，主人有丘壑矣，而意不能喻之工。工人能守，不能创，拘牵绳墨以屈主人，不得不尽贬其丘壑以徇，岂不大可惜乎？此计无否之变化，从心不从法，为不可及。而更能指挥运斤，使顽者巧，滞者通，尤足快也。予与无否交最久，常以剩水残山，不足穷其底蕴，妄欲罗十岳为一区，驱五丁为众役，悉致琪华、瑶草、古木、仙禽，供其点缀，使大地焕然改观，是亦快事。恨无此大主人耳！然则无否能大而不能小乎？是又不然。所谓地与人俱有异宜，善于用因，莫无否若也。即予卜筑城南芦汀柳岸之间，仅广十笏，经无否略为区画，别具灵幽。予自负少解结构，质之无否，愧如拙鸠。宇内不少名流韵士，小筑卧游，何可不问途无否？但恐未能分身四应，庶几以《园冶》一编代之。然予终恨无否之智巧不可传，而所传者只其成法，犹之乎未传也。但变而通，通已有其本，则无传终不如有传之足述。今日之国能，即他日之规矩，安知不与《考工记》并为脍炙乎？崇祯乙亥午月朔，友弟郑元勋书于影园。

重刊《园冶》序：吾国建筑，喜用均齐之格局，以表庄重。自屋宇之配置，以至镂刻绘画，莫不皆然。此在庙堂固属宜称，若夫助心意之发舒，极观览之变化，人情所熹，往往轶出于整齐画一之外。秦汉以来，人主多流连于离宫别苑，而视宫禁若樊笼，推求其故，宫禁为法度所局，必取均齐，不若离宫别苑纯任天然，可以尽错综之美，穷技巧之变。即士大夫居室亦靡不然。故王侯第宅罕有遗留甚久者，独于园林之胜，歌咏图绘，传之不朽，一沤一垤，亦往往供人凭吊。由斯而谭，吾国中古以后建筑之美术，借造园以发挥者，不可胜数。而格局之正变，即以配置均齐与否为衡私家园林之结构，见于载籍最早者《西京杂记》之袁广汉，《后汉书》之梁冀为尤伟，颇足见两汉人对于建筑艺术之贡献。自是厥后，稍复阒然，及至赵宋道君皇帝留情艺术，主持风雅，更进一步而以诗情画意写入园林，流风扇被，波靡南渡，故江表诸州至今犹多以名园著。盖以人为之美入天然，故能奇；以清幽之趣药浓丽，故能雅。北宋以后，艺术风尚转移若此，不独于建筑见之，而建筑之所关者尤巨也。

南省之名园胜景，康乾两朝移之而北，故北都诸苑乃至热河之避暑山庄，悉有江南之余韵。今畅春、圆明已圮，滦庄僻远，静明狭小，颐和媶俗，当日珍台间馆之盛，亦几于梓泽之丘墟。然而过故都而揽胜，终觉其苑囿之美，犹非其他都邑所可几及。然而园林结构之术，在今日已不绝如缕，吾人宁能坐视其湮没耶？计无否《园冶》一书，为明末专论园林艺术之作。余求之屡年，未获全豹。庚午得北平图书馆新购残卷，合之吾家所蓄影写本，补成三卷，校录未竟，陶君兰泉笃嗜旧籍，遽付景印，惜其图式未合矩度，耿耿于心。阚君霍初近从日本内阁文库借校，重付剞劂，并缀以识语，多所阐发，为中国造园家张目，与渠往年探索黄平沙《髹饰录》，辛苦爬剔，同一兴味，其致力之勤有足称者。校印将竣，爰述其原起。中华民国二十年岁次辛未六月，紫江朱启钤识于北戴河蠡天小筑。

陆叠山

陆叠山，佚其名字。明杭州人，以叠假山为业，堆垛峰峦，坳折涧壑，绝有巧思，时号为“陆叠山”云。

《西湖游览志》：杭城假山称江北陈家第一，许银家第二，今皆废矣。独洪静夫家者最盛，皆工人陆氏所叠也。堆垛峰峦，坳折涧壑，绝有天巧，号“陆叠山”。张靖之尝以诗赠之。

清

张涟　张然

张涟，号南垣，清初华亭人。徙秀州，因家焉。少学画于云间之某氏，尽得其笔法。好写人像，兼通山水，遂以其意垒石为假山，故以叠石冶园著闻于时。君以此技游于江南诸郡者五十余年，自华亭、秀州外，于白门，于金沙，于海虞，于娄东，于鹿城，所过必数月。其所为园，则李工部之横云，虞观察之预园，王奉常之乐郊，钱宗伯之拂水，吴吏部之竹亭，徐司马之汉槎楼为最有名。为之愈久，技艺愈精，土石草木，罔不熟识其性情。每创手之日，乱石散布如林，君踌躇四顾，主峰客脊，大礐小磝，咸默识于心，及役夫受命，君与客方谈笑，漫应之曰："某树下某石置于某处。"目不转视，手不再指，若金在冶，不假斧凿。甚至施竿结顶，悬而下缒，尺寸不爽，人以此服其能。又妙作盆池小山，数尺中，岩岫变幻，溪流飞瀑，湖滩渺茫，树木蓊郁，点缀寺宇台榭，石桥墓塔，颓墙败阑，皆一一生动，令观者坐游终日不能出，亦从所未有。君死，有子四人，皆世其学，尤以然为最知名。

然字陶庵，继其父业，游于北地。供奉内廷三十余年，燕京之瀛台、玉泉、畅春苑，皆其所布置。又为大学士宛平王公构怡园于燕京城南之南半截胡同，水石之妙，有若天然。

黄宗羲《张南垣传》（见《撰杖集》）：……张涟，号南垣，秀水人。学画于云间之某，尽得其笔法。久之而悟曰："画之皴涩向背，独不可通之为叠石乎？画之起伏波折，独不可通之为堆土乎？今之为假山者，聚危石，架洞壑，带以飞梁，矗以高峰，据盆盎之智以笼岳渎，使入之者，如鼠穴蚁垤，气象蹙促，此皆不通于画之故也。且人之好山水者，其会心正不在远。"于是为平冈小坂，陵阜陂陁，然后错之石，缭以短垣，翳以密篆。若是乎奇峰绝嶂，累累乎墙外，而人或见之也。其石脉之所奔注，伏而起，突而怒，犬牙错互，决林莽犯轩楹而不去，若似乎处大山之麓，截溪断谷，私此数石者为吾有也。方塘石洫，易以曲岸回沙；邃闼雕楹，改为青扉白屋。树取其不凋者，石取其易致者，无地无材，随取随足，或者以平泉为多事。朱勔真笨伯矣。当其土山初立，顽石方驱，寻丈之间，多见其落落难合，而忽然以数石点缀，则全体飞动，若相唱和，荆浩之自然，关同之古淡，元章之变化，云林之萧疏，皆可身入其中也。涟为此技既久，土石草树，咸能识其性情。每创手之日，乱石如林，或卧或立。涟踌躇四顾，主峰客脊，大礐小磝，皆默识于心。及役夫受命，涟与客方谈笑，漫应之曰："某树下某石可置某所。"目不转视，手不再指，若金在冶，不假斧凿。人以此服其精……三吴大家名园皆出其手，其后东至于越，北至于燕，请之者无虚日。涟有四子，皆衣食其业。

吴伟业《张南垣传》（见《梅村家藏稿》卷五十二）：张南垣，名涟，南垣其字，华亭人，徙秀州，又为秀州人。少学画，好写人像，兼通山水，遂以其意垒石，故他艺不甚著。其垒石最工，在他人为之，莫能及也。百余年来，为此技者，类学崭严嵌特。好事之家罗取一二异石，标之曰峰，皆从他邑辇致，决城闉，坏道路，人牛喘汗，仅而得至，络以巨絙，锢以铁汁，刑牲下拜，劖颜刻字，钩填空青，穹窿岩岩，若在乔岳，其难也如此。而其旁又架危梁，梯鸟道，游之者钩巾棘履，拾级数折，伛偻入深洞，扪壁投罅，瞪盻骇栗。南垣过而笑曰："是岂知为山者耶？今夫群峰造天，深岩蔽日，此夫造物神灵之所为，非人力可得而致也。况其地辄跨数百里，而吾以盈丈之址，五尺之沟，尤而效之，何异市人抟土以欺儿童哉？惟夫平冈小坂，陵阜陂陁，版筑之功，可计日以就。然后错之以石，棋置其间，缭以短垣，翳以密篆，若似乎奇峰绝嶂，累累乎墙外，而人或见之也。其石脉之所奔注，伏而起，突而怒，为狮蹲，为兽攫，口鼻含呀，牙错距跃，决林莽犯轩楹而不去，若似乎处大山之麓，截溪断谷，私此数石者为吾有也。方塘石洫易以曲岸回沙，邃闼雕楹改为青扉白屋。树取其不凋者，松杉桧柏，杂植成林。石取其易致者，太湖尧峰，随宜布置。有林泉之美，无登顿之劳，不亦可乎。"华亭董宗伯玄宰、陈征君仲醇亟称之曰："江南诸山，土中戴石，黄一峰、吴仲圭常言之，此知夫画脉者也。"群公交书走币，岁无虑数十家，有不能应者，用为大恨。顾一见君，惊喜欢笑如初。君为人肥而短黑，性滑稽，好举里巷谐媟以为抚掌之资，或陈语旧闻，反以此受人嘲弄，亦不顾也。与人交，好谈人之善，不择高下，能安异同，以此游于江南诸郡者五十余年。自华亭、秀州外，于白门，于金沙，于海虞，于娄东，于鹿城，所过必数月。其所为园则李工部之横云、虞观察之预园、王奉常之乐郊、钱宗伯之拂水、吴吏部之竹亭为最著。经营粉本，高下浓淡，早有成法。初立土山，树木未添，岩壑已具，随皴随改，烟云渲染，补入无痕，即一花一竹，疏密欹斜，妙得俯仰。山未成，先思著屋，屋未就，又思其中之所施设。窗棂几榻，不事雕饰，雅合自然。主人解事者，君不受促迫，次第结构，其或任情自用，不得已骫骳曲随，后有过者辄叹惜曰："此必非南垣意也。"君为此技既久，土石草树，咸能识其性情。每创手之日，乱石林立，或卧或倚，君踌躇四顾，正势侧峰，横支竖理，皆默识在心，借成众手。常高坐一室，与客谈笑，呼役夫曰："某树下某石可置某处。"目不转视，手不再指，若金在冶，不假斧凿。甚至施竿结顶，悬而下缒，尺寸勿爽，观者以此服其能矣。人有学其术者，以为曲折变化，此君生平之所长，尽其心力，以求仿佛。初见或似，久观辄非，而君独规模大势，使人于数日之内，寻丈之间，落落难合，及其既就，则天堕地出，得未曾有。曾于友人斋前作荆关老笔，对峙平礀，已过五寻，不作一折，忽于其颠，将数石盘互得势，则全体飞动，苍然不群。所谓他人为之莫能及者，盖以此也。君有四子，能传父术。晚岁辞涿鹿相国之聘，遣其仲子行，退老于鸳湖之侧，结庐三楹。

戴名世《张翁家传》见（《南山全集》卷七）：张翁，讳某，字某，江南华亭人，迁嘉兴。君性好佳山水，每遇名胜，辄徘徊不忍去。少时学画，为倪云林、黄子久笔法，四方争以金币来购。君治园林有巧思，一石一树，一亭一沼，经君指画，即成奇趣，虽在尘嚣中，如入岩谷。诸公贵人皆延为上客，东南名园大抵多翁所构也……

阮葵生《茶余客话》卷八：华亭张涟，字南垣。少写人物，兼通山水，能以意垒石为假山，悉仿营丘、北苑、大痴画法为之。峦屿涧濑，曲洞远峰，巧夺化工。其为园则李工部之横云、虞观察之预园、王奉常之乐郊、吴吏部之竹亭为最有名。涟既死，子然继之。游京师，如瀛台、玉泉、畅春苑皆其所布置……王宛平怡园亦然所作……

吴长元《宸垣识略》卷十：七间楼在南横街南半截胡同，即怡园也，康熙中，大学士王熙别业……

王士禛《居易录》卷四：大学士宛平王公招同大学士真定梁公、学士涓来兄（讳弘）游怡园，水石之妙，有若天然，华亭张然所造也。然字陶庵，其父号南垣，以意创为假山，以营丘、北苑、大痴、黄鹤画法为之，峰壑湍濑，曲折平远，经营惨澹，巧夺化工。南垣死，然继之。今瀛台、玉泉、畅春苑皆其所布置也……

曾灿《过日集》卷六引吴之振、宋石门《画辋川图注》：郡人张南垣杂土叠石为假山，高下起伏，天然第一。又妙作盆池小山，数尺中岩岫变幻，溪流飞瀑，湖滩渺茫，树木蓊郁，点缀寺宇台榭，石桥墓塔，颓墙败阑，皆一一生动，令观者坐游终日不能出，亦从来所未有。

《（康熙）嘉兴县志》卷七下《艺术》：张涟，字南垣。少学画，得山水趣，因以其意筑圃垒石，有王大痴、梅道人笔意。一时名藉甚。董宗伯、陈征君亟称之，交书走币。若李工部之横云、虞观察之预园、王奉常之乐郊、钱宗伯之拂水园、吴吏部之竹亭、徐司马之汉槎楼，皆其得意作也。旧以高架叠缀为工，不喜见土。涟一变旧模，穿深覆岗，因形布置，土石相间，颇得真趣。吴梅村尝为之传。子孙多世其术。今朱工部鹤洲、曹侍郎倦圃、钱枢部绿溪，皆其次子熊叔祥作，亦有父风。

叶洮

叶洮，字金城，号秦川，清青浦县人。工画山水，胸有丘壑。康熙间，营构畅春园，园中一树一石，经画布置，多出其手。

柴桑《京师偶记》：叶洮，字金城，青浦人。胸有丘壑。畅春园一树一石，皆其布置。洮告归，后复入都，卒于旅舍。朝廷特给内帑，为之赙。

《国朝画识》卷八：叶洮，字金城，青浦人。善山水，喜作大斧劈。康熙中，袛候内廷，诏作畅春园图本，图成称旨，即命监造。既成，以疾赐金乘传归。复召入，以劳卒于途。

《国朝书画家笔录》卷一：叶洮，字金城，号秦川，自称山农。工山水，纯用斧劈法。

李渔

李渔，字笠翁，本浙江钱塘人。康熙时流寓金陵。

尝为贾汉复葺半亩园于燕京紫禁城外东北隅弓弦胡同。叠石垒土而为山，阙地导泉而为池。池中水亭，双桥通之。平台曲室，奥如旷如。又自营别业名伊园。晚年更筑芥子园。所撰《一家言》中有居室部，于设计布置，别具心裁，亦营造学中之要籍也。

麟庆《鸿雪因缘图记》（见《小方壶斋舆地丛钞》第五帙）：半亩园在京都紫禁城外东北隅弓弦胡同内，延禧观对过，园本贾胶侯中丞汉复宅。李笠翁渔客贾幕时，为葺新园，叠石成山，引水作沼，平台曲室，奥如旷如。易主后渐就荒落……忆昔嘉庆辛未，余曾小饮南城芥子园中。园主章翁言，石为笠翁点缀。当国初鼎盛时，王侯邸第连云，竞侈缔造，争延翁为座上客，以叠石名于时。内城有半亩园二，皆出翁手。

道济

道济，字石涛，号大涤子，又号清湘老人、苦瓜和尚、瞎尊者，清广西梧州人。性耿介，工书画兼工叠石。尝为江都余氏筑万石园于扬州，用太湖石以万计，故名万石。园中有樾香楼、临漪槛、援松阁、梅舫诸胜。又筑扬州新城片石山房内池中之太湖石山一座，高仅五六丈，但奇峭可爱。

《国朝画征续录》卷下：道济，字石涛，号清湘老人，又号大涤子，又自号苦瓜和尚，又号瞎尊者。前明楚藩后也。画兼善山水、兰竹，笔意纵恣，脱尽窠臼。晚游江淮，人争重之，一时来学者甚众，今遗迹淮扬尤多。

陈鼎《瞎尊者传》：瞎尊者，失其族名，广西梧州人。前朝靖藩裔也。性耿介，不肯俯仰入时，而嘐嘐然，磊磊落落，高视一切……弱冠即工书法，善画，工诗。

《扬州画舫录》卷二：释道济，字石涛，号大涤子，又号清湘老人，又号瞎尊者，又号苦瓜和尚。工山水、花卉，任意挥洒，云气迸出，兼工累石。扬州以名园胜，名园以累石胜。余氏万石园出道济手，至今称胜迹。

《（嘉庆）扬州府志》卷三十《古迹一》：万石园，汪氏旧宅，以石涛和尚画稿布置为园，太湖石以万计，故名万石。中有樾香楼、临漪槛、援松阁、梅舫诸胜。乾隆间，石归康山，遂废。

《履园丛话·园林·片石山房》：扬州新城花园巷，又有片石山房者，二厅之后，湫以方池，池上有太湖石山子一座，高五六丈，甚奇峭，相传为石涛和尚手笔。

仇好石

仇好石，尝为江氏垒怡性堂宣石山，山上有室额曰水佩风裳，联云：美花多映竹，无处不生莲。时好石年仅二十有一。因点是石得痨瘵而死。

《扬州画舫录》卷二：仇好石垒怡性堂宣石山。又卷十一：江氏买唐村，掘地得宣石数万，盖古西村假石之埋没土中者。江氏因堆成小山，构室于上，额曰水佩风裳，联云：美花多映竹（杜甫），无处不生莲（杜荀鹤）。是石为石工仇好石所作。好石年二十有一，因点是石，得痨瘵而死。

董道士

董道士，淮安人。叠九狮山。

《扬州画舫录》卷二：淮安董道士叠九狮山。

戈裕良

戈裕良，常州人，能以大小石钩带联络如造环桥法，积久弥固，可以千年不坏。尝云："要如真山洞壑一般，方为能事。"仪征之朴园、如皋之文园、江宁之五松园、虎丘之一榭园、孙古云书厅前之石山，及常熟北门内之蒋氏燕谷园，均出其手。至造亭馆池台，一切位置装修，亦无不独擅其长。

《履园丛话·艺能·堆假山》：堆假山者，国初以张南垣为最。康熙中则有石涛和尚，其后则仇好石、董道士、王天于、张国泰，皆为妙手。近时有戈裕良者，常州人。其堆法尤胜于诸家，如仪征之朴园、如皋之文园、江宁之五松园、虎丘之一榭园，又孙古云家书厅前山子一座，皆其手笔。尝论狮子林石洞皆界以条石，不算名手。余诘之曰："不用条石易于倾颓，奈何？"戈曰："只将大小石钩带联络，如造环桥法，可以千年不坏，要如真山洞壑一般，然后方称能事。”余始服其言。至造亭台池馆，一切位置装修，亦其所长。又《园林·燕谷》：燕谷在常熟北门内令公殿右，前台湾知府蒋元枢所筑。后五十年，其族子泰安令因倍购得之，请晋陵戈裕良叠石一堆，名曰燕谷。园甚小而曲折得宜，结构有法，余每入城，亦时寓焉。

大汕

大汕，字石濂，本吴僧，后主广州长寿寺。多巧思，叠石为山，有若自然。又以花梨、紫檀、点铜、佳石作椅、桌、屏、柜、盘、盂、杯、碗诸物，往往有新意。

《分甘余话》卷下：广州有僧大汕，字石濂，自言江南人。或云池州，或云苏州，亦不知其果籍何郡。善丹青，叠山石，构精舍，皆有巧思。剪发为头陀，自称觉浪大师衣钵弟子，游方岭南，居城西长寿庵。

《萝窗小牍》：大汕，字石濂，本吴僧，后主广州长寿寺。多巧思，以花梨、紫檀、点铜、佳石作椅、桌、屏、柜、盘、盂、杯、碗诸物，往往有新意。持以饷诸当事及士大夫，无不赞赏者。

陈英猷

陈英猷，字式霭，清广东潮阳人，诸生。淹贯经史，旁及百家，尤精于易。晚年筑室叠石山，仅容一榻，终日危坐，历十四载。著《演周易》一书。门人称叠石先生。

《（同治）广东通志》卷二百九十五列传：陈英猷，字式霭，潮阳人。甫四龄，母病，辄欷歔不食。弱冠，倜傥有大志，读书直探阃奥，淹贯经史，旁及百家，嗜孙吴兵书及武侯阵法，然深自晦，不露圭角，尤精于《易》，以为疑义殊多。晚年筑室叠石山，仅容一榻，终日危坐，历十四载。著《演周易》四卷，多夺邵氏之席，而翻程朱之臼。以诸生卒于家。门人称叠石先生。

刘蓉峰

刘蓉峰，自筑寒碧山庄于苏州阊门外，园中有十二峰，皆太湖之选。

《履园丛话·园林·寒碧山庄》：寒碧山庄在阊门外花步，洞庭刘蓉峰观察所筑。园中有十二峰，皆太湖之选。道光三年，始开园门，来游者无虚日，倾动一时。

周师濂

周师濂，清嘉道间会稽人。以书画诗名闻东南。尝叠浮石作小山，高仅二尺余，而峥嵘幽邃，具岩壑势。山多石罅，栽小松七、木桃一。不数年松皆挺秀，与千年古松同其奇拔；木桃亦能结实，大如豆。

《碧梧馆丛话》：会稽周竹生先生，讳师濂，嘉道间以书画诗名闻东南。喜栽花木，经其手，无不活。尝入市，见小摊上有磁片一，长寸余，宽半之，白地青字，隶“小灵鹫”三字，款书米芾，真赝虽不可得而知，书法亦古拙可爱也。购以归，乃叠浮石作小山，高二尺余，极深远幽邃之致，主峰中间嵌以所购磁片，山背以青田石作小碑，刻七律一首云：生成岩岫小玲珑，割取西泠一朵峰。蚁穴细穿珠络索，蚕丛独辟玉芙蓉。水涵秋碧新开盎，树老冬青宛卧松。此上韬光疑有路，仙风送我欲扶筇。糁以石青，山多石罅，栽小松七、木桃一。不数年松皆挺秀，与千年古松同其奇拔，不过具体而微耳；木桃亦能结实，大如豆。山承以石盆，蓄水养鱼，经数年不死，亦不长，一若均为兹山特产者。

王松

王松，字伟期，清江西义宁人。为诸生，工书画，性耽花石，经营布置，别有巧思。

《（同治）南昌府志》卷五十三《人物·方技》：王松，字伟期，义宁人。为诸生，落落有奇气，工书画，性耽花石，经营布置，别有巧思。晚年贫益甚，终隐于画，醉笔狂挥，皆得米颠生趣。

第三

攻守具

⊙周 ⊙三国—吴 ⊙宋 ⊙陈 ⊙北齐 ⊙隋 ⊙唐
⊙宋 ⊙元 ⊙明 ⊙清

周

公输般 “般”又作“盘”“班”

公输般，名般，公输其号也。鲁之巧人。与墨子同时，或以为鲁昭公之子。尝为楚作云梯，以攻宋。又长于制作奇巧器物，事分见机巧类。

《墨子·鲁问篇》：昔者楚人与越人舟战于江。楚人顺流而进，迎流而退；见利而进，见不利则其退难。越人迎流而进，顺流而退；见利而进，见不利则其退速。越人因此若执，亟败楚人。公输子自鲁南游楚，焉始为舟战之器，作为钩强之备，退者钩之，进者强之。量其钩强之长，而制为之兵。楚之兵节，越之兵不节。楚人因此若执，亟败越人。公输子善其巧，以语子墨子曰：“我舟战有钩强，不知子之义亦有钩强乎？”子墨子曰：“我义之钩强，贤于子舟战之钩强。我钩强，我钩之以爱，揣之恭。弗钩以爱则不亲，弗揣以恭则速狎，狎而不亲，则速离。故交相爱，交相恭，犹若相利也。今子钩而止人，人亦钩而止子，子强而距人，人亦强而距子。交相钩，交相强，犹若相害也。故我义之钩强，贤子舟战之钩强。”公输子削竹木以为鹊，成而飞之，三日不下。公输子自以为至巧。子墨子谓公输子曰：“子之为鹊也，不如匠之为车辖，须臾斫三寸之木，而任五十石之重。故所为功，利于人谓之巧，不利于人谓之拙。”又《公输篇》：公输盘为楚造云梯之械成，将以攻宋。子墨子闻之，起于齐，行十日十夜而至于郢，见公输盘。公输盘曰：“夫子何命焉为？”子墨子曰：“北方有侮臣，愿藉子杀之。”公输盘不说。子墨子曰：“请献十金。”公输盘曰：“吾义固不杀人。”子墨子起，再拜曰：“请说之。吾从北方闻子为梯，将以攻宋。宋何罪之有？荆国有余于地，而不足于民。杀所不足而争所有余，不可谓智。宋无罪而攻之，不可谓仁。知而不争，不可谓忠。争而不得，不可谓强。义不杀少而杀众，不可谓知类。”公输盘服。子墨子曰：“然乎不已乎？”公输盘曰：“不可，吾既已言之王矣。”子墨子曰：“胡不见我于王？”公输盘曰：“诺。”子墨子见王曰：“今有人于此，舍其文轩，邻有敝舆，而欲窃之；舍其锦绣，邻有短褐，而欲窃之；舍其粱肉，邻有糠糟，而欲窃之。此为何若人？”王曰：“必为窃疾矣。”子墨子曰：“荆之地，方五千里，宋之地，方五百里，此犹文轩之与敝舆也。荆有云梦，犀兕麋鹿满之，江汉之鱼鳖鼋鼍为天下富；宋所为无雉兔狐狸者也，此犹粱肉之与糠糟也。荆有长松、文梓、楩楠、豫章，宋无长木，此犹锦绣之与短褐也。臣以三事之攻宋也，为与此同类。臣见大王之必伤义而不得。”王曰：“善哉！虽然，公输盘为我为云梯，必取宋。”于是见公输盘。子墨子解带为城，以牒为械。公输盘九设攻城之机变，子墨子九距之。公输盘之攻械尽，子墨子之守圉有余。公输盘诎，而曰："吾知所以距子矣，吾不言。"子墨子亦曰："吾知子之所以距我，吾不言。"楚王问其故。子墨子曰："公输子之意，不过欲杀臣。杀臣，宋莫能守，可攻也。然臣之弟子禽滑釐等三百人，已持臣守圉之器，在宋城上而待楚寇矣。虽杀臣，不能绝也。"楚王曰："善哉！吾请无攻宋矣。"子墨子归，过宋，天雨，庇其闾中。守闾者不内也。故曰："治于神者，众人不知其功；争于明者，众人知之。"

《孟子·离娄上》：孟子曰："离娄之明，公输子之巧，不以规矩，不能成方圆（注：公输子，鲁班，鲁之巧人也。或以为鲁昭公之子）。"

《荀子·法行篇》：公输不能加于绳墨（注：公输，鲁巧人，名班）。

《礼记·檀弓下》：季康子之母死，公输若方小敛，般请以机封（刘台拱曰："若疑即般之字"）。

《淮南子·本经训》；公输、王尔，无所错其剞劂削锯（注：公输，巧者，一曰鲁班之号也）。又《修务训》：夫无规矩，虽奚仲不能以定方圆；无准绳，虽鲁般不能以定曲直。

《战国策·宋策》：公输般为楚设机，将以攻宋（注：鲁之巧人）。

《汉书》卷六十五《东方朔传》：鲁般为将作（注：以其巧也，般与班同）。

三国—吴

张奋

张奋，三国吴张昭弟子。年二十，造攻城大攻车。

《三国吴志》卷七《张昭传》：昭弟子奋，年二十，造作攻城大攻车，为步骘所荐。昭不愿曰："汝年尚少，何为自委于军旅乎？"奋对曰："童汪死难，子奇治阿，奋实不才耳，于年不为少也。"遂领兵为将军，连有功效，至平州都督，封乐乡亭侯。

宋

张纲

张纲，尝为刘裕造冲车，覆以版屋，蒙之以皮，并设诸奇巧于车中，城上火石、弓矢均无所施用。又为飞楼、悬梯、木幔之属，遥临城上。

《晋书》卷一百二十八《慕容超载记》：刘裕率师讨慕容超，超使其尚书郎张纲乞师于姚兴。未几，裕师围城，四面皆合。人有窃告裕军曰：“若得张纲为攻具者，城乃可得。”是月，纲自长安归，遂奔于裕。为裕造冲车，覆以版屋，蒙之以皮，并设诸奇巧，城上火石、弓矢无所施用。又为飞楼、悬梯、木幔之属，遥临城上。超出亡，遂为裕军所执。

陈

黄法氍

黄法氍，字仲昭，巴山新建人。陈世祖时累战功授平南将军。尝为拍车及步舰，以攻历阳城。

《陈书》卷十一本传：黄法氍，字仲昭，巴山新建人也。少劲捷有胆力，步行日三百里，距跃三丈……以拒王琳功，授平南将军……太建五年，大举北伐。都督吴明彻出秦郡。以法氍为都督，出历阳……于是乃为拍车及步舰，竖拍以逼历阳。

徐世谱

徐世谱，字兴宗，鱼复人。有勇力，善水战，性机巧。梁元帝时领水军，所造楼船、拍舰、火舫、水车器械等，随机损益，妙思出人。

《陈书》卷十三本传：徐世谱，字兴宗，巴东鱼复人也。世居荆州，为主帅，征伐蛮、蜒。至世谱，尤勇敢，有膂力，善水战。梁元帝之为荆州刺史，世谱将领乡人事焉。侯景之乱，因预征讨，累迁至员外散骑常侍。寻领水军，从司徒陆法和讨景，与景战于赤亭湖。时景军甚盛，世谱乃别造楼船、拍舰、火舫、水车，以益军势。将战，又乘大舰居前，大败景军，生擒景……绍泰元年，征为侍中、左卫将军。高祖之拒王琳，其水战之具，悉委世谱。世谱性机巧，谙解旧法，所造器械，并随机损益，妙思出人……卒，时年五十五。赠本官，谥曰桓侯。

《四川总志》：徐世谱，鱼复人，勇力，善水战。梁元帝时，领水军。所造器械随机损益，妙思出人。

北齐

綦母怀文

綦母怀文，不知何郡人。以道术事高祖。首创宿铁刀，其法烧生铁精以重柔铤，数宿则成刚，以柔铁为刀脊，浴以五牲之溺，淬以五牲之脂，斩甲过三十札。

《北齐书》卷四十九《方伎》本传：綦母怀文，不知何郡人。以道术事高祖。武定初，官军与周文战于邙山。是时，官军旗帜尽赤，西军尽黑。怀文言于高祖曰："赤火色，黑水色，水能灭火，不宜以赤对黑。土胜水，宜改为黄。"高祖遂改为赭黄，所谓河阳幡者也。又造宿铁刀，其法烧生铁精以重柔铤，数宿则成刚。以柔铁为刀脊，浴以五牲之溺，淬以五牲之脂，斩甲过三十札。今襄国冶家所铸宿柔铤，乃其遗法。作刀犹甚快利，但不能截三十札也。怀文云："广平郡南干子城是干将铸剑处，其土可以莹刀。"怀文官至信州刺史。

隋

云定兴

云定兴，隋人，未详其籍。女为皇太子勇昭训，及勇废，除名，配少府。定兴先得昭训明珠络帐，私赂于宇文述。又以音乐奇服干述。后炀帝将事四夷，大造兵器，述因荐之，累迁左屯卫大将军。

《隋书》卷六十一《宇文述传》：云定兴者，附会于述。初，定兴女为皇太子勇昭训，及勇废，除名，配少府。定兴先得昭训明珠络帐，私赂于述，自是数共交游。定兴每时节必有赂遗，并以音乐干述。述素好着奇服，炫耀时人。定兴为制马鞯，于后角上缺方三寸，以露白色。世轻薄者争仿学之，谓为许公缺势。又遇天寒，定兴曰："入内宿卫，必当耳冷。"述曰："然。"乃制夹头巾，令深袙耳。又学之，名为许公袙。述大悦曰："云兄所作，必能变俗。我闻作事可法，故不虚也。"后帝将事四夷，大造兵器，述荐之，因敕少府工匠并取其节度。述欲为之求官，谓定兴曰："兄所制器仗并合上心，而不得官者，为长宁兄弟犹未死耳。"定兴曰："此无用物，何不劝上杀之。"述因奏曰："房陵诸子，年并成立。今欲动兵征讨，若将从驾，则守掌为难；若留一处，又恐不可。进退无用，请早处分。"帝从之，因鸩杀长宁，又遣以下七弟分配岭表，仍遣间使于路尽杀之。五年。大阅军实，帝称甲仗为佳。述奏曰："并云定兴之功也。"擢授少府丞……十一年授左屯卫大将军……

唐

田茂广

田茂广，唐初人。尝造云旝三百具，以机发石为攻城械。

《唐书》卷八十四《李密传》：护军将军田茂广造云

澹三百具，以机发石，为攻城械，号将军炮。进逼东京，烧上春门。

李皋

李皋，字子兰，唐太宗裔孙，嗣曹王。尝教为战舰，挟二轮，蹈之，鼓水疾进。又创意为欹器。

《唐书》卷八十《宗室·太宗诸子·曹王明传》：皋字子兰，少补左司御兵曹参军。天宝十一载，嗣王……皋性勤俭，能知人疾苦。参听微隐，尽得吏下短长，其赏罚必信。所至常平物估，豪举不得擅其利。教为战舰，挟二轮蹈之，鼓水疾进，驶于阵马。有所造作，皆用省而利长……卒年六十，赠尚书右仆射，谥曰成。皋尝自创意为欹器，以髹木上出五觚，下锐圆，为盂形，所容二豆，少则水弱，多则强，中则水器力均，虽摇动，乃不覆云。

宋

杨么

杨么，宋高宗时人。聚众洞庭湖为水寇。浮舟湖中，以轮激水，疾驶如飞，旁置撞竿，官舟迎之辄碎。后为岳飞所破。

《宋史》卷三百六十五《岳飞传》：……么负固不服，方浮舟湖中，以轮激水，其行如飞，旁置撞竿，官舟迎之辄碎。飞伐君山木为巨筏，塞诸港汊，又以腐木乱草浮上流而下，择水浅处，遣善骂者挑之，且行且骂。贼怒来追，则草木壅积舟轮，碍不行。飞亟遣兵击之，贼奔港中，为筏所拒。官军乘筏，张牛革以蔽矢石，举巨木撞其舟，尽坏。么投水，牛皋擒斩之。

郭咨

郭咨，字仲谋，宋赵州平棘人。康定西征，咨上战略，献拒马枪阵法。又有巧思，能自为兵械。所作之刻漏、圆楯、独辕弩、生皮甲并为战守精具。

《宋史》卷三百二十六本传：郭咨，字仲谋，赵州平棘人。八岁始能言，聪敏过人。举进士……康定西征，咨上战略，献拒马枪阵法……咨有巧思，自为兵械皆可用。诏以作刻漏、圆楯、独辕弩、生皮甲来上，帝颇佳之。

方会

方会，字子元，宋莆田人。熙宁进士，充两浙安抚使。缮城隍，创楼船，上所撰《水战法》，方圆纵横，用六六舟为阵，得六花八阵之意，以时肄习，进退疾徐，如在平地。累爵文安郡开国侯，卒赠太师。

《（乾隆）兴化莆田县志》卷二十四《人物志·仕迹·宋》：方会，字子元，峤从孙。熙宁九年进士，调扬州司法参军。以荐移建州教授，学政大修，八州之士群至，朝廷为赐田，给其廪饩。部使者上会教导状。诏进秩再任。后以集英殿修撰知河中府。西人入贡，所过售骏马，牧守例得下其估。属吏以请，会笑却之。朝廷升十帅府，遴选守臣，以会知越州，充两浙安抚使，缮城隍，创楼船，上所撰《水战法》。方圆纵横，用六六舟为阵，得六花八阵之意，以时肄习，进退疾徐，如在平地。政和二年，召还，入对，徽宗奖谕再四。累爵文安郡开国侯。卒赠太师。

韩世忠

韩世忠，字良臣，宋延安人。目瞬如电，鸷勇过人。高宗时官平寇左将军，屡败金人，后世克敌弓、连锁甲、狻猊鍪，皆其遗法。

《宋史》卷三百六十四本传：韩世忠，字良臣，延安人。风骨伟岸，目瞬如电。早年鸷勇绝人，能骑生马驹。家贫无产业，嗜酒尚气，不可绳检。日者言当作三公。世忠怒其侮己，殴之。年十八，以敢勇应募乡州，隶赤籍，挽强驰射，勇冠三军……持军严重，与士卒同甘苦，器仗规画，精绝过人。今克敌弓、连锁甲、狻猊鍪，及跳涧以习骑，洞贯以习射，皆其遗法也。

元

孙威 子拱

孙威，元浑源人。幼沉鸷，有巧思。善为甲，尝以意制蹄筋翎根铠，太祖亲射不能彻，授顺天……诸路工匠都总管。

拱，威子。巧思如其父，尝制甲二百八十袭以献，至元十一年别制叠盾，其制张则为盾，敛则合而易持，世祖以为古所未有，赐以币帛。丞相伯颜南征，以甲胄不足，诏诸路集匠民分制，拱董顺天、河间甲匠，先期毕工，且象虎豹异兽之形，各殊其制，皆称旨。

《元史》传二百三《工艺》本传：孙威，浑源人。幼沉鸷，有巧思。金贞祐间，应募为兵，以骁勇称。及云中来附，守帅表授义军千户，从军攻潞州，破凤翔，皆有功。善为甲，尝以意制蹄筋翎根铠以献。太祖亲射之，不能彻，大悦，赐名也可兀兰，佩以金符，授顺天、安平、怀州、河南、平阳诸路工匠都总管。从攻邠、乾，突战不避矢石。帝劳之曰："汝纵不自爱，独不为吾甲胄计乎？"因命诸将衣其甲者问曰："汝等知所爱重否？"诸将对，皆失旨意。太祖曰："能捍蔽尔辈以与我国家立功者，非威之甲耶！而尔辈言不及此，何也？"复以锦衣赐威。每从战伐，恐民有横被屠戮者，辄以搜简工匠为言，而全活之。岁庚子，卒，年五十八。至大二年，赠中奉大夫、武备院使、神川郡公，谥忠惠。子拱，为监察御史，后袭顺天、安平、怀州、河南等路甲匠都总管。巧思如其父，尝制甲二百八十袭以献。至元十一年，别制叠盾，其制张则为盾，敛则合而易持。世祖以为古所未有，赐以币帛。丞相伯颜南征，以甲胄不足，诏诸路集匠民分制。拱董顺天、河间甲匠，先期毕工，且象虎豹异兽之形，各殊其制，皆称旨。十五年，授保定路治中。适岁饥，议开仓赈民。或曰："宜请于朝。"拱曰："救荒事不可缓也。若得请而后发粟以赈之，则民馁死矣！苟见罪，吾自任之。"遂发粟四千五百石以赈饥民。高阳土豪据沙河桥取行者钱，人以为病，拱执而罪之。二十二年，除武备少卿，迁大都路军器人匠总管，升工部侍郎。成宗即位，典朝会供给，赐银百两、织纹缎五十匹、帛二十五匹、钞万贯。元贞二年，授大同路总管兼府尹。大德五年，迁两浙都转运使。盐课旧二十五万引，岁不能足。拱至，增五万引，遂为定额。九年，改益都路总管兼府尹，仍出内府弓矢、宝刀赐之。卒于官，赠大司农、神川郡公，谥文庄。

薛塔拉海

薛塔拉海，元燕人。金贞祐中，元太祖引兵至北口，塔拉海率所部归之。帝命为炮水手元帅，以功进金紫光禄大夫，炮水手军民诸色人匠都元帅，从征回回诸国，俱以炮立功。太宗时，从睿宗败金师，复破南京及唐、邓、均、许诸州，取鄢陵、扶沟，寻卒。

《元史》卷一百五十一列传：薛塔拉海，燕人也，刚勇有志。岁甲戌，太祖引兵至北口，塔拉海率所部三百余人来归。帝命佩金符，为炮水手元帅。屡有功，进金紫光禄大夫，佩虎符，为炮水手军民诸色人匠都元帅，便宜行事。从征回回、河西、钦察、畏吾儿、康里、乃蛮、阿鲁虎、忽缠、帖里麻、赛兰诸国，俱以炮立功。太宗三年，睿宗引兵自洛阳渡河，塔拉海由陇右假道金、商，遂会师于均州三峰山，败金师。四年，破南京及唐、邓、均、许诸州，取鄢陵、扶沟。四月，卒，子夺失剌，袭为都元帅……

伊斯玛因

伊斯玛因，元西域实喇人，回回氏。善造炮，所击无不摧陷，至元中，以功命为回回炮手总管。

《元史》卷二百三《工艺》本传：伊斯玛因，回回氏，西域实喇人也，善造炮。至元八年，与阿老瓦丁至京师。十年，从国兵攻襄阳，未下。伊斯玛因相地势，置炮于城东南隅，重一百五十斤，机发，声震天地，所击无不摧陷，入地七尺。宋安抚吕文焕惧，以城降。既而以功赐银二百二十两，命为回回炮手总管，佩虎符。十一年，以疾卒。

阿老瓦丁

阿老瓦丁，元西域木发里人，回回氏。善造炮，竖于五门前，帝命试之，赐衣段。后伐宋，破潭州、静江等郡，悉赖其力。授宣武将军、管军总管，后改元帅府为回回炮手军匠上万户府，以阿老瓦丁为副万户。

《元史》卷二百三《工艺》本传：阿老瓦丁，回回氏，西域木发里人也。至元八年，世祖遣使征炮匠于宗王阿不哥。王以阿老瓦丁、伊斯玛因应诏。二人举家驰驿至京师，给以官舍，首造大炮，竖于五门前。帝命试之，各赐衣段。十一年，国兵渡江，平章阿尔哈雅遣使求炮手匠，命阿老瓦丁往，破潭州、静江等郡，悉赖其力。十五年，授宣武将军、管军总管。十七年，陛见，赐钞五千贯。十八年，命屯田于南京。二十二年，枢密院奉旨，改元帅府为回回炮手军匠上万户府，以阿老瓦丁为副万户。大德四年，告老。

攸哈剌拔都

攸哈剌拔都，元太祖时渤海人。善骑射，从木华黎攻通州，献计，一夕造炮三十、云梯数十。

《元史》卷一百九十三《忠义》本传：攸哈剌拔都，渤海人。初名兴哥，世农家，善骑，以武断乡井。金末，避地大宁。国兵至，出保高州富庶寨，射猎以食。屡夺大营孳畜，又射死其追者。国王木华黎率兵攻寨，寨破，奔高州。国兵围城，下令曰："能斩攸兴哥首以降，则城中居民皆获生。"守者召谓曰："汝奇男子，吾宁忍断汝首以献，汝其往降乎！不然，吾一城生灵，无噍类矣。"兴哥乃折矢出降。诸将怒，欲杀之。木华黎曰："壮士也，留之为吾用。"俾隶麾下。从木华黎攻通州，献计，一夕造炮三十、云梯数十，附城，州将惧，出宝货以降。木华黎命兴哥恣取之，兴哥独取良马三，以赏兵士。木华黎以其功闻太祖，赐名哈剌拔都。

明

焦玉

焦玉，元明时人，不详其里居。少时涉猎儒书，穷研将略。一日，游天台，遇一道士，师事之，从游四方，以《火攻阵法》一书授玉而别。至正十五年，明太祖起兵和州，玉献火龙枪数十件，命大将军徐达试之，势若飞龙，洞透层革，太祖喜曰："此枪取天下如反掌，功成当封汝无敌大将军。"定鼎后，于京城立火药局，以制法药，立内库以藏神器，立神机营以操战阵。后玉著《火龙经》三卷，首论火攻之法，及制药之方，中述各器之制造，末论各种阵法，并绘图立说，均甚明晰。

焦玉《火龙经》序：……予少也，涉猎儒书，穷研将略，退则思乐颜子之清贫，进则思效武侯之神智，遨游四海，参访有道。一日游天台上清玉华洞天，遇一道士，黄冠玄服，碧眼苍髯，吟舞松下。予前揖之，飘飘然真神仙丰度也。予拂石共坐，叩其中蕴，文师孔孟，武用孙武，上穷星宿，下辨山川。予拜稽首，请以师礼事之。从游四方三年，自号止止道人，终不言其姓氏。一日游武夷升真元化洞天，顾余而言曰："我昔年十二，应童子科，后参元道，无意于功名久矣。但我师秘授一书，用之上则忠君报国，下则辅世安民，中则立身行道。吾不忍秘，愿授于子。当今天地否塞，帝心厌乱，不数年圣天子起于淮甸，汝往辅之，懋建元功，汝勿负吾所嘱。"予再拜，展视之，乃《火攻阵法》一篇。越三日，相送出山，叮咛与别。行未百步，回首瞻望，但见云烟缥缈，林木掩映，不知其所之也。至正十五年乙未，我圣祖高皇帝起兵和州，渡江取采石、太平……予按师法铸火龙枪数十件，上献我朝。命大将军徐达试之，势若飞龙，洞透层革。我太祖阅而喜曰："此枪取天下如反掌，功成当封汝无敌大将军。"由是一征而取荆襄，再征而平江浙，三征而闽海率从，四征而席卷全齐，五征而定友谅，遂取秦晋，举燕赵，胡元北走，定鼎金陵，六合一统，四夷来朝，以开万年无疆之业。于京城立火药局，以制法药，立内库以藏神器，立神机营以操战阵……

林俊

林俊，字侍用，号见素，明莆田人。宸濠叛，俊范锡作佛郎机铳式，未用，濠已擒。

《明史》卷一百九十四本传：林俊，字侍用，莆田人。成化十四年进士。

《登斋笔录》：莆田林俊闻宸濠叛，范锡作佛郎机铳式，未用，濠已擒。王伯安作《佛郎机行》，见《文成集》。

徐光启

徐光启，字子先，上海人。明万历进士，博学强识，从西洋人利玛窦学天文、历算、火器，尽其术，遂遍习兵机、屯田、盐策、水利诸书。熹宗时，辽阳破，光启力请多铸西洋大炮，以资城守，帝善其言，方议用，而光启以疾归。

《明史》卷二百五十一本传：徐光启，字子先，上海人。万历二十五年，举乡试第一。又七年，成进士。由庶吉士历赞善。从西洋人利玛窦学天文、历算、火器，尽其术。遂遍习兵机、屯田、盐策、水利诸书。杨镐四路丧师，京师大震。累疏请练兵自效。神宗壮之，超擢少詹事兼河南道御史，练兵通州，列上十议。时辽事方急，不能如所请。光启疏争，乃稍给以民兵戎械。未几，熹宗即位。光启志不得展，请裁去，不听。既而以疾归。辽阳破，召起之。还朝，力请多铸西洋大炮，以资城守。帝善其言。方议用，而光启与兵部尚书崔景荣议不合，御史邱兆麟劾之，复移疾归。天启三年，起故官，旋擢礼部右侍郎。五年，魏忠贤党智铤劾之，落职闲住。崇祯元年，召还，复申练兵之说。未几，以左侍郎理部事。帝忧国用不足，敕廷臣献屯盐善策。光启言屯政在乎垦荒，盐政在严禁私犯。帝褒纳之，擢本部尚书。时帝以日食失验，欲罪台官。光启言："台官测候本郭守敬法，元时尝食不食，守敬且尔，无怪台臣之失占。臣闻历久必差，宜及时修正。"帝从其言，诏西洋人龙华民、邓玉函、罗雅谷等推算历法，光启为监督。四年正月，光启进《日躔历指》一卷、《测天约说》二卷、《大测》二卷、《日躔表》二卷、《割圜八线表》六卷、《黄道升度》七卷、《黄赤距度表》一卷、《通率表》一卷。是冬十月辛丑朔，日食，复上《测候四说》。其辩时差里差之法，最为详密……

王征

王征，字良甫，号葵心，明陕西泾阳人。天启进士。流寇攻泾阳，征创为连弩、活桥、自行车、自飞炮，以资捍御。又长于制作奇巧器物，事分见机巧类。著有《奇器图说》行世。

明王征《诸器图说·新制连弩图说引》：闻昔武侯有连弩法，亲授姜维，想当日木门道万弩齐发，射死魏大将张郃者，或即其制。乃其制失传久矣。近世有从地中掘得铜弩者，制作精细无比，今之工匠不能造。然特弩之机耳，而人辄以为全弩也，故卒莫解其用。征愚，偶得见之，叹服古人想头神妙如许，再四把玩，因了悉其运用机括。僭为增损一二，且易铜为铁，不但简质易作，更觉力劲而费省，似于今之行阵甚便也，敬图说之如左。又《连弩散形图说》：先用坚木为弩床一具，长三尺、阔二寸、厚三寸，前端入三寸许，凿半圆小孔，安弩背，惟紧。后端入三寸许，从正面居中凿一孔，宽三分、长五寸，孔中取滑泽用利诸机旋转。孔上面以铁片平裹，中留一寸小孔，两旁准木孔务莹平无阂而止。又从侧面照式凿三轴孔眼，一面圆，一面方，期入木不致动摇。其安机法先安鹅头居中，以其尖出铁孔，上下旋转为准。次安鹤嘴在后，以上承鹅头取平，而鹅头之尖出铁孔中，直立为准。又次安鸡腰在前，以鸡腰中穴顺其自然平彀鹤嘴为准。三者俱准如式，然后钩弩弦，扣满，挂鹅头出孔尖上，两边排箭或二或三，多不过六。弩伏地中，箭向前列，各弩联络，多多益善。又有微机，伏敌来路，敌来一触其机，则万弩齐发，骤莫能御矣。其发弩之机与一连二，二连四，以至百千连发。机括须用口传，颖楮莫克悉也。

间用此式，扩而大之，可作千步弩。别有图说，兹不具载。时天启七年，关中了一道人书于望天轩中。

《（宣统）泾阳县志》卷十三《列传二·忠烈》引《续表忠记》：明王征，号葵心。由进士除广平推官……父忧服阕，升佥事。归里后，流寇大起，征创为连弩、活桥、自行车、自飞炮，以资捍御。癸未，闯贼入关，罗致缙绅。征已先期自题墓石曰：了一道人之墓。又书“全忠全孝”四大字，授其子永春曰：“吾且死，死岂为名，欲汝识我心耳。”贼果遣使趣征往见，引佩刀自誓，乃系永春去。征遂绝粒，越七日而卒。里人谥曰“端节”。征素为德于乡，当永春被系时，乡人不避贼锋，请以身代者数百人。贼乃舍之，永春竟不得死。

薄珏

薄珏，字子珏，明长洲人。其学精微，莫知所授。崇祯中流寇犯安庆，珏奉令造铜炮御之，炮发三十里。又造水车、水铳、地雷、地弩等器。歼贼无算。又造浑天仪，事分详仪象类。

《苏州府志》卷一百九《人物·艺术一·明》：薄珏，字子珏，长洲人，居嘉兴。其学精微博奥，莫知所授。崇祯中，流寇犯安庆，巡抚张国维令珏造铜炮，炮发三十里，每发一炮，设千里镜视贼所在。贼遇之糜烂。又制水车、水铳、地雷、地弩等器，歼贼无算。国维荐于朝，不报，退归吴门，萧然蓬户，室中器具毕备。

招奇佐

招奇佐，明曲江人。崇祯中，楚寇攻城，奇佐尽出所积铅锡器皿，制作炮子以御寇。城赖以安。

《（同治）韶州府志》卷三十二《人物·曲江·明》：招奇佐，曲江邑诸生。崇祯十一年，楚寇攻城，奇佐尽出所积铅锡器皿，制造炮子。贼遁，复捐资运石，塞旧北门。大兵入粤，驻韶，糗刍军需，输将恐后。

焦勖

焦勖，明宁国人。当以虏寇肆虐，民遭惨祸，目击艰危，感愤积弱。日究心将略，就教于西人汤若望，著《则克录》三卷：首二卷为火攻挈要，末为火攻秘要。其论火攻原理，及铸造攻守各器之法，无不精详，而所制各项图说尤为详明。

《则克录》自序：……勖质性愚陋，不谙韬钤，但以虏寇肆虐，民遭惨祸，因目击艰危，感愤积弱。日究心于将略，博访于奇人，就教于西师。更潜度彼己之情形，事机之利弊，时势之变更，朝夕讲究，再四研求，只为痴情所激然耳。乃二三知己误以勖为深谙兹技，每问器索谱。

勖茫无以应，因不揣鄙劣，姑就名书之要旨，师友之秘传，及苦心之偶得，去繁就简，删浮采实，释奥注明，略述成帙，公诸同志，以备参酌云尔。

清

戴梓

戴梓，字文开，浙江钱塘人。少有机悟，自制火器，能击百步外。康熙初，耿精忠叛，犯浙江，康亲王杰书南征，梓从军，献连珠火铳法。其形如琵琶，火药、铅丸皆贮于铳脊，以机轮开闭，其机有二，相衔如牝牡，引一机则火药、铅丸自落筒中，第二机随之并动，石激火出而铳发，凡二十八发乃重贮，法与西洋机关枪合。又奉命造子母炮，母送子出坠而碎裂，如西洋炸炮。

《清史稿》卷二百九十一《艺术》本传：戴梓，字文开，浙江钱塘人。少有机悟，自制火器，能击百步外。康熙初，耿精忠叛，犯浙江，康亲王杰书南征，梓以布衣从军，献连珠火铳法。下江山有功，授道员札付。师还，圣祖召见，知其能文，试春日早朝诗，称旨，授翰林院侍讲，偕高士奇入直南书房。寻改直养心殿。梓通天文算法，预纂修《律吕正义》，与南怀仁及诸西洋人论不合，咸忌之。

陈宏勋者，张献忠养子，投诚得官，向梓索诈，互殴构讼。忌者中以蜚语，褫职，徙关东。后赦还家，留于铁岭，遂隶籍。所造连珠铳，形如琵琶，火药、铅丸皆贮于铳脊，以机轮开闭，其机有二，相衔如牝牡，扳一机则火药、铅丸自落筒中，第二机随之并动，石激火出而铳发，凡二十八发乃重贮，法与西洋机关枪合。当时未通用，器藏于家，乾隆中犹存。西洋人贡蟠肠鸟枪，梓奉命仿造，以十枪赉其使臣。又奉命造子母炮，母送子出，坠而碎裂，如西洋炸炮。圣祖率诸臣亲临视之，赐名为威远将军，镌制者职名于炮。后亲征噶尔丹，用以破敌。

庞秉权

庞秉权，世业鼓铸。清康熙间，在定南军前铸造红衣大炮，敕名武定大将军。从征广东，与副将栗养志在九龙坑铸造，授都司衔。后在广州启局炼造兵仗，精利绝伦。

《萝窗小牍》：国初，吾乡有庞秉权者，世业鼓铸。旧在定南军前铸造红衣大炮，即所谓武定大将军者也。后从征广东，与副将栗养志在九龙坑铸造，有功，赏加都司衔。康熙五年，在广州启局炼造兵仗，精利绝伦。刀室鞘柄皆作鋈银团鹤文。道光时，旗库尚有存者。

惠麓酒民

惠麓酒民，未详其姓氏里居。幼好兵家言，后得钞本城守书二种，以为至简至明而可施诸实用者，乃略为删节，合而编之为一十四卷，名《洴澼百金方》，盖取庄子不龟手药之意。是书虽兼言战，大约预备设防之策居多，而略于攻城御敌之法，为府州县官之所宜备览，俾得设施有序，捍御有方也。

惠麓酒民《洴澼百金方》自序：酒民幼好兵家者言，以为《七书》虽多，《十三篇》尽之矣。及读诸家之说，大抵夸多斗靡，而精蕴或寡，非揣摩之书也。后于友人处借得钞本城守书二种，至简至明而可施诸实用者，乃略为删节，合编之而为一十四卷，名曰《洴澼百金方》。盖取庄子不龟手药之意，用之而可封侯者也。或曰："酒民有是方也，何不挟之以干卿相，而自安于洴澼为？"曰："酒民无食肉相也。山野之性，不受牢笼，且濒年病酒，自治且无其方，则是方亦俟善用之人尔。酒民，非所能也。"或曰："是编虽兼言战，而实主乎守者居多，未可以为成书也。子安闲多暇，曷不删辑古书之繁者，以编战略？"曰："此固酒民之志，而未逮也。酒民贫病且甚，治生自急，何暇清谈。或有能爱是方而以百金买之者，自当日浮大白，以作后编。"

陈阶平《洴澼百金方》序：《洴澼百金方》十四卷，不著撰人名氏。乾隆四十年间始出。当时仅有钞本，字画端楷，图绘精详，洵可观也……今观是书，实本于《金汤十二筹》，大约预备设防之策居多，而略于攻城御敌之法，为府厅州县官之所宜备览，俾得设施有序，捍御有方，诚经济之书也……

薛大烈

薛大烈，字兴庵，清皋兰人。少孤，及长，隶戎行。昼荷戈，夜把卷，涉猎兵书。历征甘肃华林山石峰堡之逆回，福建台湾之林爽文，及西藏廓尔喀等乱，俱以戚继光练将练兵之法，无不奏功。后任乾清门侍卫，调补陕西固原及江南、广东提督，与汉中镇、河北镇总兵。以身所经历，著《训兵辑要》一书，关于训练士卒之心身，攻守之器械，营阵墩台之设置，以及各种防御之法，无不精详。

《训兵辑要》序：……予少孤。先太夫人家教甚严。每自塾中归，问读何书，以实对，必令讲解。若解不出，则怒，怒则以鞭棰临之。所问所解不可枚举，犹忆《臣事君以忠》及《以不教民战》两章，太夫人面有喜色，谓圣人之言终身佩之。及长，隶名行伍。太夫人曰：“尔既从事于甲胄矣，武略不可不讲，如受朝廷重恩，岂以赳赳无谋，遂云报称耶！”予于是昼则荷戈，夜则把卷，不敢违母教。兵书如《孙子》《穰苴》及黄石公之《三略》《素书》，诸葛武侯之全集，李卫公之《问对》三卷，皆粗粗涉猎，略识大义。惟前明戚继光《纪效新书》十八卷、《练兵实纪》九卷、《杂集》六卷，其年代去兹稍近，可为法则。其十八卷各系以图说，其说皆寻常口头语，不尚文采，使人人易晓。予于是得所依归矣。予自入伍……乃以戚少保练将练兵之法，及登坛口授之语，一一遵行之，行则无不效者，可见古人不我欺也……计历膺提镇，皆遵古法，以练兵练械为己事，使兵为有用之兵，不敢虚耗民力，以累闾阎……今河北事简，以身所经历考之于古丝丝不爽者，摘录成书，名曰《训兵辑要》……

丁守存

丁守存，字心斋，山东日照人。道光十五年进士，授户部主事，充军机章京。通天文、历算、风角、壬遁之术，善制器。咸丰初，从大学士赛尚阿赴广西参军事，后迁员外郎，从尚书孙瑞珍赴沂州治团防，寻调直隶襄办团练，后授湖北督粮道署按察使，寻罢归。著有《丙丁秘籥》《造化究原》《新火器说》等书。

《清史稿》二百九十一《艺术》本传：丁守存，字心斋，山东日照人。道光十五年进士，授户部主事，充军机章京。守存通天文、历算、风角、壬遁之术，善制器。时英吉利兵犯沿海数省，船炮之利为中国所未有。守存慨然讲求制造。西学犹未通行，凡所谓力学、化学、光学、重学，皆无专书，覃思每与暗合。大学士卓秉恬荐之，命缮进图说，偕郎中文康、徐有壬赴天津，监造地雷、火机等器，试之皆验。咸丰初，从大学士赛尚阿赴广西参军事，会获贼党胡以旸，使招降其兄以晄。守存制一匣曰“手捧雷”，伪若缄书其中，俾以晄致之贼酋，酋启匣炸首死。寻槛送贼渠洪大全还京，迁员外郎。从尚书孙瑞珍赴山东治沂州团防，造石雷、石炮以御贼。寻调直隶襄办团练，上战守十六策。十年，回山东，创议筑堡日照要塞，曰“涛雒”。贼大举来犯，发石炮，声振山谷，贼辟易，相戒无犯。丁家堡附近之民归之，数年遂成都聚。同治初，复至直隶，留治广平防务，筑堡二百余所。军事竣，授湖北督粮道，署按察使，充乡试监试，创法，以竹筒引江水注闱中，时以为便。濒江诸省，率仿行之。寻罢归，所著书曰《丙丁秘籥》，进御不传于外。所传者曰《造化究原》，曰《新火器说》。

龚振麟

龚振麟，字士振，福建光泽人。官浙江嘉兴县丞，淹通博雅，精于泰西算法。道光二十年，庚子，鸦片之战，见英轮出没波涛，维意所适，心有所会，欲仿其制，而以人力代火力，激轮以行，遂制成小式，试于湖中，亦迅捷焉。复造巨舰，越月而成，驶行与小式无异。又制枢机炮架炮车。后浙省设局制炮，振麟以铁模易土模，而铸造更为便捷，并著《铸炮铁模图说》行世。

鹿长泽《铸炮铁模图说》序：……禾城龚士振二尹，淹通博雅，精于泰西算法，故制造军械，皆能覃思极巧，神明乎规矩之外。如造夷船式炮车，用四轮，可以推拽进退，车上另用磨盘木四面旋转，皆堪施放，神乎技矣！辛丑夏，英夷犯顺。予从事镇海粮台，兼管炮局，时奉中丞谆谕，以赶造炮位为先。予甚虑制造之艰且缓也，当与商变通之法。士振拟创铁模，工匠骇为河汉。未及试行，旋以蛟门失事，中止。心常恨之。癸卯春，予闲居西泠，士振不时枉顾，并手出所刊《铁模图说》相示。盖已铸造若干，著有成效矣。予详加批阅。其法至简，其用最便，一工收数百工之利，一炮省数十倍之资。且旋铸旋出，不延时日，无瑕无疵，自然光滑，事半功倍，利用无穷。于以御强寇，奏奇勋，辟众论之异轨，开千古之法门，其有裨于国家武备者，岂浅鲜哉！

龚振麟《铸炮图说记》：庚子夏，英夷犯顺，侵入舟山。其时振麟备职禾中，奉羽檄赴甬东从事，因见逆帆林立，中有船以筒贮火，以轮击水，测沙线，探形势，为各船向导，出没波涛，维意所适。人佥惊其异，而神其资力于火也。振麟心有所会，深疑其力非资于火也，欲仿其制，而以人易火……遂鸠工制成小式，而试于湖，亦迅捷焉……是冬，玉坡刘大中丞来抚两浙，闻制船事，复召振麟至行营，令依前式造巨舰，越月而成，驶于海，与小式无异也。工竣后，中丞以炮架旧式重滞，仅能直击，与林少穆先生共相划筹，拟数千斤重器置于上，畀一人之力，使之俯仰左右旋转轰击，授以绳墨。复得春如鹿观察、汪少海大令相与讨论，振麟得以师承其意，而如法以成，即图中磨盘架四辋车是也。辛丑秋八月，蛟门失事，省城添局制造，授振麟以铸炮事。铸炮向以合土为模，经旬累月，一模始成，一铸即废，不可复用。当军事旁午，缓难济急，且时入冬令，雨雪连绵，制尤不易。振麟殚思竭虑，拟以铁易土为模，而稽无成法，未敢直陈管见。值竹辰卞方伯奉命来浙，偕蔚亭蒋廉访总理军需事。振麟晋谒之余，而陈梗概。亟蒙许可，遂以私臆创造，模成后，鼓铸便捷……

丁拱辰

丁拱辰，字星南，清福建泉州人。通勾股算法，尝考中华炮制似未合度，复闻弹发或多无准，始求其故，渐悟其机，继明其法，乃绘差图，更多方访得西制炮式。又以中西各式较对度数，演试合法，与差图变通之法相符，于是绘图续说，著成《演炮图说》一书。

《演炮图说》：前代制炮之法，原于佛郎机。佛郎机，即今之佛兰西也。初佛郎机与巴社大白头回子战，制此火器，大破回人。回人不知其名，遂以其国号称之，谓炮为佛郎机。上古以来，未有用此以战者，迄于北宋，广州始效其法。然西人制物，必合勾股度数，如立表测影，期在必合。而况炮火，尤关兵家胜负，非比苟简成物，故彼军炮发多中，实非专恃千里镜觇视也。复当日仿效，必得其大端，不致太差。而千百年来递相沿袭，渐差微毫，积之既久，尾过大而头过细，以致失其本真，所谓差之毫厘，谬以千里也。我国家承平日久，民不知兵，将弁依例春秋二季演放，不入弹子，惟求其响，不计其中，而弹子所去之远近，懵然不觉。假使与鸟枪一体练习，试靶中否，虽无人说出方法，亦必自会其意；置之不演，虽差不知。而匠人惟求其价之高昂，何计其器之适用，不过依样画葫芦而已。辰幸生于光天化日之下，昔未目睹兵戈之事，于炮位之形模，虽是罕觏，然于制作度数，素好讲求根源。闻近日所铸大小各炮，与各炮台所安炮位，似皆不合度数，每至于弹子高越，不能中肯，以此制敌，乌能取胜夷人。得之弃而不用，彼盖见其形而知其机也。如图所绘炮形而论之，以小絜大，以寸作尺，以尺作丈，如炮重二千斤，身长五尺，尾径一尺，头径八寸，口径四寸。设若用刀切为上下两半截论之，弹发出去，必由中间一线直出，不待智者而后知也。其下半截可置弗论，而上半截尾径五寸，头径四寸，以五尺之长，而尾至头已差一寸。犹目中所视上面之靶线，与炮中所发下面之弹线，出至炮口，渐合一寸。若出至一丈，渐合二寸，发至二丈五尺，合五寸，则靶线与弹线已相交会合。发至三丈，则靶线转在下面，而弹线反在上面，两线相距已差二寸。由此而渐远至一百二丈五尺，弹与靶上下已差二丈。又如佛山所铸生铁大炮，身长一丈，尾径二尺，头径一尺四寸，切去下半截不论，而上半截尾径一尺，头径七寸，以一丈之身，而尾至头，自上面之靶线，与下面之弹线，渐差三寸，若二丈则渐合六寸，至三丈三尺三寸，渐合一尺，则靶线与弹线相交会合。再发去四丈三尺三寸，则靶线又转而在下，弹线又反而在上，两线相距上下已差三寸。至一百零三丈三尺三寸，则差六丈。如弹发至四里，约一百丈，计共四百零三丈三尺三寸，则上下积差十二丈三尺三寸。如再铸之中铜炮，重三千斤，身长六尺，尾一尺二寸，头径九寸五分，至四里亦差八丈。如欲中他船底，而弹反高越桅尾。不论大小炮位，皆有高越之差，此法按图细心检视，了如指掌。为今之计，已成之炮不论万斤至百斤，各各先度尾之径若干，尾之周围若干尺寸，于炮头制一干坚木圈，周围与炮尾一样大，围不容毫发之差。将圈套附炮头，与炮口平齐，木圈勿伸出，便符勾股度数。如此则自行门后正中一线，直视至炮头正中，与敌船相对，然后施放，虽使童稚，亦能中款矣。或恐木圈经久销缩，有破裂之变，则用铁板镶固，虽久不坏。而新铸之炮，立令匠人于炮头外皮渐渐加厚，如花瓶口围，至与尾一样大，便合用矣。至于炮头上面，正要起一珠为表，炮尾大围之处，上面正中亦当起一珠为表，与前表相对，更为细微。如前有珠后无珠，无可相对，反致生疑，不如前后皆无珠，较为妥协……

《演炮图说序》：……今之兵器，炮为首务，其字偏旁从石，古人皆用石为之。考石兵之名始于黄帝，春秋有发石之旝，战国有飞石之车，皆炮之先声也……宋太祖平江南，简稽军实，所制有炮，借炮燔字为之字，始从火，而炮遂为火具之名。咸平中，刘永锡制手炮以献，诏沿边州郡造以充用，复降式制回回炮。故当时南北交兵，多有以炮制胜，若七宝山之霹雳炮、西安城之震天雷是也。元世祖时，回回亦思马音献新炮法。明成祖平交阯，得神机枪炮法。续又得佛郎机炮法、西洋炮法。最后得红夷炮法。其名状不一而足，然皆起于近世，故用之之法，为古人记载所未详。迩遭红夷肆逆蕃舶，所向炮火为先，宇内同仇，共图扑灭。辰因粗知经纬差度、勾股算法，引类相推，觉中华炮制，似未合度，复闻弹发或多无准，始求其故，渐悟其机，继明其法，爰绘差图数纸……必欲究澈底蕴，因多方访得西制炮式，复遇潘德畬比部情殷报效，多购中西炮式，以充军营之用，故又得以中西各式较对度数，演试合法，恰与所呈差图变通之法相符。

《演炮图说续后编》：大凡物之利于用者，必有以寓其智巧，苟非熟玩深思，焉能臻其奥妙。辰前编炮图算差之法，曾呈列大宪，蒙采刍荛，得邀过誉，辰愈加虚心讲求。曩时曾阅西洋南怀仁著作，细心揣摩，摘试诸法，皆非妄诞，引类相推，因料西人制炮必合勾股，而未目睹其式，区区之心，难辍于怀。乃旁访阅月，逢比部郎中德畬潘先生情殷报效，多铸大炮，又复购求西制各样炮式，嘱辰较合，立靶试准，益增目睹多式尺寸、度数，深知其细，亟为绘图，中西合参，变通权衡，比较符合，即逐一记载，剖析分明，知加圆圈及三角形二法，与西法吻合，试之，合度，发多中靶。兹将欧罗巴各样炮式如图细述，以备考据，兼可按法变通旧例，相度整理。

如澳夷一种铜炮，其重一千六百斤者，身长六尺六寸，头径七寸二分，尾径一尺，口径三寸二分，炮头加铸一圈，高一寸四分，则炮头之径与炮尾之径等，恰符加木圈三角数度。又有十余款式，形制虽殊，其法则一，彼于引门之上加铸一平面长方表，由表面测视均平，直对炮头上面而过。亦有炮头加安圆球为表，或腰间加安鲤尾为表，或引门之上安长方夹道为表，而弹子所去皆与表面相应，正合勾股之数。姑举五款附之于编。又如贺兰生铁大炮，重三千斤者，身长七尺，头径九寸，尾径一尺三寸，口径二寸八分，炮头之上使不加木圈，不立三角，每百丈弹子差高二丈八尺六寸，旁访夷人演放之法，据称不论何等炮式，如无安表头细尾，大炮头之上宜加垫木，如此贺兰炮式头比尾径细四寸，对半折之得二寸，即用垫木高二寸，跨之炮头正中，以符尺寸，然后上架一尺，尺之上再加千里镜，测视便准；如无千里镜，则以目力测视，均可中靶。又如佛兰西生铁大炮，姑举二种论之，其一重四千斤，身长七尺，头径一尺零四分，尾径一尺三寸七分，口径三寸七分，使不立表加尺，每百丈弹子差高二丈三尺六寸，此种炮式演放之时，头垫一木高一寸六分五秒，上加一尺便合。其一重三千斤者，身长六尺，头径八寸七分，尾径一尺二寸四分，头之上面加铸四角形高一寸八分五秒为表，恰符度数，此则就引门后直对前面四角形之上，测视便合，不用架尺也。又如英吉利火轮船上精铁大炮，重八百斤，身长七尺，头径七寸，尾径一尺，口径三寸五分，头之上面铸立三角形高一寸五分为表，自引门后铸一双峰形如鲤尾，自隙中对三角形尖锐之上测视，亦有铸圆球为表者。又被我师轰击落水捞起火轮船上之精铁大炮，重二千斤，身长四尺五寸，口径五寸，尾径一尺三寸，后珠铸就一空，中安雌螺旋，贯以雄螺旋，铁轴用力几斤，左右旋转，可使高下，上铸转角长方引门，为表中划一隙，深一分许，自引门上一隙对尖四角形上一隙，测视对靶，皆合勾股也。各国炮式，皆有安表，虽三四尺以至三四寸长之小鸟枪，皆有立表为准。查得欧罗巴各属炮式甚繁，不下数十种，上多立表作准头，上间有不立表者，施放时皆用垫木跨之头上，加尺作准，形制虽异，而腹中不外径直，头尾不离合度，纵是新奇百出，法归于一。彼用炮位，先度头尾之径，两头之径相差尺寸若干，头上加垫木以补之，即如尾径一尺三寸、头径一尺相除，头径细尾三寸，即对半折之得垫木高一寸五分跨之头上，架尺演放，则与前编加圆木圈及三角形之法相合。至于千里镜，可有可无，不必拘定。谨将外国各样炮式绘图注释附之于编，以便考证，兼可仿制，合度另绘。我军应行变法更制之式，及测尖圆三角之法，佛郎机立表之方，如图测视以为演习者准绳，庶无刻舟求剑之差。总之已成之炮，不外加圆木圈及三角形二法；未铸之炮，不离头径加大如花瓶口头之围至与尾之围等，前后如图安珠为表，斯为万全。夫制度之法，必当因时变通，整理合度，以垂久远，似乎不必拘泥旧章也……

潘仕成

潘仕成，字德畲，广东番禺人。尝痛英人恃其船坚炮利，侵扰我疆，因思御侮之策，以为若制炮莫若制船，船既失坚，炮亦蔑利矣。适有美利坚兵官壬雷斯抵粤，自言能造水雷，遣善泅水者潜至敌人船下，或顺流放去泊于船底，借水激火，迅发如雷，虽极厚之船，无不破碎。仕成以数万重资，学得其法，凡九阅月而水雷遂成，于是演试，屡试辄验，并著《水雷图说》行世。

清梁章钜《浪迹丛谈》：粤东近传美利坚国夷官创造水雷之法，遣善泅水者潜至敌人船底，借水激火，迅发如雷，虽坚厚之船，罔不破碎。粤省洋商潘姓者，如法制造，凡九阅月而成。曾经将水雷器具二十副赍京恭呈御览。于道光二十三年八月，奉旨交直隶总督、天津总兵会同演试。旋据覆奏，于九月在天津大沽海口会同演试，用径八寸、长丈六杉木四层扎成木筏，安于海面，坠定锚缆，将吃药一百二十斤水雷送至筏底，系定引绳，拔塞后待时四分许，轰然一声，激起半空，将木筏击散，碎木随烟飞起，其海面水势亦围圆激动，洵为火攻利器云云。并纂成《水雷图说》，进呈刊布。

《东华续录》：道光二十三年闰七月壬申，谕军机大臣等，据祁𡎴等奏，候选道潘仕成制造水雷已成。现由该道员派令曾经学习制造并制配火药之生员李光钤、议叙八品职衔潘仕豪、议叙从九品李光业，带同匠役，将水雷二十具、火药四百斤并缮绘《水雷图说》一册，赍送进呈等语。现在李光钤等尚未到京，俟赍到后，再行试演。至该道潘仕成业经迭次加恩，赏戴花翎，并加按察使衔。应如何再加奖励之处，著祁埙等酌核具奏，候朕施恩。寻奏潘仕成屡次捐资，办公始终奋勉。得旨，潘仕成着赏加布政使衔，以示奖励。

叶世槐

叶世槐，字研农，安徽歙县人。少即嗜学，博览书史，倜傥有志略。英人侵广东时，见海疆多建空心炮楼，心焉佩之。咸丰十年，权篆许昌，捻匪不时窥伺，乃于四城分设空心炮楼八座，安置炮位，迨匪众掩至，楼中枪炮并施，城上矢石齐下，贼惊而窜，民赖以安。十一年，知孟县事，仍仿前法共成十有一台，其台之妙在上下左右皆可施放枪炮，而得力处在墙下安设炮位，使贼不敢驾驶云梯，直逼城下，且每台彼此联络，互相夹击。世槐更将炮台绘图立说，著成专书，流传于世。

《空心炮楼》叙·……槐少时随侍岭南，尝见海疆多建空心炮楼，心焉佩之。今读许信臣中丞所刊戚少保《空心敌台图式》，本本有源，班班可考，守城之法操胜算者，莫善于此。槐庚申春，权篆许昌，遂仿照前规，绘图作式，倡捐兴建八座。其时，皖捻入许境者，屡屡而扑城者三次，皆立时击退，于是四乡农民来城卜居，不下数万计，斯民以在城为安，城亦赖以民守，台之于许，有明效矣。辛酉仲冬，捧檄回盂，亦克日经营，倡捐一座，合计绅民乐输，共成十有一台。此台之妙，妙在上下左右皆可施放枪炮，而得力处在墙下安设炮位，使贼不敢驾驶云梯直逼城下，且每台彼此联络，互相夹击，所谓以暗待明，以逸待劳，以寡待众，自立于不败之地，故能自保而全胜者也。惟各台地步相离不宜太近，太近则对放枪炮恐致自击；又不宜太远，太远则矢石无力，不能相与环攻。所有全城应建台数，必须相度形势，因地制宜，倘适当扼要，或多建一台，以为策应，又在随时变通。今将图式丈尺，每台应用炮位、器械，并民勇若干，详陈条款，以备万一之用。第管见所及，孤陋自惭，未能尽善，惟质之高明指诲，冀有裨于地方城池之一助，讵非深幸也哉！

徐寿 子建寅

徐寿，字雪村，江苏无锡人。性精巧，弃举子业，专研博物格致之学。咸丰间，曾国藩以宾礼罗致幕下，历办安庆机器局、上海制造局。于船炮、枪弹等多所发明。子建寅、华封，皆世其学。建寅，字仲虎。从父于江宁、上海，助任制造。光绪末，监造棉质无烟火药于湖北汉阳钢药厂，于配合药品时，药忽轰炸，以身殉焉。

《清史稿》卷二百九十一《艺术》本传：徐寿，字雪村，江苏无锡人。生于僻乡，幼孤，事母以孝闻。性质直无华。道咸间，东南兵事起，遂弃举业，专研博物格致之学。时泰西学术流传中国者，尚未昌明，试验诸器绝鲜。寿与金匮华蘅芳讨论搜求，始得十一，苦心研索，每以意求之，而得其真。尝购三棱玻璃不可得，磨水晶印章成三角形，验得光分七色。知枪弹之行抛物线，疑其仰攻俯击有异，设远近多靶以测之，其成学之艰类此。久之，于西学具窥见原委，尤精制器。咸丰十一年，从大学士曾国藩军，先后于安庆、江宁设机器局，皆预其事。寿与蘅芳及吴嘉廉、龚芸棠试造木质轮船，推求动理，测算汽机，蘅芳之力为多；造器置机，皆出寿手制，不假西人，数年而成。长五十余丈，每一时能行四十余里，名之曰黄鹄。国藩激赏之，招入幕府，以奇才异能荐。既而设制造局于上海，百事草创，寿于船炮枪弹，多所发明。自制强水棉花药、汞爆药。创议翻译西书，以求制造根本。于是聘西士伟力亚利、傅兰雅、林乐知、金楷理等。寿与同志华蘅芳、李凤苞、王德均、赵元益孜孜研究，先后成书数百种。寿所译述者，曰《西艺知新》及《续编》、《化学鉴原》及《续编》《补编》、《化学考质》、《化学求数》、《物体遇热改易说》、《汽机发轫》、《营阵揭要》、《测地绘图》、《宝藏兴焉》。法律、医学，刊者凡十三种，《西艺知新》《化学鉴原》二书，尤称善本。同治末，与傅兰雅设格致书院于上海，风气渐开，成就甚众，寿名益播。山东、四川仿设机器局，争延聘寿主其事，以译书事尤急，皆谢不往，而其子建寅、华封代行。

大冶煤铁矿、开平煤矿、漠河金矿，经始之际，寿皆为擘画规制，购器选匠，资其力焉。无锡产桑宜蚕，西商购茧夺民利。寿考求烘茧法，倡设烘灶，及机器缫丝法，育蚕者利骤增。寿狷介，不求仕进，以布衣终。光绪中，卒，年六十七。子建寅、华封，皆世其学。建寅，字仲虎，从父于江宁、上海，助任制造。寻充山东机器局总办，福建船政提调，出使德国二等参赞，荐擢直隶候补道。光绪末，张之洞调至湖北监造无烟火药，已成，药炸裂，殒焉，赐优恤。华封字祝三，性敏，为父所爱，秘说精器多授之，以制造为治生。建寅、华封并从父译书行于世。

蔡标

蔡标，字锦堂，贵州威宁人。家贫，无以自资，入滇设汤饼肆于宜良，以胆略称。久之，充练目，从岑毓英军，娴于攻守，创地营之法。光绪十年，法越事起，标守富良江，遍掘地营，法炮不能中，岑军驻河内者，遂不为法军所窥。十三年，署云南提督，后徙广东琼州镇，寻卒。著有《地营图说》行世。

《清史稿》列传二百四十三本传：蔡标，字锦堂，贵州威宁人。家贫，落魄无以自资，入滇设汤饼肆于宜良。以胆略称。久之，充练目，从岑毓英军克宜良、路南，补把总……光绪十年，法越事起，标募旧部出关，宣光、临洮数战皆利。其守富良江，遍掘地营，法炮不能中。岑军驻河内者，遂不为所窥。著有《地营图说》，甚明晰。十三年，署云南提督……三十一年，徙广东琼州镇。次年，卒。附祀毓英祠，予威宁建祠。

袁祖礼

袁祖礼，字黄武，湖北蕲州人。以布衣讲求创造战守利器。光绪十二年，醇亲王议立海军，招集才智之士，祖礼遂来京，进其所制罗盘炮、义子枪、指南仪、水管仪、五雷、鳞甲牌等图说，后于神机营开炉制器，器成演试，无不奏效。十八年，派往吉林，总理靖边各军教练枪炮事宜。二十年，中日战起，祖礼回京制造军械，和议成，请假回籍，闭门休养。二十四年，被召来京，颇得德宗奖励，而适丁戊戌政变。后充神机营及护军骁骑等总教习，拟设立学堂，招员弁来学所创阵法及制造各器，事不成，而祖礼呕血疾发，乃以其所著战守各法绘图演说，编辑《战守心法》四卷，刊行于鄂。

袁祖礼《战守心法》自记：咸同以来，海外各国皆恃船坚炮利，接踵来华，既入长江，毁我各关隘，又犯大沽，焚我圆明园。斯时也，祖礼尚幼，虽有投笔从戎之志，恨非献策请缨之年，惟有在家读兵书与战策，考地利与天时，尤专讲求创造战守利器。至于用力之久，殚思极深之际，始知人心愈用而愈灵，忽一旦豁然。又悟水战轰船之法，陆战避炮之方，及一切克敌制胜之器，皆蕴于心，而笔之于纸……迨光绪十二年七月既望，祖礼在鄂始闻醇贤亲王议立海军，出示招集奇才异能之士，如有能出新法创制利器之人，当令破格录用云云……于是祖礼愤然兴起，即登轮舟航海之京，于八月初八日赴海军衙门谨呈守口之罗盘炮、行战之义子枪、测量之指南仪、水雷仪、尺寸仪，以及水战能轰铁甲船之五雷，陆战能避巨炮之鳞甲牌各样新法图说。醇贤亲王大加赏识，连日传见，问对精详，遂留在神机营衙门，开炉制造各器，优礼逾格。祖礼即请先造一木罗盘炮样，看验之后，再造铜铁炮盘，演放以考实效。十月初八日，炮样造成……十三年三月初八日，铜铁炮盘造成……四月初八日，指南仪造成……六月初一日，螺丝盘水管仪造成……祖礼带归南苑，教练演放罗盘炮……又演指南仪测量远近，无论随指何处，皆能随指随测，而远近丈数随知……十五年九月初十日，又在三闸河演试轰船独雷……十六年六月初一日，请假回籍省亲……十八年四月十五日，复至南苑，演放罗盘炮位……是日又在关帝庙之南，演放水内独雷，轮船一到，雷上霹雳一声，船成齑粉，水飞空中，如风飘雨，入中军帐内……九月十八日，八额驸与九门提督文秀阅看，祖礼即挥弁兵如法演放……二十一日，庆亲王奏请派往吉林，总理靖边各军教练枪炮事宜。十九年首夏，吉林长将军顺委看三姓、珲春、宁古塔等处边防各军营垒、炮台形势。孟冬，回吉，仰见白虹贯日，乃兵象也，遂请将军在各军挑兵三千训练新法，以备不虞。将军不以为然。未几，又见白虹贯月，谓将军曰：“天象迭见，应主蛮夷猾夏，干戈不远，若非有避炮各法，断不能御外国之枪炮，请速训练习避炮各法，乃为有备无患。”将军仍不以为然……祖礼因其言不听，计不从，立即坚辞……二十一年，请造避炮鳞甲牌式一具，三月底成。四月初二日，庆亲王奉旨会同八额驸桂及各专操大臣齐集前赴南苑，阅看演试，牌内藏羊五只。八额驸命用克虏伯大炮击牌之左边，连发四炮，皆中牌左，其弹一到鳞甲之上即随鳞甲滑开旁飞，牌内五羊一毛未伤。初四日，端王又奉旨会同各大臣齐集前赴南苑，阅看演试，八额驸又命击牌之右边，连发四炮，皆中牌右，开花炮弹一到鳞甲亦即随鳞滑开旁飞，五羊仍然未伤一羊。初八日，端王覆奏折称，试验袁祖礼所造避炮鳞甲牌与庆亲王阅看演试有效情形大略相同，但牌笨重难于挽运，已饬该员设法改造，挽运便捷，能避数枪数炮，继以短兵相接，实于行军有益之器等语……二十四年，庆亲王又派为神机营及护军骁骑等营总教习……于是，祖礼遵谕旨遵王谕，即拟设立学堂、操厂，无论旗汉文武员弁，皆准来学战守心法，并学制造各器……岂知候至二十五年，派人之事又成罢论，凡留心时事者闻之无不叹曰：“如此良法若早派人学习，则旅顺之守未必失，平壤之战未必败，今犹不学，一旦有事，其将何以御之乎？”

董毓琦

董毓琦，字子珊，本临海生员。以通算术制造快船，充福建船政局委员，累保至知府，嗣任邵武府，降级调用。光绪十年，黄河郑州决口，著有《治河管见》，用铁柱为桩法，图说详明。其所造快船，试行长江，比购自欧洲之轮船速率少逊。所著之书，有《星算补遗》《笠写壶金》《交食南车》《筹笔初梯》《髀矩测营》《九环西解》，惜各书未见刻本，仅《治河管见》流行于世。

章梫《治河管见》序：董毓琦，字子珊，本临海生员。以通算术制造快船，充福建船政局委员，累保至知府，嗣任邵武府，降级调用……台州人士以算学著者，嘉庆朝有施明经治平，为阮文达所赏，名见于《畴人传》；同治、光绪间，则有董太守毓琦……子珊著述多种。光绪十年间，黄河郑州决口，著有《治河管见》，用铁柱为桩法，图说详明。其结衔为福州船政委员、补用知府、安徽尽先补用同知董某禀请代奏，略云：向习天文、弧算、机器至船械、重电各学，兼占风、望气、光学、照像、画艺，著有《星算补遗》《笠写壶金》《交食南车》《筹笔初梯》《髀矩测营》《九环西解》，各书可备总理衙门咨取考验。十二年正月初二日，军机大臣奉旨，该衙门知道。本年夏间，所制寰泰、开淳、镜清快船，保案请以知府补用，奉旨着照所请，该部知道。所著各种星算之书内具测地程功、机铁各算，业已恭钞，拟呈御览，先呈稿底七本云云。前同乡皆言其所造快船试行长江，比购自欧洲之轮船速率少逊，后亦未见寰泰三船行走。太守未至欧洲，学习造船之事，风气未开，臆想所得辄见实行，不可谓非绝人之才，惜各书未见刻本，仅《治河管见》存其梗概，不知其后人尚有书存焉否也。

第四

造像

⊙汉 ⊙晋 ⊙宋 ⊙齐 ⊙北魏 ⊙隋 ⊙唐 ⊙五代 ⊙宋

⊙辽 ⊙金 ⊙元 ⊙明 ⊙清

汉

毕岚

毕岚，灵帝时为掖庭令，铸铜人四，列于苍龙、玄武二阙。又造天禄、虾蟆，吐水平门外。

《后汉书》卷一百八《张让传》：使掖庭令毕岚铸铜人四，列于苍龙、玄武阙……又铸天禄、虾蟆，吐水于平门外。

晋

戴逵

戴逵，字安道，谯郡铚县人。少博学能文，工书画，善操琴，其余巧艺，靡不毕综。然性高洁，不婴世务，孝武时屡征辟不就。尝慨中古像设，类皆朴拙，至于开敬，不足动心，乃委心积虑，造山阴灵宝寺无量寿佛及挟侍木像，三载始成。又为招隐寺夹纻行像五尊，当时推为独步。

《晋书》卷九十四《隐逸》本传：戴逵字安道，谯国人也。少博学，好谈论，善属文，能鼓琴，工书画，其余巧艺，靡不毕综。总角时以鸡卵汁溲白瓦屑作郑玄碑，又为文而自镌之，词丽器妙，时人莫不惊叹。性不乐当世，常以琴书自娱。师事术士范宣于豫章。宣异之，以兄女妻焉……逵后徙居会稽之剡县……孝武帝时，以散骑常侍、国子博士累征，辞父疾不就。郡县敦逼不已，乃逃于吴……复还剡。后王珣为尚书仆射，上疏复请征为国子祭酒，加散骑常侍。征之，复不至。太元二十年，皇太子始出东宫，太子太傅会稽王道子、少傅王雅、詹事王珣又上疏曰：逵执操贞厉，含味独游，年在耆老，清风弥劭。东宫虚德，式延事外，宜加旌命，以参僚侍……会病卒。

《法苑珠林》卷二十一：东晋会稽山阴灵宝寺木像者，征士谯国戴逵所制造。逵以中古制像略皆朴拙，至于开敬，不足动心。素有洁信，又甚巧思，方欲改斫威容，庶参真极，注虑累年，乃得成遂。东夏制像之妙，未之有如上之像也，致使道俗瞻仰，忽若亲遇……像今在越州嘉祥寺。

前书卷二十四：自泥洹以来，久逾千祀，西方像制流式中夏。虽依经熔铸，各务仿佛。名士奇匠竞心展力，而精分密数，未有殊绝。晋世有谯国戴逵，字道安者，风清概远，留遁奋吴，宅性居理，游心释教，且机思通赡，巧疑造化。乃所以影响法相，咫尺应身，乃作无量寿佛、挟侍菩萨，研思致妙，精锐定制。潜于帷中密听众论，所闻褒贬辄加详改。核准度于毫芒，审光色于浓淡。其和墨点采，刻形镂法，虽周人尽策之微，宋客象楮之妙，不能逾也。委心积虑，三年方成。振代迄今，所未曾有。凡在瞻仰，有若至真。俄而迎像至山阴之灵宝寺，道俗观者皆发菩提心……宋文帝迎像供养，恒在后堂。齐高帝起正觉寺，欲以胜妙灵像镇抚法殿，乃奉移此像，旧在正觉寺。逵又造行像五躯，积虑十年，像旧在瓦官寺。

《梁书》卷五十四《师子国传》：晋义熙初，始遣献玉像，经十载乃至。像高四尺二寸，玉色洁润，形制殊特，殆非人工。此像历晋、宋世，在瓦官寺。寺先有征士戴安道手制佛像五躯，及顾长康维摩画图，世人谓为三绝。

《历代名画记》卷五：后晋明帝、卫协皆善画像，未尽其妙。洎戴氏父子皆善丹青，又崇释氏，范金赋采，动有楷模。至如安道潜思于帐内，仲若悬知其臂胛，何天几神巧也。

宋

戴颙

戴颙，字仲若，逵次子，能世其学，逵每制像，颙亦参焉。颙为佛像，一准真形，旧传肩足分度，每嫌未精，辄加详改。时宋世子铸像瓦官寺，既成，恨面瘦。匠人迎颙审之，颙曰，非面瘦，乃臂胛肥耳。如言治之，其患立除。世传佛像藻缋雕镂，盖始于颙。

《宋书》卷九十三本传：戴颙，字仲若，谯郡铚人也……父逵善琴书，颙并传之……自汉世始有佛像，形制未工。逵特善其事，颙亦参焉。宋世子铸丈六铜像于瓦官寺，既成，面恨瘦。工人不能治，乃迎颙看之。颙曰："非面瘦，乃臂胛肥耳。"既错减臂胛，瘦患即除，无不叹服焉。元嘉十八年卒，时年六十四。

《法苑珠林》卷二十一：元嘉初，征士谯国戴颙嫌制古朴，治像手面，威相若真，自肩以上，短旧六寸，足趺之下，削除一寸。

前书卷二十二：隋开皇中，蒋州兴皇寺佛殿被焚，当阳丈六金铜大像并二菩萨俱长丈六，其模戴颙所造……今移在白马寺。

前书卷二十四：逵第二子颙，字仲若，素韵渊澹，雅好丘园。既负荷幽贞，亦继志才巧。逵每制像，常共参虑。济阳江夷少与颙友，夷尝托颙造观世音像。致力罄思，欲令尽美，而相好不圆，积年无成。后梦有人告之曰："江夷于观世音无缘，可改为弥勒菩萨。"戴即停手，驰书报江，信未及发而江书已至，俱于此夕感梦，语事符同。戴喜于神应，即改为弥勒。于是触手成妙，初不稽思，光颜圆满，俄尔而成……此像旧在会稽龙华寺。寻二戴像制，历代独步。其所造甚多，并散在诸寺，难悉详录。

《吴地记》：般若台铜像一躯，高一丈六尺，高士戴颙建。唐景龙二年……奉敕改神景寺。

《尚书故实》：佛像本胡夷村陋，人不生敬，今之藻缋雕刻，自戴颙始也。

齐

僧祐

僧祐俗姓俞，彭城下邳人。性巧思，凡营治，能自准心计，无爽尺寸。齐永明中，治定林、建初二寺，及缮修诸寺，造立经藏，咸祐之力。梁武时，专任像事，曾造光宅寺丈九铜像，及剡县石佛。

《高僧传初集》卷十三本传：释僧祐本姓俞氏，其先彭城下邳人，父世居于建业。祐年数岁，入建初寺礼拜，因踊跃乐道，不肯还家。父母怜其志，且许入道，师事僧范道人。年十四，家人密为访婚。祐知而避至定林，投法达法师……及年满具戒，执操坚明。初受业于沙门法颖。永明中，敕入吴……凡获信施，悉以治定林、建初及修缮诸寺，并建无遮大集舍身斋等，及造立经藏，搜校卷轴，使夫寺庙广开，法言无坠，咸其力也。祐为性巧思，能自准心计，及匠人依标，尺寸无爽，故光宅、摄山大像，剡县石佛等，并请祐经使，准画仪则。今上深相礼遇，凡僧事硕疑，皆敕就审决。年衰脚疾，敕听乘舆入内殿，为六宫受戒。其见重如此……以天监十七年五月二十六日，卒于建初寺，春秋七十有四。

前书卷十四《僧护传》：石城山隐岳寺。寺北有青壁，直上数十余丈……僧护擎炉发誓，愿博山镌造十丈石佛，以敬拟弥勒千尺之容……以齐建武中，招结道俗，初就雕翦，疏凿移年，仅成面朴。顷之，护遘疾而亡……后有沙门僧淑纂袭遗功，而资力莫由，未获成遂。至梁天监六年，有始丰令吴郡陆咸……驰启建安王，王即以上闻，敕遣僧祐律师专任像事……初僧护所创，凿龛过浅，乃铲入五丈……像以天监十二年春就功，至十五年春竟，坐躯高五丈，立形十丈，龛前架三层台。又造门阁殿堂，并立众基业，以充供养。

《法苑珠林》卷二十一：剡县大石像……初有昙光禅师……缮造……积经年稔，终不能成。至梁建安王遂请僧祐律师，既至山所，规模形制，嫌其先造太为浅陋。思绪未绝。夜忽山崩，压二百余人，其内佛现，自颈已下犹在石中，乃划凿浮石，至今存焉。

《高僧传初集》卷十四《法悦传》：昔宋明皇帝经造丈八金像，四铸不成，于是改为丈四。悦乃与白马寺沙门智靖率合同缘，欲造丈八无量寿像，以伸厥志……以梁天监八年五月三日，于小庄严寺营铸……铸后三日，未及开模……时悦、智二僧相次迁化。敕以像事委定林僧祐。其年九月二十六日，移像光宅寺。

雷卑石

雷卑石，永明中作释迦石像，极镌琢之巧。

《法苑珠林》卷二十：齐永明七年，有瑞石浮海来入吴境，质坚贞固，光采鲜润，驾潮截澜，泛若松舟。时主书朱法让，即先获石像朱应之曾孙也，被使至吴，获石像献台。是时齐武皇帝初建禅灵，重构七层，壮美庄严，而瑞像不远而至，协时应机。朝士佥议以为宜矜妙晛，式影法身。乃命石匠雷卑石等造释迦文像，身坐高三尺五寸，连光及座通高六尺五寸，尽雕镌之奇，极金雘之巧。

北魏

昙曜

昙曜，不知何许人。和平中，为沙门统，于平城西武州塞，开凿石窟五所，镌刻佛像即今云冈西部五大窟**，又建灵岩寺**即云冈东部大窟**，雕饰奇伟，冠绝一时。**

《魏书》卷一百十四《释老志》：和平初，师贤卒，昙曜代之，更名沙门统……昙曜白帝，于京城西武州塞凿山石壁，开窟五所，镌建佛像各一，高者七十尺，次六十尺，雕饰奇伟，冠于一世。

《高僧传二集》卷一本传：释昙曜，未详何许人。少出家，摄行坚贞，风鉴闲约。以元魏和平中任北台昭玄统，绥缉僧众，妙得其一。住恒安石窟通乐寺，即魏帝之所造也。去恒安西北三十里，武州山谷北面石崖，就而镌之，建立佛寺，名曰灵严。龛之大者，举高二十余丈，可受三千许人。面别镌像，穷诸巧丽。龛别异状，骇动神人，栉比相连三十余里。东头僧寺恒供千人，碑碣见存，未卒陈委。

《山西通志》卷五十七《古迹考八·寺观》：灵严寺在县西武州塞（高宗时僧昙曜白帝凿石壁，开窟五所，镌佛像各一，高者七十尺，次亦六十尺，雕饰奇伟，冠绝一世）。

大村西崖《密教发达志》卷一：昙曜，不详何许人，少出家。大安元年，蒙文成帝命，至北代京，为沙门统。造灵岩于武州山，龛窟诸像，今尚俨存。

白整　王质　刘腾

白整，景明中为大长秋卿，监修洛阳伊阙山二石窟。正始二年，王质继其任。永平中，中尹刘腾复增营一所，共历时二十三年，费功八十万有奇。

《魏书》卷一百十四《释老志》：景明初，世宗诏大长秋卿白整准代京灵岩寺石窟，于洛南伊阙山为高祖、文昭皇太后营石窟二所。初建之始，窟顶去地三百一十尺。至正始二年中，始出斩山二十三丈。至大长秋卿王质谓斩山太高，费功难就，奏求下移就平，去地一百尺，南北一百四十尺。永平中，中尹刘腾奏为世宗复造石窟一，凡为三所。从景明元年至正光四年六月以前，用功八十万二千三百六十六。

前书卷九十四《白整传》：白整者，亦因事腐刑，少掌宫掖碎职，以恭敏著称。稍迁至中常侍。太和末，为长秋卿，赐爵云阳男……卒赠平北将军、并州刺史。

前书卷九十四《王质传》：王质，字绍奴，高阳易人也。其家坐事，幼下蚕室。颇解书学，为中曹吏、内典监。稍迁秘书中散，加宁朔将军，赐爵永昌子，领监御。迁为侍御给事，又领选部、监御二曹事。复特加前将军，进爵魏昌侯。转选部尚书，加员外散骑常侍。出为镇远将军、瀛州刺史。质在州十年，风化粗行，察奸纠慝，究其情状，民庶畏服之……入为大长秋卿，未几而卒。

前书卷九十四《刘腾传》：刘腾，字青龙，本平原城民，徙属南兖州之谯郡。幼时坐事受刑，补小黄门，转中黄门……后迁中给事，稍迁中尹、中常侍，特加龙骧将军。后为大长秋卿、金紫光禄大夫、太府卿。肃宗践极……封开国子，食邑三百户。是年，灵太后临朝……改封长乐县开国公，食邑一千五百户……迁卫将军、仪同三司，余官仍旧……洛北永桥，太上公、太上君及城东三寺，皆主修营……正光四年三月，薨于位。

李雅

李雅，永平间，造少林寺普光堂像，奇妙无双。

《少林寺还天王师子记》（天宝十四年）：普光堂

内一佛二菩萨、迦叶、阿难及门外二金刚、二神王、二师子，城内少有传闻。博士姓李名雅，永平年造此尊像，奇妙少双。菩萨仪容，卒不可有。阿难、迦叶貌相肃然，合掌虔恭，实难希有。门外二金刚，鸟鹊不□，□承称说，异相屡现。其师子者，乍着仪容，或嗔或喜，画工巧匠不可图容。二师子郎，常相□□，□一铺功德，不可思议。

道凭灵裕附

释道凭，俗姓韩，平恩人。尝造邺西宝山灵泉寺大留圣、大住圣二窟即朱砂、响堂二洞，及山崖石佛百余处。徒灵裕继之，益为恢扩，并创金刚性力住持那罗延窟一所，镌法灭之像。

《高僧传二集》卷十：释道凭，姓韩，平恩人。十二出家，投贵乡邵寺……以齐天保十年三月十日，卒于邺城西南宝山寺，春秋七十有二。

《宝山灵泉寺创建石桥屡功记》：创自大魏四年，祖师道凭法师创造朱砂洞、响堂洞，各山岩造石佛百余处。

《高僧传二集》卷十一：释灵裕，俗姓赵，定州巨鹿曲阳人也……年十五……往赵郡应觉寺，投明、宝二禅师，而出家焉……裕依凭法席，晨夕幽通，发奇剖新……宝山一寺，裕之经始，……后于宝山造石龛一所，名为金刚性力住持那罗延窟，面别镌法灭之相。

张岫

张岫，曾造安阳宝山大留圣窟佛像。

《安阳县志·金石录》卷二：大留圣窟题字。魏武定四年，岁在丙寅，四月八日道凭法师造……南无日光佛，及□德同石作匠人张岫到此造作。

隋

昙摩拙义

释昙摩拙义，印度人，善画，亦擅刻木。隋初，至成都雒县大石寺，刻十二神像。

《历代名画记》卷八：天竺僧昙摩拙义，亦善画。隋文帝时，自本国来，遍礼中夏阿育王塔，至成都雒县大石寺，空中见十二神形，便一一貌之，乃刻木为十二神形于寺塔下，至今在焉。

唐

安生

安生，不知何许人，尝塑平遥太子寺净梵王太子像及五台文殊寺像。

《（雍正）山西通志》卷一百六十九：太子寺在平遥县东敬义坊，初名宝昌，隋开皇间建，后改名修念。中有净梵王太子像，气韵如生，世传安生所塑。唐武宗大毁佛寺，颍上人匿像南河堧次崖。元至大中修寺，移像寺中，改今名。

《（雍正）山西通志》卷一百七十一：大文殊寺在台怀，即菩萨顶真容院，唐僧法云创建。相传塑像时，塑工安生祷求菩萨现身，七日倏显现金像，遂绘图模塑，名真容院。

高士奇《扈从西巡日录》：大文殊寺，唐释法云所建，相传殿成时文殊现像云。命塑工安生肖之，名曰真容院。

宋法智　吴智敏

宋法智、吴智敏，并塑造妙手，长于传神，与安生齐名。

《长安志》：宋法智、吴智敏、安生等塑造之妙手，特名之为相匠，最长于传神。

《法苑珠林》：贞观十七年三月，诏遣使人朝散大夫行卫尉寺丞、上护军李义表，副使前融州黄水县令王玄策等二十二人送婆罗门客还国。十九年至摩揭陀国，二月十一日立唐文碑于菩提树边。一行中有巧匠名宋法智者，图写揭陀之佛足迹及菩提树、伽蓝之弥勒像等以归，巧穷圣容，未到京，道俗竞模之。

《大慈恩寺三藏法师传》卷八：显庆元年……二月十日，敕迎法师将大德九人、各一侍者赴鹤林寺，为河东郡夫人薛尼受戒……受戒已，复命巧工吴智敏图十师形，留之供养。

《大慈恩寺三藏法师传》卷十：麟德元年正月……二十三日，设斋傺施。其日又命塑工宋法智于嘉寿殿竖菩提像骨。

张寿　宋朝　张智藏　陈永承　窦宏果　刘爽　赵云质

张寿、宋朝、张智藏、陈永承、窦宏果、赵云质并工塑，刘爽工刻镂。高宗麟德间，共造敬爱寺像，各骋奇思，推为妙选。

《历代名画记》卷三：敬爱寺佛殿内菩萨树下弥勒菩萨塑像，麟德二年自内出，王元策取到西域所图菩萨像为样（巧儿张寿、宋朝塑，王玄策指挥李安贴金）。东间弥勒像（张智藏塑，即张寿之弟也，陈永承成），西间弥勒像（窦宏果塑，以上三处像光及化生等并是刘爽刻），殿中门西神（窦宏果塑），殿中门东神（赵云质塑，今谓之圣神也），此一殿功德并妙选巧工，各骋奇思，庄严华丽，天下共推。西禅院殿内佛事并山（并窦宏果塑），东禅院般若台内佛事，中门两神，大门内外四金刚并狮子、昆仑各二，并迎送金刚、神王及四大狮子，两食堂、讲堂、两圣僧（以上并是窦宏果塑）。

韩伯通

韩伯通，高宗乾封间人。擅塑像传神，称为相匠。曾造京兆西明寺道宣像。又作长安大云经寺像，为寺三绝之一。

《高僧传三集》卷十四《道宣传》：道宣……安坐而化，则乾封二年十月三日也，春秋七十二，僧腊五十二。累门人窆于坛谷石室，其后树塔三所。高宗下诏，令崇饰图写宣之真像，相匠韩伯通塑缋之，盖追仰宗风也。

《长安志》卷十：怀远坊东南隅大云经寺……内有浮图东西相值。东浮图之北佛塔名三绝塔，隋文帝所立，内有郑法轮、田僧亮、杨契丹书迹，及巧工韩伯通塑作佛像，故以三绝为名。

李君瓒　成仁威　姚师积

李君瓒、成仁威、姚师积，高宗咸亨、上元间人。

曾董造龙门奉先寺石佛。

《大卢舍那像龛记》：大唐高宗天皇大帝之所建也。佛身通光座高八十五尺，二菩萨七十尺，迦叶、阿难、金刚、神王各高五十尺。粤以咸亨三年壬申之岁四月一日，皇后武氏助脂粉钱二万贯，奉敕……支料匠李君瓒、成仁威、姚师积等。至上元二年乙亥十二月卅日，毕工。

侯文衍　王元度

侯文衍，武后天授二年，造郑州开元寺弥勒石像。玄宗开元八年，王元度又造同寺蒲台像。

《嵩洛访碑日记》：嘉庆元年九月初七日，至郑州开元寺。殿圮重葺，小构仅蔽风雨，存两石像，一天授二年侯文衍造弥勒像，一开元八年王元度造蒲台像。

廖元立

廖元立，濛阳人，武后时为云顶山铁天尊像。

《图书集成·神异典》卷四十七《道教灵异记》：武后朝造云顶山铁天尊像，高三四尺，濛阳匠人廖元立所铸。

薛怀义

薛怀义，武后时，监造天堂夹纻大像。

《图书集成·神异典》卷九十张廷珪《谏白司马坂营大像表》：臣某言："臣奉敕河北道宣劳。今发都下，从白司马坂所遇见转运材木，顾役人夫。臣勘问检校官左藏置监事冯道，得状，奉今月八日敕，于坂所修营。臣窃以天后朝僧怀义营创大像并造天堂安置，令王弘义、李昭德等分道采斫大木，虐用威势，鞭棰官寮，凿山填溪，以夕继昼，伤杀丁匠，不可胜言，费散钱数，动以亿计。"

释方辩

释方辩，蜀人，工捏塑。

《景德传灯录》卷五《慧能传》：睿宗先天元年七月六日，慧能大师命弟子往新州国恩寺建报恩塔，仍令倍工。又有蜀僧名方辩，来谒师云善捏塑。师正色曰："试塑看。"方辩不领旨，乃塑师真，高七寸，曲尽其妙。师观之曰："汝善塑性，不善佛性。"酬以衣物，僧礼谢而去。

吴道玄

吴道玄，字道子，以画名，然亦工塑。传汴州相国寺文殊，维摩，道玄所装塑。

《高僧传三集》卷二十六《慧云传》：太极元年……敕改建国之榜为相国……天宝四载，造大阁号排云……文殊、维摩是王府友吴道子装塑。

杨惠之

杨惠之，开元间人。初学画，与吴道玄同师张僧繇笔迹。适道玄浪迹东洛，见知明皇，声光独显。惠之耻之，去而习塑，遂为天下第一手。尝创壁塑，及千手眼观音，后之作者，皆祖其法。所作有京兆太华观、汴州安业寺、河南广爱寺、昆山慧聚寺、洛阳老君庙、凤翔天柱寺、临潼福岩寺诸像。惟现存角直保圣寺壁塑罗汉，俗传惠之杰作者，似出宋人手。曾著《塑诀》一卷，失传。

《五代名画补遗》：杨惠之不知何处人。唐开元中与吴道子同师张僧繇笔迹，号为画友。巧艺并著，而道子声光独显。惠之遂都焚笔砚，毅然发忿，专肆塑作，能夺僧繇画相，乃与道子争衡。时人语曰："道子画、惠之塑，夺得僧繇神笔路。"其为人称叹也如此。惠之尝于京兆府长乐乡北太华观塑玉皇尊像，及汴州安业寺净土院大殿内佛像，及枝条千佛东经藏院殿后三门二神、当殿维摩居士像，又于河南府广爱寺三门上五百罗汉，及山亭院楞伽山，皆惠之塑也。先是惠之将塑楞伽山也，乃为大义净三藏咒其土，故至今跂行喙息、蠉飞蠕动、物及飞禽，悉不敢至山所。其精绝殊圣，古无伦比。逮唐末广政中，冤句人黄巢贼乱京洛，焚燎寺宇几尽矣，惟惠之手迹惜其神妙，率不残毁……且惠之之塑，抑合相术，故为今古绝技。惠之尝于京兆府塑倡优人留杯亭，像成之日，惠之亦手装染之，遂于市会中面墙而置之。京兆人视其背，皆曰："此留杯亭也。"其神巧多此类。后著《塑诀》一卷，行于世。

《圣朝名画评》卷二《龙章传》：祥符中，玉清昭应宫成，召令彩绘列壁，外有玉皇尊像，犹未装饰。时画苑僚属争先创意，至于团科斜枝，莫不评画。主者中贵人刘承珪曰："天帝法服岂如是耶？"命检寻《道藏》及《真境录》，无有晓其仪者。上不怿。官使丁朱崖置赏募工。章应之曰："京兆府长洛乡北乐村古太华观有玉皇像，乃唐人杨惠之塑，被九色螭罗帔，此可为法。"丁朱崖闻于天子，遣使验之，果如章言，由是得装其像。

《唐语林》卷五：北邙山玄元观南有老君庙，殿台高敞，下瞰伊洛，神仙塑像皆开元中杨惠之所制，世称奇巧。

《集注分类东坡先生诗》卷二《维摩像唐杨惠之塑在天柱寺》：昔者子舆病且死，其友子祀往问之。跰躃鉴井自叹息，造物将安以我为。今观古塑维摩像，病骨磊嵬如枯龟。乃知至人外生死，此身变化浮云随。世人岂不硕且好，身虽未病心已疲。此叟神完中有恃，谈笑可却千熊罴。当其在时或问法，俯首无言心自知。至今遗像兀不语，与昔未死无增亏。田翁俚妇那肯顾，时有野鼠衔其髭。见之使人每自失，谁能与诘无言师。

《中吴纪闻》卷一：慧聚寺有毗沙门天王像，形模如生，乃唐杨惠之所作。惠之初学画，见吴道子艺甚高，遂更为塑工，亦能名天下。徐稚山侍郎以此像得塑中三味，尝纪其事，谓其旁二侍女尤佳，且戒后人不可妄加涂饰。近为一俗工修治，遂失初意。

《闻见后录》卷二十八：古画、塑一法。杨惠之与吴道子同师张僧繇学画，惠之见道子笔法已至到，不服居其次，乃去，学塑，亦为古今第一。

《（乾隆）苏州府志》卷二十五：慧聚教寺在县治西北三里马鞍山下……宋淳熙中毁于火……自唐以来，题咏石刻，殿柱雷火篆书，及杨惠之作天王像，李后主所书匾榜，皆一扫无迹。

《（雍正）陕西通志》卷二十八：临潼县石瓮寺即福岩寺……开元中，以华清宫余材修缮，佛殿中玉石像皆幽州所进……余像皆杨惠之手塑。

《（乾隆）苏州府志》卷六十六：杨惠之初与吴道子同师学画，见道子艺成，惠之耻焉。更为塑工，遂为天下第一手。昆山慧聚寺有毗沙门天王像，相传惠之所作，形模如生，其傍有二侍女尤佳。徐林尝记其像，戒后人不可妄加修饰。后果为一俗工修治，遂失初意。

《太平清话》：杨惠之以塑工妙天下，为八万四千手观音，不可措手，故作千手眼，今之作者皆祖惠之。

大村西崖《塑壁残影》（陈龢彬译）：保圣寺创立萧梁武帝天监二年。归有光之保圣寺，创立于唐大中年间……宋祥符六年，赐紫僧维吉重建……关于塑壁，据《用里志》所载，大雄宝殿内供有释迦牟尼，旁列罗汉十八尊，为圣手杨惠之所摹，神光闪耀，形貌如生，诚得塑中三味，江南北诸群所不能及。更考许自昌之文，亦谓保圣寺十八尊罗汉塑像，位置错落古雅，形模如生，乃唐代杨惠之所作……历朝粉饰，渐异原本，然古致犹存，为别处所无。《吴县志》《昆邑志》亦有是说……由此观之，杨惠之有十六罗汉、十八罗汉之作，究难取信……盖祥符重建以前，此寺实已有惠之之塑壁。惟自开元以来，历经二百六七十年之久，塑壁与殿堂同时损坏，当不在少数。故于重建之际……旧作诸像之未十分破损者，或加妆銮而用之；其不可救者，则摹之并增新作，以满十八之数。其配景亦皆规抚原作，故其真态尚不致于全漓，手泽犹存之说，其即由是而来乎！

元伽儿

元伽儿，尝塑临潼福岩寺脱空像，纤妙秀丽，与惠之并驱。

《（雍正）陕西通志》卷二十八：临潼县石瓮寺即福岩寺……脱空像皆元伽儿所制……能妙纤丽，旷古无俦。

王温

王温，善装銮，所作汴州相国寺弥勒像，及山门善神，为寺十绝。

《图画见闻志》卷五:《大相国寺碑》称寺有十绝……其三,匠人王温重装圣容,金粉肉色,并三门下善神一对,为一绝。

《五代名画补遗》：王温，不知何处人。善装銮、彩画，其精工妙技，为古今绝手。先是有唐中宗大和昭孝皇帝神龙二年丙午岁，有汴州安业寺沙门惠云往濮阳成寺，得弥勒瑞像样，高一丈八尺，后归寺铸成，欲于安业寺安置，乃为本寺僧众嫉而拒之。惠云乃于安业寺东偏，别营建国寺而安之。睿宗兴孝皇帝延和初，建国寺被毁，其像将迁入安业寺……寻敕改建国寺为大相国寺，后赐御书额，乃省安业寺属焉。则今之京师左街大相国寺是也。寺之大殿弥勒瑞像，则惠云所铸者也。其金像彩画，则温所装者也。洎观其金像、彩画、圣容，能具种种大慈大悲端严相好，诚得当来下生善现救护之意。又观头上肉髻发钳琉璃色于身圆光中，有千万亿坚束迦宝以奉庄严，则温之功不可谓不至矣。识者曰：“夫装銮，塑像之羽翼，是则是矣。”故得预十绝之一，而勒于寺之碑者，正谓是也（今大相国寺有《十绝碑》，其略曰：一，大殿金装圣容，金粉面肉色，并三门下善神一对，匠人王温，是一绝也）。

刘九郎

刘九郎，不知何许人，以塑九子母著称。

《五代名画补遗》：刘九郎，失其名，不知何许人也。尝于河南府南宫大殿塑三清大帝尊像，及门外青龙、白虎洎守殿等神，称为神巧。时广爱寺东法华院主惠月，闻九郎名，乃请塑九子母。后工毕，声动天下。惠月乃以五百缗酬之，九郎得之，不委谢而去。又于长寿寺大殿中塑卧孩儿一，京邑士人无不钦叹。或人称曰："广爱寺九子母，乃刘君技之绝者也。"九郎乃莞尔言曰："吾之所塑九子母者三，今豳者第一，陕郊者第二，广爱者第三，焉得谓之绝。"时人叹其精致。

王耐儿

王耐儿，吴道子弟子，塑菩提寺中三门内东门像。

《酉阳杂俎续集》卷五：菩提寺……中三门内东门塑神，善继云是吴生弟子王耐儿之工也。

张仙乔

张爱儿，习吴道玄画，不成，改捏塑，玄宗善之，敕名仙乔。

《历代名画记》卷九《吴道玄传》注：时有张爱儿学吴（道子）画不成，便为捏塑。玄宗御笔改名仙乔。杂画虫豸，亦妙。

员名　程进

员名、程进，皆石刻名工，并精塑像。

《历代名画记》卷九《吴道玄传》注：员名、程进雕刻石作，随韩伯通善塑像……并学画，迹皆精妙。

李岫

李岫，以塑名，作光明寺文惠太子及鬼子母像。

《酉阳杂俎续集》卷五：光明寺中鬼子母及文惠太子塑像，举止态度如生，工名李岫。

张宏度

张宏度，塑慧聚寺天王堂像，状天王毳卒象伍，栩栩如生。

《全唐文》卷七百九十一王洮《慧聚寺天王堂记》：大竺堂实翼西北隅，塑状若耸，屼然柱空，金精狞瑰，力溢膂腕，毳卒象伍，作为部落，堂宇宏丽，四檐飞翚，庥灵庇像，若郸瞒被甲檐戈，立于烟霭。洮因劳其费，进曰："非某力能，皆邑民为之，塑实成于张宏度，堂实成于俞师甫。"

五代

杨元真　许侯　雍中本

杨元真、许侯、雍中本，并蜀中巧匠。王蜀时，侯造大圣慈寺炽盛光佛九曜二十八宿，及华严阁释迦立像。中本作圣兴寺天王，与天长观、龙兴观龙虎君。元真以妆銮著称当时。

《益州名画录》卷中：杨元真者，石城山张玄外族也。攻画佛像、罗汉，兼善妆銮。当王氏武成中，善塑像者，简州许侯、东川雍中本二人，时推妙手。今圣兴寺天王院天王及部属，炽盛光佛九曜二十八宿，天长观、龙兴观龙虎宫并雍中本塑。大圣慈寺炽盛光佛九曜二十八宿，华严阁下西畔立释迦像，并许侯塑。皆元真妆，肉色髭发，衣纹锦绣，及诸禽类，备著奇巧，时辈罕及。今四天王寺壁画五台山文殊菩萨变相一堵，元真笔，现存。

大村西崖《中国美术史》第十三章（陈彬龢译）：王蜀武成塑造名工，有简州许侯与东川之雍中本。侯作大圣慈寺之炽盛光佛顶九曜二十八宿，及华严阁下西畔之释迦立像。中本作圣兴寺天王院之天王及其部属，炽盛光佛九曜二十八宿，及天长观、龙兴观之龙虎君。妆銮妙手杨元真并绘诸像之肉色须发、衣纹锦绣，及诸禽类，极其奇巧……

程承辩　蒲师训　蒲延昌　赵才

程承辩，眉州彭山人。孟蜀广政中，塑彭山洞明观诸像，与蒲师训、蒲延昌、赵才等，递相较敌，共推妙才。

《益州名画录》：程承辩，眉州彭山人也。攻画人物、鬼神。当孟氏广政中，与蒲师训、蒲延昌、赵才递相较敌，其艺皆推妙手，兼善雕刻机巧人物、鬼神、怪异禽兽之类，奇绝当时。今彭山县洞明观天蓬、黑煞、玄武、火铃一堂存，耳山王堂游变神鬼一堵，现存。

大村西崖《中国美术史》第十三章（陈彬龢译）：……孟蜀广政中，眉州程承辩亦善雕刻，且擅长人物、鬼神、怪异禽兽之类。彭山县洞明观之天蓬、黑煞、玄武、火铃一堂，即其所作，至宋犹存……

宋

张文昱　王文度

张文昱、王文度，杭州人。真宗大中祥符元年，建玉清昭应宫，征天下奇工，铸玉皇、圣祖、太祖、太宗四铜像，得文昱、文度二人为之。六年春，像始成。

《宋史》卷八《真宗纪》：大中祥符六年三月……乙卯，建安军铸玉皇、圣祖、太祖、太宗尊像成。以丁谓为迎奉使……五月……丙午，诏圣像所经郡邑，减系囚死罪，流以下释之。升建安军为真州。乙卯，谒圣像，奉安于玉清宫……

《图书集成·职方典》卷七百六十八引《仪真县志》：宋大中祥符元年四月，诏建玉清昭应宫。五年，诏名玉皇殿曰太初，圣祖殿曰明庆。初，仪铸太初、明庆圣像。令李溥访巧匠，得杭州民张文昱、王文度，就建安军西北小山置冶，溥领视之。六年三月，镕范成，诏丁谓为迎奉圣像使，李宗谔副之，溥为都监。四月己卯，奉玉皇、圣祖、太祖、太宗四像御大舟，设幄殿，内侍主供具，夹岸设黄麾仗三千人，骑吹四百。别列舟千艘，载门旗、弓矢、道众、幢节。经过州县，官吏出城十里，具道释威仪、音乐，迎拜，禁屠刑。京师屠禁七日、刑三日。甲辰，圣像至。上斋于长春殿，百官斋宿朝堂。乙巳，上衮服朝拜，群臣朝服，陈玉币、册文，酌献。具大驾卤簿，自宫城东出景龙门，五使前导，上望拜迎。丙午，奉安。赐赦门下，建安军诏升为真州，镕范之地建为仪真观。

严氏

严氏，沙门蕴能妹。善刻木，尝以檀香造瑞莲山龛门，刻五百罗汉，而木不盈尺。真宗赐名伎巧夫人。

宋刘道醇《五代名画补遗》：伎巧夫人严氏，乃沙门蕴能妹也。形质枯瘁，鼻多长毛，而性开达明悟，恭肃柔和，尤好佛陀大教。又善鼓琴，亦能雕木。后随兄蕴能居余杭。尝得檀香木一段，大不盈尺，夫人乃刻作瑞莲山龛门，雕成细真珠八花毬露重网，然后透刀刻成五百罗汉众像，其形相、侍从，一一互出，皆慈觉法相。时郡将给事中马公闻之，乃令健步索而观之。马公一见，惊其神巧，遂露章贡于章圣皇帝。上目之，嘉叹移刻，乃赐金帛有差，仍命严氏为伎巧夫人。

大村西崖《中国美术史》第十四章（陈彬龢译）：宋真宗赐伎巧夫人之名与严氏，氏为沙门蕴能之妹，雕木之技能极妙，能以檀香造瑞莲山龛门，花网之中透五百罗汉及其侍者，众相悉备，极神巧细密。

王泽

王泽，宋仁宗时人。曾修法门寺九子母像，以精妙称。

《金石续篇》卷十四：张夷《法门寺重修九子母记》：夫九子母，学浮图氏者言之，在异趣矣。始则凭负怪力，奊戾慦忍。洎大雄氏示现威德，摄以正道，故力殚气沮，神弗克竞，而旋能服义畏威，降志下体，慄然归顺。逮夫能仁之教，流被震旦，严祠善刹，充满天下，故存其像貌，俨列左右，盖录其背邪向正之道，亦足尊尚矣。法门寺东廊下有故像一堂，以其子孙众多，耆旧传云：寡续乏后者，苟蠲禋精祷，则身枝蕃茂，而席其福。然年祀浸久，堂宇倾圮，虽有陈形弊质，亦不克副瞻仰者之恭畏也。景祐丙子岁，里人试匠簿巨鹿魏德宣，与同闬人清河房君有邻、武威奉职安君召，相与建图，再议装缉。时属西夏跋扈边鄙，兴师供亿颇劳，故不果蚤就其志。迨今年五月中，方毕其事，缋塑一新。其母则慈柔婉约，且丽且淑，端然处中，视诸子如有抚育之态。其子则有裸而携者，有襁而负者，有因戏而欲啼者，有被责而含怒者，有迷藏而相失者，有羁午牵衣而争恩者二人焉，有胜冠服膺而夹侍者二人焉。拥恋庭闱，天姿骏治，不可得而谈。悉非施者之心专勤，匠氏之工精妙，亦不能允臻其极……庆历五年闰五月一日记。进士魏戡书，塑人王泽，画人任文德……张遵刻字。

郭熙

郭熙，河内温人，神宗时为画院艺学。尝见杨惠之塑壁，乃出新意，创为影壁。其法令圬者枪泥于壁，随凸凹形迹，晕为峰峦、林壑、楼阁、人物之属，宛然天成。

宋邓椿《画继》卷九：旧说杨惠之与吴道子同师，道子学成，惠之耻与齐名，转而为塑，皆为天下第一，故中原多惠之塑山水壁。郭熙见之，又出新意，遂令圬者不用泥掌，止以手枪泥于壁，或凹或凸，俱所不问，干则以墨随其形迹，晕成峰峦、林壑，加之楼阁、人物之属，宛然天成，谓之影壁。其后作者甚盛，此宋复古张素败壁之余意也。

田玘

田玘，宋鄜州人。作泥孩，精绝今古。

宋陆游《老学庵笔记》卷五：承平时，鄜州田氏作泥孩儿名天下，态度无穷，虽京师工效之，莫能及。一对至直十缣，一床至十千。一床者或五或七也。小者二三寸，大者尺余，无绝大者。予家旧藏一对卧者，有小字云：鄜畤田玘制。绍兴初避地东阳山中，归则亡之矣。

明陈继儒《书蕉》卷下：宋时鄜州田氏作泥孩儿名天下，态度无穷，虽京师工效之，莫能及。陆务观家藏一对卧者，有一行小字云：鄜畤田玘制。虞学士伯生亦有记，言其精绝今古。

释妙应

释妙应，俗姓童，妙于刻石。孝宗淳熙中，居龙兴寺，作菩提像，其阴为天台五百尊者，笔法奇古。又造虎丘石观音像。

《（乾隆）苏州府志》卷十：僧妙应者，姓童，人呼为童和尚，妙于刻石。居龙兴寺，尝模庐山王瀚须菩提像于寺中，其碑阴作天台五百尊者，笔法奇古。又于虎丘作石观音像，亦佳。淳熙中人。

王刘九

王刘九，善刻镂，能于蚼壳镌观音像，山水树石，视若游丝。又以青田石、楚石刻弥勒诸像，及作牙版牙签，工夺天巧。

《遵生八笺》卷十四《燕闲清赏笺》：雕刻之神，若宋人王刘九者，镌刻青田石、楚石等，类寿星、洞宾、观音、弥勒神象，岂特肖生？相对色笑，俨欲谈吐，岂后人可能仿佛？又如蚼壳镌刻观音普陀坐像，山水树石，视若游丝白描，目不能以逐发数识。即观音身披法服，有六种锦片，无论螺壳深洼，即平地物件亦难措手。又若刻划诸天、罗汉，经面牙版，并翻经牙签，种种精细，工夺天巧。后有效者，罕能得其妙处。

陈和卿　陈佛铸

陈和卿，孝宗淳熙中，东渡日本，补铸奈良东大寺卢舍那佛，其弟陈佛铸等七人助之。

《东大寺造立供养记》：寿永二年二月十一日，大佛右手奉铸之。同年四月十九日，始奉铸御首。同年五月十八日，奉铸即了，首尾经三十九日，前后及十四度，终其功了。铸物师大工陈和卿也，都宋朝工舍弟陈佛铸等七人也。

辽

刘銮

刘銮，不知何许人。尝塑易四贤祠诸像，极臻工巧，元郝经见之，誉为国工。据所称契丹题名推之，銮殆辽时人。后元至元、大德间，刘正奉元，亦以塑名，銮元音近，每相淆混。然考郝氏为《四贤祠碑》，事在元宪宗元年辛亥，其后十九年，即世祖至元七年，正奉塑护国仁王寺像，年才二十年许，讵孩提时即能为此？且郝氏自真州释归，卒于至元十三年，其时正奉之名，如日方升，尤不应误为一人也。

郝文忠公《陵川集》卷三十三《四贤祠碑》：四贤者何？燕贤臣郭隗、乐毅、剧辛、邹衍也。辛亥之秋，过督亢，至易水，投文酹酒，吊太子丹。闻水汭有祠，国工刘銮所塑，技极精巧，不知为何神，遂往观之。四像皆南面列坐，一王者拱其侧，衣冠极古，殆皆周制。问诸守祠丈人，言祠故有榜曰"四贤"，不知为何代之贤。契丹时有题曰"乐将军"者，亦不知孰为乐将军也。某乃大悟，其列坐曰郭隗、乐毅、剧辛、邹衍，拱而侍其侧者，燕昭王也。

《日下旧闻考》卷四十二引《析津日记》：京师像设之奇古者，曰刘銮塑。说者疑銮与元音相近而误。考郝伯常《陵川集》，燕有四贤祠，其像塑自刘銮，则銮别是一人，著名于正奉之先也。

金

马天来

马天来，字云章，亦号元章，介休人。博学，善绘画及塑像，虽居官，辄为人塑画。

金刘祁《归潜志》卷五：马天来，字云章，太原人。擢第与雷希颜、宋飞卿同年。为人诡怪好异，又喜为惊世骇俗之行，人莫测也。南渡，为史院编修官，不事修饰，麻绦草履，沉浮闾里，殊无朝士风。杂学，通太玄数，又善绘画及塑像，虽居官，辄为人塑画。

金元好问《中州集·庚集》第七《马编修天来》：天来，字云章，人止谓之元章，介休人。黄裳榜经义进士，博学多技能，画入神品，百年以来无出其右者。屏山常言天下辩士有三：王仲泽、马元章，纯甫其一也。元章住太学十九年，贫苦之极，人所不能堪，然其谈笑自若也。大安初，调颍州司侯、灵璧簿，召为国史院编修官。正大九年，病殁于京师，年六十一……

《山西通志》卷一百五十八《艺术上》：马云卿，介休人，与兄云章、弟云汉皆善画，云卿人物尤工。尝画宣圣小像，人样吴装五星。又临吴道子《泰山北斗图》《维摩不二图》，见《画史会要》。元遗山有《题云卿纸衣道者像》诗。云章名天来，已见文学，画小竹石，潇洒可爱，《归潜志》称其人诡怪好异，麻绦草履，浮沉闾里，杂学，通太玄数，又善绘画及塑像，虽居官，辄为人塑画。

《（乾隆）介休县志》卷九《人物》：马天来，字云章，又称元章。元丰五年，成进士，博学工诗，多技能，言辩有则。李屏山尝言天下辩士有三，元章其一也。在太学十九年，人不堪其贫，谈笑自若也。大安初，调颍州司侯、灵璧簿，召为国史院编修官。正大九年，卒，年六十一。

贾叟

贾叟，亡其名，平阳人，无目而能刻神佛像，仪相端严。

金元好问《续夷坚志》卷二：平阳贾叟，无目而能刻神像，人以待诏目之。交城县中寺一佛，是其所刻，仪相端严。僧说贾初立木胎，先摸索之，意有所会，运斤如风……佛氏所谓六根互用，殆从是而进耶？

王某

王某，汾人，佚其名。尝塑燕京白云观十一曜，元时移置宫东东岳庙，与刘元塑并列，同称精妙。

虞集《道园学古录》卷七《刘正奉塑记》：长春之白云观，金人汾王先生十一曜，奇妙为世所称道。今遂配之，略不可优劣也。

元

阿尼哥

阿尼哥，亦作阿你哥，北印度尼波罗（Nepal）国人。幼习“工巧明”，善绘塑及铸金为像。世祖中统间，征其国人造吐蕃浮图，时年十七，领众赴工。既成，随国师八合斯八东来，留居大都。至元初，奉敕修明堂铜人，称旨，遂掌两都土木、绘塑、镂铸之工，垂四十年。自尔以来，密宗胎偶，举世风从，造象轨度，为之一变。

《元史》卷二百三《方技》本传：阿尼哥，尼波罗国人也，其国人称之曰八鲁布。幼敏悟异凡儿，稍长，诵习佛书，期年能晓其义。同学有为绘画妆塑业者，读《尺寸经》，阿尼哥一闻，即能记。长善画塑，及铸金为像。中统元年，命帝师八合斯巴建黄金塔于吐蕃，尼波罗国选匠百人往成之，得八十八人，求部送之人未得。阿尼哥年十七，请行，众以其幼，难之。对曰：“年幼心不幼也。”乃遣之。帝师一见奇之，命监其役。明年，塔成，请归，帝师勉以入朝，乃祝发受具为弟子，从帝师入见。帝视之久，问曰：“汝来大国，得无惧乎？”对曰：“圣人子育万方，子至父前，何惧之有。”……又问：“汝何所能？”对曰：“臣以心为师，颇知画塑、铸金之艺。”帝命取明堂针灸铜像示之，曰：“此安抚王楫使宋时所进，岁久阙坏，无能修完之者，汝能新之乎？”对曰：“臣虽未尝为此，请试之。”至元二年，新像成，关鬲脉络皆备，金工叹其天巧，莫不愧服。凡两京寺观之像，多出其手。为七宝镔铁法轮，车驾行幸，用以前导。原庙列圣御容，织锦为之，图画弗及也。至元十年，始授人匠总管，银章虎符。十五年，有诏返初服，授光禄大夫、大司徒，领将作院事，宠遇赏赐，无与为比。卒，赠太师、开府仪同三司、凉国公、上柱国，谥敏慧。子六人，曰阿僧哥，大司徒；阿述腊，诸色人匠总管府达鲁花赤。

元程文海《雪楼文集》卷七《凉国敏慧公神道碑》：世祖圣德神功文武皇帝……中统元年，西召帝师八合思八，俾为上士朔尔赤凹，建黄金浮图于吐蕃。以天竺泥波罗国良工之萃也，发诏征之。国王奉诏搜罗，得八十人，令自推一人为行长，众莫敢当。有少年独出当之。问之年，曰：“十七矣。”主以其幼，对曰：“身幼心不幼也。”遂使部众以东。帝师见而异之，因使督役。明年，浮图成，自请归养。帝师奇其材，勉以入见天子，且为祝发，授以秘典。日诵数千百言，心印大明，慧解殊胜。因以荐闻，上趣令侍臣往召。既至，上目之久，乃问：“汝来大邦，得无怖耶？”对曰：“圣人子视万方，子至父前，何怖之有。”……“汝何所习？”对曰：“臣以心为师，粗知绘塑、铸镂。”上大悦，命取古铜人示之，曰：“此王楫奉使宋时所进，关鬲脉络咸备，岁久缺坏，命匠缮葺，皆辞不能，汝能之乎？”辄诺，奉诏。至元二年乙丑，补铜人成。上阅之悉，大喜，呼辞不能者皆来，使之谛观，曰："尔辞不能，此谁所补？"皆顿首谢曰："天巧，非人所及也！"……公讳阿尼哥，泥波罗国王之胄，即前少年补铜人者也……公生三岁，父母携以礼佛。公仰视塔曰："此心木及相轮、宝瓶，谁所为欤？"闻者惊异，知为夙缘。髫龀，端嶷如成人，入学诵习梵书，未久已通，兼善其字，尊宿自为弗及。《尺寸经》者，艺书也，一闻读之，即默识之。少长，每有所成，巧妙臻极。既补铜人，上深简注，工事无不命之，若佑圣庙之肖貌如生，若护国仁王之庄严无上，若西园之玉塔陵空，皆公心匠之权舆……十年，立诸色人匠总管，银章虎符，命公长之，统四品以下司局十有八。铸黄金为太子宝，安西、北安王印，金银字海青圆牌，内廷大鹏金翅雕尚酝巨瓮。又创为镔铁自运法轮，行幸，揭以前导。十一年，建乾元寺于上都，制与仁王寺等。上都国学始成，肖祀夫子、十哲，诏公为之。赐宅京师咸宜里，金、币皆有差。十三年建寺于涿州，如乾元制……十五年，诏公返初服，授光禄大夫、大司徒，兼领将作院，印、秩皆视丞相。赐冕服、玉带、锦衣、金带、燕衣二十四袭、貂裘帽、鞍辔、车马，妻以宋景献太子孙女郡主赵氏，凡景献府库田宅，悉赐之。十六年，建圣寿万安寺浮图初成，有奇光烛天。上临观，大喜，赐京畿良田亩万五千，耕夫指千、牛百、什器备。十七年，建城南寺。二十年，建兴教寺。二十八年，创浑天仪及司天器物。世祖上宾，公于私第为水陆大会四十九日以报。又追写世祖、顺圣二御容，织帧奉安于仁王、万安之别殿。元贞元年，建三皇庙于京师。又建万圣祐国寺于五台。

裕圣临幸，赏白金万两，妻以戚里女囊合真，资送中给。崇真万寿宫成，诏公位置像设。大德五年，建浮图于五台，始构，有祥云瑞光之异。又命织成裕宗、裕圣二御容，奉安于万安寺之左殿。六年，国学文庙成，复命为之肖位，遵先猷也。公奉诏感激，益尽心思焉。八年，建东花园寺，铸丈六金身。九年，建圣寿万宁寺，造千手眼菩萨，铸五方如来。于是，公已老矣。最其平生所成，凡塔三、大寺九、祠祀二、道宫一，若内外朝之文物，礼殿之神位，官宇之仪器，组织镕范，抟埴丹粉之繁缛者，不与焉，呜呼勤哉……公平居，恒诵"生灭灭已，寂灭为乐"。先于五台北山，构招提一区，四年而成，浩然有退休志。大德十年闰正月甲午，顾左右曰："我若瞑目，当帷堂设榻，使我安寝以逝。"翌日，沐浴而朝，朝退示疾，中使、御医相属。丁酉，竟薨于寝。上闻，震悼辍朝，诏近臣营护其家，赐银钞二万五千两，敕有司治葬事。是夕，星陨于廷。明日木稼。越七日癸卯，从本国阇维之礼。夏五月癸酉，塔于宛平县香山乡冈子原。寿六十有二……至大四年，加赠公开府仪同三司、太师、凉国公、上柱国，赐谥敏慧。至是，又蒙恩建碑焉……

《元代画塑记》（仓圣明智大学"学术丛编"卷十五）：大德三年十一月十六日，法师张松坚言，北斗殿前三清殿左、右廊已盖毕，其中神像未塑。奉旨可与阿你哥言，其三清殿左、右神像凡所用物皆预为储备，俟天□塑之。三清殿左、右廊房真像一百九十一尊。又大德八年三月，奉皇后旨，守城隍庙人言，昔世祖皇帝尝令于城隍庙东建三清殿一所，其中未有圣像，及其余神像有坏者亦多。可令阿你哥塑三清圣像，余神像有坏者咸修之。补塑修妆一百八十一尊，内正殿一十三尊，侧殿西廊九十三尊，侧殿东廊七十三尊，山门神二尊，创造三清圣像及侍神九尊。

阿僧哥　禀搠思哥斡节儿八哈失

阿僧哥，阿尼哥长子。皇庆中，与禀搠思哥斡节儿八哈失，造圣寿万安寺诸像。至元三年，又董造新建寺像。

《元代画塑记》（仓圣明智大学“学术丛编”卷十五）：武宗皇帝至大三年正月二十一日，敕虎坚帖木儿丞相，奉旨新建寺后殿五尊佛，咸用铜铸，前殿三世佛、四角楼洞房诸处佛像，以泥塑，仿高良河寺铸铜番竿一对。秃坚帖木儿、搠思吉月即儿、阿僧哥洎帝师仪，依佛经之法，拟高良河寺并五台佛像，从其佳者为之，用物省部应付。正殿三世佛三尊；东西垛殿内山子二座，大小龛六十二，菩萨六十四尊。西洞房内螺髻佛并菩萨一百四十六尊；东西垛殿九圣菩萨九尊，罗汉一十六尊。十一口殿菩萨一十一尊。药师殿佛一尊。东西角楼魔梨支王四尊；东北角楼尊圣佛七尊；西北角楼无量寿佛九尊。内山门天王一十二尊……仁宗皇帝皇庆二年八月十六日，敕院使也讷，大圣寿万安寺内五间殿八角楼四座，令阿僧哥提调。其佛像计并禀搠思哥斡节儿八哈失塑之。省部给所用物。塑造大小佛像一百四十尊，东北角楼尊圣佛七尊；西北垜楼内山子二座、大小龛子六十二，内菩萨六十四尊；西北角楼朵儿只南砖一十一尊，各带莲花座光焰等；西南北角楼马哈哥剌等一十五尊；九曜殿星官九尊；五方佛殿五方佛五尊；五部陀罗尼殿佛五尊；天王殿九尊；东西角楼四背马哈哥剌等一十五尊……

杞道录

杞道录，青州人，其徒刘元传其塑土、范金、抟换之术。

《中国艺术家征略》卷三引《蝶阶外史》：广济寺在宝坻城内西街。寺中塑三大士像及侍立诸天神，貌一一奇古，不类近代装，刘元所改塑也。元，宝坻人。师事青州杞道录，得其塑土、范金、抟换象法……

《顺天府志·人物志十九·方伎·刘元传》：元师事青州杞道录，传其艺非一。

刘元

刘元，字秉元，蓟州宝坻县人。初为黄冠，事杞道录，传其艺非一，而独长于抟塑。世祖至元七年，建护国仁王寺，求天下奇工为佛像，有以元荐者。乃被召，令从国公阿尼哥习梵像，神思妙会，巧绝一时。官昭文阁大学士、正奉大夫、秘书监卿，时人称为刘正奉。惟明清记载，每误其名为銮，亦有作蓝，或艺元者。考郝经《陵川集》，刘銮所为四贤祠像，有契丹时题名，是其人远在元前，别为一人，故《日下旧闻考》与沈映钤《退庵随笔》所载元都胜境（即天庆观）诸像，疑为元所塑也。又孙承泽、孙国敉、王士禛、魏元旷诸人著述，及清高宗御制诗，称朝阳门外东岳庙神像亦出元手（见孙氏《春明梦余录》《燕都游览志》，王氏《香祖笔记》，魏氏《都门怀旧记》及《日下旧闻考》卷八十八）。然考虞集《刘正奉塑记》，其所为东岳庙像，在大都南城长春白云观之东，都提点冯道颐所营也。而南城者，金燕都之故城，与今庙远不相及，诸书引其文不辨其地，亦足惑矣。且虞氏游长春，事在仁宗延祐四年，时元年七十矣。后数年，有吴全节者，继其师张留孙，营东岳庙于大都东郊。英宗至治二年，建大殿大门，明年成两庑及四子殿，虞氏又为文纪之（见虞集《东岳仁圣宫碑》），是为今庙起原，顾文中无只字涉及塑事，则孙、王诸氏之书，殆得诸道听途说，不足据也。至崇玄观乃明阉曹化淳所建，鲍钤《稗勺》谓其像亦元所塑，是直起枯骨为之，更不足辨。

《元史》卷二百三《方技·阿尼哥传》：有刘元者，尝从阿尼哥学西天梵相，亦称绝艺。元字秉元，蓟之宝坻人。始为黄冠，师事青州杞道录，传其艺非一。至元中，凡两都名刹，塑土、范金、抟换为佛像，出元手者，神思妙合，天下称之。其上都三皇尤古粹，识者以为造意得三圣人之微者。由是两赐宫女为妻，命以官长其属，行幸必从。仁宗尝敕元非有旨不许为人造他神像。后大都南城作东岳庙，元为造仁圣帝像，巍巍然有帝王之度，其侍臣像，乃若忧深思远者。始元欲作侍臣像，久未措手，适阅秘书图画，见唐魏徵像，瞿然曰："得之矣，非若此，莫称为相臣者。"遽走庙中为之，即日成，士大夫观者，咸叹异焉。其所为西番佛像多秘，人罕得见者。元官为昭文馆大学士、正奉大夫、秘书卿，以寿终。抟换者，漫帛土偶上而髹之，已而去其土，髹帛俨然成像云。

元虞集《道园学古录》卷之七《刘正奉塑记》：至元七年，世祖皇帝始建大护国仁王寺，严梵天佛象，以开教于天下。求奇工为之，得刘正奉于黄冠师。正奉先事青州杞道录，传其艺非一。及被召，又从阿尼哥国公学西天梵相，神思妙合，遂为绝艺。凡两都名刹，有塑土、范金、抟换为佛者，一出正奉之手，天下无与比者。由是，上两赐宫女为之妻，又命以官长其属，迨今四十余年。凡行幸，无所不从。今上皇帝尤重象教，敕正奉，非有旨，不许擅为人造它神象者，其见贵异如此。将作院经历洛阳田君，博物君子也，尝谓予言，大都南城长春宫都提点冯道颐始作东岳庙于宫之东，谋其徒曰："不得刘正奉名手，无以称吾祠，且正奉尝从吾徒游，将无靳乎。"即诣正奉言之，正奉以前敕，未之许也。是时庙未成，民间以灵异祸福相恐动，事未甚显灼。冯去后，正奉果恍惚若有所感者。病，不知人者三日。或为之祷，乃起，谓其门人子孙曰："速为我御，我且之东岳庙。"至庙，疾良已。会立庙事奏御，正奉祝曰："愿亲造仁圣帝象。”既而，疾大安。又进秩二品，益喜曰：“是神之赐也。”因又造炳灵公、司命君象，而佐，侍诸神，有弗当其意，悉更之，盖几有神助者。延祐四年春，予游长春，因即而观焉。凡廊庑时共称好者，皆市井物怪情状，盖易以悦人。及仰瞻仁圣帝，巍巍乎帝王之度矣，余皆称其神之所以名者。予尤爱其盛服立侍，侃侃若不胜忧深思远之至者。乃叹曰：“运思一至此乎？”田君曰：“初正奉欲造侍臣像，心计久之，未措手也，适阅秘书图画，见唐魏徵像，乃矍然曰：‘得之矣。非若此，莫称为臣者。’遽走庙中为之，即日成。”异哉！非直艺矣。正殿仁圣帝两侍女，两中侍，四丞相，两介士。其西炳灵公，两侍女，两侍臣。其东司命君，两道士，两仙官，两武士，两将军。皆正奉之手，善观者知非他工所可杂其间也。长春之白云观，金人汾王先生十一曜，奇妙为世所称道，今遂配之，略不可优劣也。予所见又有上都三皇庙，尤古粹，造意得三圣人之微者，亦正奉之所造也。而梵佛像秘，不得观。予尝读张彦远《名画记》，录两京寺观祠宇画者数十人，塑者一二耳。计其运神之妙，致思之精，心手相应，二者略无彼此，而传世多少悬绝如此，良由画可传玩模拓久远，塑者滞一处，好事识者，或不得而览观，使精艺不表白于后世，诚可慨也。故田君请著《刘正奉塑记》。正奉名元，字秉元，蓟之宝坻人，年七十矣。其官曰昭文馆大学士、正奉大夫、秘书监卿。抟换者，漫帛土偶上而髹之，已而去其土，髹帛俨然其像，昔人尝为之。至正奉尤极好抟丸，又曰脱活，京师人语如此。

明陶宗仪《辍耕录》卷二十四：刘元，尝为黄冠，师事青州杞道录，传其艺非一，而独长于塑。至元七年，世祖建大护国仁王寺，严设梵天佛像，特求奇工为之，有以元荐者。及被召，又从阿尼哥国公学西天梵相，神思妙合，遂为绝艺。凡两都名刹，塑土、范金、抟换为佛，一出元之手，天下无与比。所谓抟换者，漫帛土偶上而髹之，已而去其土，髹帛俨然像也。昔人尝为之，至元尤妙。抟丸，又曰脱活，京师语如此。

清高士奇《金鳌退食笔记》：元都胜境在弘仁寺西，建于元。相传为刘元塑像，正殿乃玉皇大帝。右殿塑三清，仪容肃穆，道气深沉。左殿塑三元帝君，上元执簿侧首而问，若有所疑。一吏跪而答，甚战栗。一堂之中，皆若悚听严肃者，神情动止，如闻謦欬，真称绝艺。

《（道光）苏州府志》卷一百四十八引《埭川识往》：明初，郡治毁，犹存子城南垣。其西有僧庐曰天王寺。殿宇规制甚古，中有二十八宿及伽蓝神像，皆元时国工刘元所塑。今诸像多剥落。

《元代画塑记》（仓圣明智大学“学术丛编”卷十五）：延祐四年八月十一日，中政院使阔阔解奏，青塔寺山门内四天王，今已秋凉，正可兴工，未审命谁塑。奉旨刘学士塑之。合用塑画匠令阿哥拨。五年……十月二十五日，香山寺四天王命刘总管塑之，阁下毗卢佛两傍添塑立菩萨二、文殊菩萨一、普贤菩萨一，用物于省部需之。文殊菩萨一尊高九尺，普贤菩萨一尊高九尺，火焰二扇，各高一丈五尺，阔七尺五寸……

王清

王清，至元间，塑壶关县文庙十哲。

《山右石刻丛编》二十六《壶关文庙十哲记》：新塑文庙十哲记……廊贤诸儒彩绘既毕，颜、孟十哲，反可阙焉。何昧夫先后缓急之次叙如此。越明年……遂募工创行补塑十二像……衣冠环侍，俨然一新……至元十八年冬十月初吉，上党进士王天佑谨记……妆塑匠王清。

宋德方

宋德方，号披云子，山东东莱人。幼为黄冠，事邱长春，为十八师之一。至元间，重兴太原龙山昊天观，开凿石窟八所，镌刻道像。道教之有石窟，盖自此始。

《（乾隆）莱州府志》卷十二《仙释》：披云真人年十二，从刘长生脱俗。天性敏慧，道行淑真。开马鞍山一洞、神山七洞。还终南山，羽化而去。有偈云：喝散迷云，驱回宿雾，万法无私，千峰独步。其徒以事闻，赠披云真人。

《（道光）太原县志》卷十《人物·仙释·元》：宋德方，号披云子，隐居太原昊天观，凿石洞七龛，为修炼所。至元七年，赠玄通披云真人，赐号曰崇真。有石刻像，自作赞，今存。

《山西通志》卷五十七《古迹考八·寺观》：昊天观

在太原县西龙山顶。元贞元年，披云子宋德方建（观东石崖列石室八龛，披云子凿，凡镌石像二十七尊，有自撰碑）。又卷九十六《金石记八》：《昊天观全真庵碑》，元贞元年宋德方撰，今在太原县龙山上。

《图书集成·博物汇编·神异典》二七九卷《道观部汇考》引《山西通志》：昊天观在太原县西十里龙山绝顶。元元贞年建。东崖有石室八龛：一曰虚皇龛，二曰三清龛，三曰卧如龛，四曰元真龛，五曰三天大法师龛，六曰七真龛，七八俱名辨道龛。道者姓宋号披云子所凿。

那怀

那怀，至元、元贞间，造三皇殿及三皇像。

《元代画塑记》（仓圣明智大学“学术丛编”卷十五）：元贞元年正月，太史臣奏尝奉先帝旨，令那怀建三皇殿及塑三皇像，并造制药、贮药等屋，今皆未完。奉旨命那怀移义中书省，需所用物速成之。三皇三尊，每尊帝山座；十大名医一十尊，神獒一，虎一……

吴同签

吴同签，延祐五年，塑青塔寺像。

《元代画塑记》（仓圣明智大学“学术丛编”卷十

五）：延祐……五年正月三十日，奉今岁青塔寺后殿内，先令吴同签于正面塑大师菩萨，西壁塑千手钵文殊菩萨，东壁塑千手眼大慈悲菩萨。山门内塑天王。用物移文省部需之。山门塑四天王四尊，执团换撞以□□。后殿塑大师菩萨三尊、千手眼大慈悲菩萨一尊、千手钵文殊菩萨一尊……

张提举

张提举，佚其名，从刘元学塑。延祐中，造兴和路寺诸像。

《元代画塑记》（仓圣明智大学“学术丛编”卷十五）：延祐……七年四月十六日，诸色府总管朵儿只奏，八思吉、明里董阿二人传旨，于兴和路寺西南角楼内，塑马哈哥剌佛及伴绕神圣，画十护神，全期至秋成。塑工命刘学士之徒张提举，画工命尚提举，二人率诸工以往，所需及饭膳皆令即烈提举应付。秋间朕至时作庆谶，毋误也。马哈哥剌一，左右佛母二，伴绕神一十二圣。画三扇，高一丈五尺，阔一丈六尺。

李同知

李同知，佚名，天历间，董铸佛像。

《元代画塑记》（仓圣明智大学“学术丛编”卷十五）：天历二年……十二月九日，院使拜往传皇后懿旨，令诸色府李同知以白金铸佛九尊，皆具光焰……二年四月十日，平章明理董阿等进僧宝今画像。上命诸色府李同知等用鍮石、用蜡铸造一身，以妆妆之，省部给物，铸造宝公菩萨像一身。

董暹　扈宗明　扈宗义

董暹、扈宗明、扈宗义，擅绘塑。至正中，作藁城宣圣庙配像，及两庑七十子、十儒画壁。

《常山贞石志》卷二十三：至正壬辰《藁城县宣圣庙绘塑记》云：曾、思尚缺，两庑七十子旧图于壁，岁久墁㯺不完。至正八年冬，乃命善塑者补二配像于殿，衣冠如制。善画者绘七十子暨十儒于两庑。在城绘塑匠董暹、扈宗明、扈宗义同立名。

刘高

刘高，曾画塑白塔寺，又改作金山下院殿屋壁佛菩萨天龙图像。

《（至顺）镇江府志》卷九《寺观》：丹徒县金山下院赵孟頫碑，其略曰：皇帝登极之岁五月甲申，命前画塑白塔寺工刘高，往改作寺殿屋壁佛菩萨天龙图像，官具给须用物。

张生

张生，工塑，善为人物，有生态，尝造长庚新殿大士像。

元释圆至《牧潜集》卷四（钱塘丁氏刊本）《赠塑者张生序》云：态见于容者，塑之工也。德见于态者，塑之难也。人鬼物以态，菩萨以德，故塑之智，至菩萨病焉。骈木为骨，傅土为肉，靡金胶采为冠裾、容饰，操墁以损益之，丰而为人，瘠而为鬼，粲然布列，而为众物，其形其事必当其类。一堂之上，坐立有度，贵贱有容，怒者、喜者、敬者、倨者，情随状异，变动如诚人，使观者目惮魄悸，不敢慢为土偶，此塑之工也。菩萨则不然，慈眼视物，无可畏之色以耸视瞻，其姣非婉，其颛非愿，其服御容止有常制，巧无以显，拙无以隐，其慈若喜，其寂若蜕，德睟于容，溢于态，动于神，而手艺之巧智不能与。故菩萨之祀，通古今，遍国邑。其像万亿，而名世之塑无闻焉，岂非难哉。塑者张生，善人物，有生态，作大士像于长庚新殿之阴，尽其艺于所难，而不志乎利。既成，能偈者咸赋以美其勤，而余为之序。嘻，以张生之艺之智也，而所就仅尔，可以知塑之难矣。

方善庆

方善庆，妆塑努儿干永宁寺像。

《吉林通志》卷百二十《金石志》：努儿干永宁寺碑在松花江下游特林地方，今入俄罗斯境。碑文多泐。今第二十五行有妆塑匠方善庆（按碑文内有永□九年春，特遣内官亦失哈云云）。

曹汉臣　胡君贵

曹汉臣、胡君贵，妆塑成道宫龙虎殿像。

叶弈苞《金石录补》二十七：赵子函云，成道宫龙虎殿为元构，左壁上有字两行，云妆塑功德主本宫提举孙道和，曹汉臣塑，胡君贵妆。至顺三年十二月三日。

明

郑约

郑约，字笔峰，新安人。初擅减塑，嗣为佛像，皆神活逼真。会左髻昙阳子羽化，求塑者相接，竟以悴死。

明张大复《梅花草堂集》：新安郑笔峰，名约。以减塑有声，仿人佛像，往往逼真，多于神处得想。尝观南朝神像，独以金乙总管像为最，周太尉次之。谓凡神像耳目口鼻，其高下、大小皆板对，而二像不然，则神活所以最也。会左髻昙阳子羽化，数年祈塑者相踵于门，竟以悴死。死之时，眼根先绝。

周时臣

周时臣，字丹泉，仿作铜漆窑器，皆能乱真，尤精妆塑。

明徐树丕《识小录》卷四：周丹泉，名时臣。少无赖，有所假冒于淮北，官司捕之，急逃之废寺，感寺僧之不拒，与谋兴造。时方积雪盈尺，乃织巨屦，于中夜遍踏远近凡一二十里，归寺则以泥泞涂之金刚两足，遂哄传金刚出现。施者云集，不旬日得千金，寺僧厚赠之而归。其造作窑器及一切铜、漆物件，皆能逼真，妆塑尤精。

杨文昭

杨文昭，字震寰，蒲州诸生，屡试不售，隐于艺。所为佛像，宛如生人。

《山西通志》卷一百五十九《艺术录下》：杨文昭，

字震寰，蒲州诸生，屡试不售，隐于艺。尝以旃檀作佛像，宛如生人。游京师，诸贵人多招致之，而昂藏自负，耻于干谒。其所交皆一时名彦，最著者如韩少师爌、吕尚书惟旗、曹中丞于汴、程布衣嘉燧，而于程尤称莫逆。程集中《赠蒲州杨生》，称磊落奇男子者，谓文昭也。

江右工

江右工，失姓名。塑佘山宣庙寺佛像，极精。塑毕，竟死。

《云间杂志》卷上：佘山宣庙寺佛象极精，僧云昔有工来自江右，塑诸象，经岁方毕，诸刹罕俪。后病，僧欲延医治之，工曰："我想象意度，已尽吾神，此躯壳安得再生。"竟死。

清

范道生

范道生，字石莆，泉州人。顺治十八年（日本宽文元年），应隐元禅师召，东赴日本，造宇治黄檗山万福寺像。明末佛像式样，由是流播东邦，产生元禄期雕刻。

后道生欲归国，至长崎，卒于圣寿山。

中野弥吾《黄檗山艺术案内》：黄檗山在日本宇治，万福寺院纯为中国式。开山隐元禅师为福州人，传至二十一代（乾隆末），除十四、十六、十七三代以外，皆系闽浙人。隐元渡日，不以日本原有佛像为然，特自故国招名印官范道人，使之雕刻一山之佛像。现黄檗山佛像相传为范道生所作者如左（下）：大雄宝殿，安置木造释迦坐像一躯，又迦叶尊者像一躯，又阿难尊者像一躯，又十八罗汉像十八躯。法堂，纸堂观音大士坐像一躯，木造善财、龙女立像二躯。祖师堂，木造达摩大师坐像一躯。天王殿，木造弥勒菩萨坐像一躯，木造韦驮天尊立像一躯。伽蓝堂，木造华光大士坐像一躯。斋堂，木造紧那罗王立像一躯。此外天王殿之四天王像，法堂之毗卢那佛坐像及其他多数之佛像，皆谓为范道生系，亦无不可。所有佛像均为极细密之彩色雕塑，明末清初之式样。本山之建筑非日本化，故雕刻亦无日本化。彼时之日本人亦如维新后之崇拜欧美，直接输入其文化一般，其醉心中国之文化可以想见。又因范道生之雕刻，知当时日本之雕刻家受其感化影响不少。彼清水隆庆等在元禄时代以雕刻表现其精巧，今观范道生所作，乃知亦受范作之影响。松云禅师长于雕塑，在江户刻五百罗汉，遂东西呼应，实行发展其檗风雕刻。今于本山雕刻逐一细视先后，总门经山门到天王殿，首先刮目者，为正面安置之布袋和尚木像，本山称之为弥勒菩萨。其佛像之肥大丰满与他处不同，在雕塑技巧上言之，为完全之大陆式。其背面为金银装彩色之韦驮天尊者立像，艺术之精，固不待论，有如江户中期之金碧袄绘之美，可谓眉目秀丽。大雄宝殿正面安置释迦、迦叶、阿难三尊，本尊释迦尚为常式，然迦叶、阿难之表现显、密二教之手印，他处少见，殊堪注目。胁堂之十八罗汉像，本安置于山门楼上，因日日读经供物之不便，移安此处。造像之样式最足表范道生式之真味。日本罗汉向为十六，于输入之佛画始见有十八罗汉，在雕刻上殆属创见。此于十六罗汉之外，加入频头卢尊者与今一人，中国殆为十八。如此式之黄檗佛像特开一例，为我佛像史上重要之点。

工布查布

工布查布，乌珠穆秦部落人。幼为清圣祖鞠育，以为仪宾。世宗雍正中，官西番学总理。乾隆初，兼掌内阁番蒙译事，预修大藏。性聪敏，耽心梵典，尝于广智法王，受塔及佛像尺寸。又遇洮州禅定寺静觉师，授以《造像量度经》及图式，乃移译汉文，并博采故实，著《经解》一卷，《续补》一卷，补原书之缺漏。密宗像设程序传于中土者，唯此一书而已。

《佛像量度经序》：……爰有大檀生缘。乌朱穆秦部落，自幼承圣祖仁皇帝鞠育之恩，以为仪宾。因其通西土之语，世宗宪皇帝特留帝都，以为西番学总理兼管翻译之事焉。其为人朴素鲠直，聪敏恭谨，出乎稠人之表。予得会敕修大藏，乾隆元年同馆事。三年来形骸相忘，脱非世比，亦深知熏习善种，无忘本得。虽处尘尘之中，无他所好，惟耽心梵册，酷嗜华言，穷颠末，察微芒，尽其平生力。是欲测佛智，于中拣阅《佛说造像量度仪经》一帙，远朝市，栖幽壑，穷究岁月，一心不间。考佛出作入息，差无漏明，差无背向。法相短长，毫发曲尽，其妙其精，如佛在世之无异焉……欲寿梓流通，问序于予……乾隆七年岁在壬戌佛诞日。楚黄嗣祖沙门明鼎拜书于京都万寿符梦堂丈室。

《造像量度经引》：夫造像之艺，其来尚矣……我佛中年之时，中天竺国瓶沙王为遗远友，乞得世尊画容，为幪像之始。暮节舍利弗创受造象量度，而优填王镂檀造世尊立像，是为如来胎偶之初。于是流布五天竺之境矣。其于土番，则唐之贞观中创兴佛法，前后累使东土及天竺，征聘诸贤而赍取众经，一切五明典籍继续翻译。准令国内公私立刹，各随其愿力学习之。夫三倚之造法，乃工巧明部所收，最为尊胜者也。彼所出载经传颇多，而得其传授者，曼、堇、啾三氏惟精。西来佛像，什有八九，靡非彼三家所出者……余先在恩师敕封弘教三藏广智法王宝榻前，亲受密集曼那罗尺寸时，并得佛像及塔之尺寸，附安藏法要集偈番本。虽未能熟习，亦自知珍惜之。盖慎藏而弗失者有年矣。今中土之佛像，有所谓汉式者，有所谓梵式者。其所谓汉式者，则汉武北伐匈奴，得休屠金人，置于甘泉宫。孝明西迎沙门，受幪像，创建洛都寺宇，其后渐盛遍蔓。自晋魏（北朝）六朝以至于宋，代与西国通和，公私往来，时时不断，故多得西国佛像。而唐之玄奘法师，遍历五竺境，共十有七载。瞻礼世尊过化之地，综通其声教，《大般若》等经千有余卷，金玉佛像百什余躯，俱以大象载归。其像之精妙，皆阿育王等所造者焉。盖自汉以来，凡欲造佛像者，皆取西来像为模，工行家祖述相传，此所谓汉式者也（或以谓唐式）。其所谓梵式者，元世祖混一海宇之初，你波罗国匠人阿尼哥善为西域梵像，从帝师巴思八来，奉敕修明堂针灸铜像，以工巧称。而其门人刘正奉以塑艺驰名天下，因特设梵像提举司，专董绘画佛像，及土木刻削之工，故其艺绝于古今，遂称为梵像。此则所谓梵式者也。然迄今历代，竟未译出其经传，若有离宗失迷口授尺度久讹不归者，固无可评正矣……适陕西洮州敕赐禅定寺崇梵静觉国师喇嘛来朝，晤于公署，偶谈及此，训余曰："《舍利弗问造像量度经》者最先详且该，子盍译而行之。"予闻之喜，敬诺焉。于是月余而国师赠经之模本并图像五篇，俱择日而程其功。其中复有当资旁搜者，亦各遍揽采取，纳于经间空处述之，或别录类附于后……因效番王佛陀阿布提（二合）所作《五明传略引》，而书于经首。时乾隆七年佛从忉利天下还日（依番九月廿二）。番经总管漠北工布查布谨识。

王春林　袁遇昌　项天成

王春林，无锡人。袁遇昌、项天成，苏州人。俱以捏塑泥孩，驰名一时。

《梵天庐丛录》二十八：清高宗南巡至无锡惠泉山，山下有王春林者，一作泥孩之人也。工作精美，技巧万端。高宗闻之，命作泥孩五盘，饰以锦绣、金叶。迨进御，称旨，赐金帛甚厚。今惠泉山下泥孩铺栉比，无王春林之佳美。

《（乾隆）苏州府志》卷六十六《艺术》：袁遇昌，吴之木渎人。以塑婴孩扬名四方，每用泥抟埴一对，约高六七寸者，价值三数十缗。其齿唇、眉发与衣襦、襞绩，势似活动，至于脑囟按之胁胁。遇昌死，其子不传，此艺遂绝。

《（道光）苏州府志》卷一百四十九《杂志五》：项天成捏像并有名。

贝青乔《咄咄吟》卷下：模出香泥美且鬈，居然阿堵有神传，若教画上麒麟阁，压倒貂蝉几辈贤。苏州虎丘有项姓者，善以泥模捏塑小像。夤缘得入营中，侍卫容照荐诸将军。将军及各随员皆试其技，果面目毕肖云。

赵浒

赵浒，工塑，能脱沙为人物，尝塑苏州城隍庙三官像。

《（道光）苏州府志》卷一百四十九《杂志五》：吴中人才之盛，实甲天下。至于百工技艺之巧，亦他处所不及……有赵浒者，能以羊皮为灯，及脱沙为人物。今城隍庙三官神像，其手制也，极其工巧，信一时之绝艺也。

张长林

张长林，字明山，深县人，侨寓天津。父业捏塑，至长林，技更精进，能状民间风俗故事，曲尽其妙，时人称为泥人张。光绪三十二年卒，子兆荣、续荣能世其业。

《中国艺术家征略》卷三引《萝窗小牍》：泥人张，天津人，以善塑泥人得名。予尝见其钟馗嫁妹一事，人马凡二十余，旌旗凯仗之属称是。钟之威猛，妹之娟秀，群鬼之狰狞奇谲，虽两峰无以过，洵奇技也。亦善捏人小像。

《津门杂记·艺术门》：城西张姓名长林，字明山，以捏塑世其家。向所捏作戏出人物，各班角色，形像逼真，早已远近驰名……而为人作小照，尤其长技。只须与人对面坐谈，抟土于手，不动声色，瞬息而成。面孔径寸，不仅形神举肖，且栩栩如生，须眉欲动，观者叹绝，其心灵手巧如是也。闻尝作巨幅山水，任意落笔，皆成妙构，石走山飞，烟云无际，气度堂堂，颇类大家。

《大公报·社会鳞爪》（民国二十一年八月二日）：泥人张。天津有许多知名的人物，常被人把他的事业摆在他的姓氏上，像什么振德黄、孟德王等等。同样一个天才的艺术家，是被称为泥人张。不问可知他是一个捏塑泥人的名手了。泥人张是有清末叶的人，原名张长林，字明山，幼年做什么事无从考察，但知道他并没有师傅，他会泥捏塑人全凭他自己的天才，而且他这种奇才妙技竟得中外人士的赞赏。他所以能如此者，实在因为他的技术超绝，确有惊人之处。当时有人给名伶余三胜捏塑一像，自诩面目和三胜一样。后来这件事给这张先生知道，便同时捏了两像，一个是仿照这位先捏成的作品，一个是三胜的庐山真面，捏得惟妙惟肖，时人叹为绝技。因此泥人张的大名传遍遐迩，中外皆知。而好奇的外国人也常来搜求他的作品，陈列在博物馆，标明为中国特产。虽然他的作品是这样的神妙，然而在他工作时并不像现在西洋派的雕塑家，非找一个一动也不许动的模特儿，或是找到一个人前后左右的相片，然后才下功夫去雕塑。据说泥人张每逢有唱戏的名角到津，他便袖着一团泥前往。当时的衣服全是宽袍大袖，他在袖中暗地摸索，工作起来并不感觉困难，一出戏没完，在人不知鬼不觉中他已将这名角的面目捏成了，回去再敷粉涂朱，加上剧中的衣饰，便能栩栩如生，丝毫不爽。这在西洋的雕塑家看来能不咋舌吗？泥人张不仅善于捏塑，也长于绘画，山水、人物、花鸟、虫鱼，无一不能，而且自成一家，别饶神韵。因此他给人家捏像时，也能应用绘画上的题材。假如你是一个诗人，他便给你改装易服，捏一个饶有诗人气息的样子，所以真可谓多才多艺了。据说光绪二十年，天津怡和洋行的外国人为巴结李鸿章起见，出资请泥人张给李鸿章捏像。因此泥人张与这位横冲直撞的外交家也有一面之缘，并且叙齿还小李公七岁，一时传为佳话。但这个传说不一，上述是他的儿子亲口所讲，当然最可靠。到光绪三十二年四月二十九日，他的友人徐九爷举殡，张亲自送殡，不幸在中途感冒，回家后一星期，这位天才的捏塑家竟一瞑不视，携着他的绝技与世界脱离了。他的两个儿子，行五的名兆荣字玉亭和行六的名续荣字华棠，仍能传他的衣钵，然而已不及老人的神妙了……

天津《庸报》（民国二十一年八月十二日）《泥人张访问记》：……张长林号明山（世称泥人张），他们原籍河北深县。大约在道光年间，他的祖父随宦来到天津，在此落户。捏泥人的技艺由他的祖父便会，传到他的父亲越发精巧，所捏的东西都是取材于《西厢》《红楼》《三国》各种段片的传奇故事。在当时，人家订购这作为馈赠、陪嫁之用的很多。至于捏像，不过偶尔看戏，带一把泥团，借台上的角色权当模特儿，端详相貌，取到特征，先就台下捏个大概的形像，等回到家里再追想音容，细加修正，大都恰肖其人。所以在当时名优如谭鑫培、田桂凤、十三旦、杨猴子、双处一流的人物，经他捏塑，神情如生。自是泥人张的声名便传遍津沽，无人不晓。据说他父亲所以能捏塑人像，都是私自揣摩，独出心裁……

图书在版编目（CIP）数据

哲匠录 / 朱启钤辑 ；梁启雄，刘敦桢，刘儒林校补；张鹏飞点校 . — 北京 ：北京出版社，2021.2

ISBN 978-7-200-13697-5

Ⅰ. ①哲… Ⅱ. ①朱… ②梁… ③刘… ④刘… ⑤张… Ⅲ. ①手工业工人—列传—中国—古代 Ⅳ. ①K825.72

中国版本图书馆 CIP 数据核字（2017）第 297940 号

总 策 划：安 东 高立志　　特约策划：杨 澄
项目统筹：司徒剑萍　　责任编辑：司徒剑萍 魏晋茹
装帧设计：张悟静　　责任印制：陈冬梅

哲匠录
ZHEJIANG LU
朱启钤 辑
梁启雄 刘敦桢 刘儒林 校补
张鹏飞 点校

出　　版 北京出版集团
　　　　 北京出版社
地　　址 北京北三环中路 6 号
邮　　编 100120
网　　址 www.bph.com.cn
总 发 行 北京出版集团
印　　刷 北京华联印刷有限公司
经　　销 新华书店
开　　本 880 毫米 ×1230 毫米 1/32
印　　张 13.625
字　　数 283 千字
版　　次 2021 年 2 月第 1 版
印　　次 2021 年 2 月第 1 次印刷
书　　号 ISBN 978-7-200-13697-5
定　　价 98.00 元

如有印装质量问题，由本社负责调换
质量监督电话 010-58572393

出版说明

北京出版社依据《中国营造学社汇刊》，将《哲匠录》辑录出版，不仅将原来的竖排繁体转为横排简体，还请相关研究者重新点校。这本版本比以往旧版新增了“攻守具”“造像”两类，共计132人次。此次点校奉行改必有据的原则，对于《哲匠录》引用史料中存在的错误、缺漏现象，通过查照原引资料，进行了必要的更改和补充。所以该版以一个相对全面的崭新面貌奉献给读者，以期更多的读者更详尽地了解朱先生那一代人的筚路蓝缕之功，更全面地认识中国古代建筑营造方面的卓越成就和智慧。

《哲匠录》成于20世纪30年代，由于年代原因，对其中的人名、地名、译名不做现代汉语的规范化统一。《哲匠录》中引用的史料，各有出处，尽量不作统一。

北京出版社